Turismo e patrimônio cultural
interpretação e qualificação

OBRA ATUALIZADA CONFORME
O **NOVO ACORDO ORTOGRÁFICO**
DA LÍNGUA PORTUGUESA.

Dados Internacionais de Catalogação na Publicação (CIP)
(Câmara Brasileira do Livro, SP, Brasil)

Costa, Flávia Roberta
   Turismo e patrimônio cultural : interpretação e qualificação / Flávia Roberta Costa. – 2ª ed. – São Paulo : Editora Senac São Paulo : Edições Sesc São Paulo, 2014.

   Bibliografia.
   ISBN 978-85-396-0745-7 (Editora Senac São Paulo)
   ISBN 978-85-7995-115-2 (Edições Sesc São Paulo)

   1. Brasil – Descrição e viagens 2. Cultura – Brasil
3. Patrimônio cultural – Proteção – Brasil 4. Turismo – Brasil I. Título

14-240s   CDD-338.479181

Índice para catálogo sistemático:
1. Brasil : Turismo e patrimônio cultural   338.479181

Flávia Roberta Costa

Turismo e patrimônio cultural
interpretação e qualificação

2ª edição

senac   edições sesc

Senac

SERVIÇO NACIONAL DE APRENDIZAGEM COMERCIAL
ADMINISTRAÇÃO REGIONAL DO SENAC NO ESTADO DE SÃO PAULO
Presidente do Conselho Regional: Abram Szajman
Diretor do Departamento Regional: Luiz Francisco de A. Salgado
Superintendente Universitário e de Desenvolvimento: Luiz Carlos Dourado

EDITORA SENAC SÃO PAULO
Conselho Editorial: Luiz Francisco de A. Salgado
Luiz Carlos Dourado
Darcio Sayad Maia
Lucila Mara Sbrana Sciotti
Jeane Passos Santana

Gerente/Publisher: Jeane Passos Santana (jpassos@sp.senac.br)

Coordenação Editorial: Márcia Cavalheiro Rodrigues de Almeida
Thaís Carvalho Lisboa
Comercial: Marcelo Nogueira da Silva
Administrativo: Luís Américo Tousi Botelho

Edição de Texto: Léia Fontes Guimarães
Preparação de Texto: Ana Catarina M. F. Nogueira
Revisão de Texto: Gabriela Lopes Adami (coord.), ASA Comunicações
Projeto Gráfico e Editoração Eletrônica: Antonio Carlos De Angelis
Capa: Emerson Basso
Foto da Capa: Miguel Roa
Impressão e Acabamento: RR Donnelley

Sesc

SERVIÇO SOCIAL DO COMÉRCIO
ADMINISTRAÇÃO REGIONAL NO ESTADO DE SÃO PAULO
Presidente do Conselho Regional: Abram Szajman
Diretor Regional: Danilo Santos de Miranda

Conselho Editorial: Ivan Giannini
Joel Naimayer Padula
Luiz Deoclécio Massaro Galina
Sérgio José Battistelli

EDIÇÕES SESC SÃO PAULO
Gerente: Marcos Lepiscopo
Adjunta: Isabel M. M. Alexandre
Coordenação Editorial: Clívia Ramiro, Cristianne Lameirinha
Produção Editorial: Rafael Fernandes Cação
Coordenação Gráfica: Katia Verissimo
Coordenação de Comunicação: Bruna Zarnoviec Daniel

Proibida a reprodução sem autorização expressa.
Todos os direitos desta edição reservados às
Editora Senac São Paulo
Rua Rui Barbosa, 377 – 1º andar – Bela Vista – CEP 01326-010
Caixa Postal 1120 – CEP 01032-970 – São Paulo – SP
Tel. (11) 2187-4450 – Fax (11) 2187-4486
E-mail: editora@sp.senac.br
Home page: http://www.editorasenacsp.com.br

Edições Sesc São Paulo
Rua Cantagalo, 74 – 13º/14º andar
CEP 03319-000 – São Paulo – SP
Tel.: (11) 2227-6500
E-mail: edicoes@edicoes.sescsp.org.br
Home page: http://www.sescsp.org.br

© Flávia Roberta Costa, 2009

Sumário

Nota dos editores, 7

Agradecimentos, 9

Apresentação, 11

Parte I. Turismo e patrimônio cultural, 21
　Do *grand tour* ao turismo de massa contemporâneo, 23
　O turismo cultural, 37

Parte II. Comunicação interpretativa, 77
　Interpretando a comunicação interpretativa, 79
　Princípios da filosofia interpretativa, 115
　Mídias interpretativas, 163

Considerações finais, 189
　Para um novo marco conceitual do turismo cultural, 189

Anexos, 195

Bibliografia, 229

Nota dos editores

Com o intuito de buscar a conscientização de profissionais e estudantes a respeito da importância da comunicação interpretativa no turismo e da necessidade de implantação da educação patrimonial no país, a autora apresenta informações e dados valiosos colhidos em vasta pesquisa bibliográfica, muitas vezes inéditos no país.

A autora estabelece relações estreitas de princípios do turismo cultural disseminados pelo mundo todo com a cultura e os costumes locais brasileiros, avaliando focos determinados de interesse a partir de exemplos estudados.

Trata-se de mais um livro de referência publicado pelo Senac São Paulo e pelo Sesc São Paulo em seus papéis de multiplicadores de interesse e consciência sociocultural.

Agradecimentos

> Escrever uma tese é quase um voto de pobreza que a pessoa se autodecreta. O mundo para, o dinheiro entra apertado, os filhos são abandonados, o marido que se vire. Estou acabando a tese. Essa frase significa que a pessoa vai sair do mundo. Não por alguns dias, mas anos. Tem gente que nunca mais volta. E, depois de terminada a tese, tem a revisão da tese, depois tem a defesa da tese. E, depois da defesa, tem a publicação.[1]

Por todo o apoio amoroso que recebi no tempo que estive "fora do mundo", elaborando minha dissertação de mestrado ou adaptando-a para esta publicação, agradeço sinceramente aos meus pais, familiares e amigos.

Pela orientação e pelo auxílio definitivos para a elaboração da dissertação e finalização do mestrado, agradeço ao professor doutor Mario Jorge Pires.

Ao Sesc São Paulo, por meio de seu diretor regional Danilo Santos de Miranda, agradeço o apoio gentilmente oferecido durante a realização deste estudo.

---

[1] Mario Prata, "Uma tese é uma tese", em *O Estado de S. Paulo*, Caderno 2, São Paulo, 7-10-1998.

Apresentação

Em outubro de 1992, por iniciativa do Governo do Estado da Bahia, procedeu-se ao Programa de Recuperação do Centro Histórico de Salvador, também conhecido metonimicamente como Pelourinho, numa ação que deveria interromper o processo de degradação física do conjunto urbano, inscrito há sete anos, na época, na Lista do Patrimônio Mundial da Organização das Nações Unidas para a Educação, a Ciência e a Cultura (Unesco). Na etapa inicial do projeto, realizada nos cinco meses subsequentes, o estado investiu US$ 12 milhões e recuperou os 104 imóveis mais deteriorados do bairro (um décimo de seu total). Em março de 1993, após a inauguração dos edifícios recuperados, Salvador recebeu 100 mil turistas a mais que no mesmo período do ano anterior, gerando US$ 140 milhões,[1] receita 1.167% superior ao montante até então investido nas obras e suficiente para restaurar outros 1.200 imóveis, prevendo-se o mesmo padrão de gastos da etapa inicial.

---

[1] Secretaria da Indústria, Comércio e Turismo – Bahiatursa, *Os números do turismo em Salvador: 1990/1993*, Salvador, 1994.

Dados de pesquisa realizada pelo órgão oficial de turismo do estado (Bahiatursa), em janeiro de 1994, indicavam que o fator que mais havia agradado ao turista estrangeiro durante sua permanência na cidade eram os elementos patrimoniais (34,1%), tendência confirmada com a soma de 4,5% de preferência pela arquitetura urbana como o elemento mais agradável da estada. Deste público, 99% afirmavam pretender voltar à cidade. No âmbito nacional, 20,8% dos turistas destacavam sua preferência pelo patrimônio histórico-cultural e 3,8% pela arquitetura urbana.[2]

Pelos resultados apresentados, o Pelourinho vem sendo considerado como um dos modelos de estímulo ao setor turístico nacional. Entretanto, a intervenção realizada no centro histórico ainda causa polêmica entre defensores e críticos da proposta. Os defensores das ações argumentam que sem as intervenções urbanas e uma compreensão ampla da proposta de revitalização o local já seria ruína e "joias patrimoniais" como as igrejas de São Francisco e dos Carmelitas estariam condenadas. A comunidade conservacionista brasileira considera impossível a realização de um trabalho que respeite as normas definidas na Carta de Veneza dentro do prazo de tempo utilizado, ataca a falta de rigor histórico (com a criação de "falsos edifícios antigos") e a utilização de técnicas e materiais caros (que elevaram o valor dos imóveis, impossibilitando o retorno dos ex-moradores) como também critica a retirada da população residente para ali instalar empresas comerciais e de serviços, afirmando que hoje o local se tornou um cenário turístico:

> Uma expulsão em massa precedeu os trabalhos de intervenção. Os habitantes foram "convidados" a deixar suas moradias e ir morar nas franjas periféricas da metrópole, para que os imóveis fossem restaurados. Inúmeras casas foram recuperadas sem um programa de uso definido. Ou seja, uma antiga habitação teve como destino uma escola, sem os equipamentos de escola, e assim por diante. Faz-se uma espécie de manejo social ou saneamento social, "limpeza" para o turista. Este esvaziamento do centro histórico de seus

---

[2] *Ibidem.*

autênticos protagonistas foi como um tiro na alma do Pelourinho, um abre-caminho para a entrada do folclore através de um turismo desqualificado. Em vez de habitação e atividades verdadeiramente necessárias à população de Salvador e, mais especificamente, do centro histórico, brotaram ali bares, restaurantes e lojinhas de artesanatos semelhantes às de rodoviárias de qualquer parte do país. Ou seja, uma realidade rica, com muitos problemas, é claro, mas frágil, que merecia toda atenção e delicadeza no trato sociológico/urbanístico da intervenção, recebeu o "trator" do turismo global e da limpeza social. Uma cidade-cenário se instalou sobre 400 anos de intensa vida urbana. Só se pensou no turismo. Mas se esqueceu de pensar que o turista, cada vez mais, quer conhecer a realidade de cada lugar. Quer uma experiência arquitetônico/antropológica diferenciada. Quer saber como vive, como se diverte e o que come a gente do lugar. Em Salvador, o desafio é manter a riqueza da vida contemporânea dentro de um casco urbano histórico, cheio de significados e memória, porém vivo, hoje. E o fracasso está aí, uma espécie de falência diante da qual todos tentam correr atrás do prejuízo. Esqueceram o principal: entender que o Pelourinho só será bom para o turista se for, em primeiro lugar, bom, muito bom para a comunidade que nele habita. E não é criando "Disneylândias" do passado colonial que sairemos do estágio primário em que nos encontramos quando se trata de conservação de nossas cidades. Ou encaramos o desafio de encontrar soluções originais para nosso original patrimônio ou continuaremos criando simulacros.[3]

"Com a publicidade e o sucesso de *marketing* da recuperação, o 'efeito Pelourinho' se alastrou pelo país, por cidades históricas, ou não, que começaram a pintar suas casas à la 'sorveteria' multissabores."[4] Assim, as várias intervenções recentes na restauração e conservação de bens patrimoniais brasileiros reafirmam tal contágio, sustentando-se em dois eixos de justificativas. Do ponto de vista dos gestores do patrimônio e dos investidores

---

[3] Marcelo Ferraz, "O Pelourinho no pelourinho: 1º ato", em *Metrópole*, nº 5, Salvador, outubro de 2007, pp. 16-17, disponível em http://www.revistametropole.com.br. Acesso em janeiro de 2009.
[4] *Ibidem*.

no processo de restauração, de natureza pública ou privada, acredita-se que uma atuação aparentemente desinteressada em favor da comunidade é fazer publicidade com muito menos dinheiro do que se gasta em campanhas autopromocionais, e com mais benefícios do que os gerados por um anúncio autocongratulatório no jornal. Sob a ótica da população local, as intervenções cenográficas realizadas reforçariam os laços sentimentais com o local, produzindo uma reação de apropriação por seus habitantes. Esse fato reativaria, então, o potencial econômico do local, atraindo, principalmente, os investimentos do setor terciário, com a instalação de empresas comerciais e da área de serviços, além do próprio turismo – num processo de autoalimentação. Embora essas justificativas se encontrem, atualmente, na base de sustentação da maioria dos processos de recuperação de áreas patrimoniais brasileiras, nenhuma delas foi ainda provada, baseando-se algumas vezes em dados empíricos ou, na maioria dos casos, em observação subjetiva dos efeitos alcançados pelos trabalhos de recuperação.

Nesse sentido, muitos autores têm sido enfáticos em afirmar que as visitas a atrativos culturais, principalmente quando o enfoque é voltado para bens arquitetônicos, são hoje motivadas não por um desejo de aproximação de seu conteúdo e significação, mas, sim, pelo "clima" diferenciado que proporcionam. É exatamente por isso que planejadores e administradores têm procurado atrair para seus sítios revitalizados as mais variadas opções de lazer e entretenimento, como bares, restaurantes, danceterias, teatros, galerias de arte, lojas de artesanato e casas de *shows*.

No entanto, embora a revitalização de áreas com base unicamente na recuperação cenográfica das edificações, na melhoria da segurança ou na oferta de opções de entretenimento venha funcionando em diversos locais como instrumento eficaz para a atração do público turístico ou residente, a grande maioria dos sítios patrimoniais e das atividades de turismo cultural tem perdido a oportunidade de se voltar mais atentamente para a educação patrimonial de seus participantes.

APRESENTAÇÃO

Como já detectado em pesquisa realizada no final da década de 1970,[5] turistas e residentes em visita a sítios patrimoniais dispensam mais atenção aos atrativos animados, que envolvem necessariamente a participação de mediadores humanos, como festivais com base em antigas tradições, locais que mantêm como uma das atividades oferecidas encenações do passado e sítios históricos conservados e interpretados.

Colocou-se, assim, o problema de base da dissertação de mestrado[6] que deu origem a esta obra: Como as atividades de turismo cultural desenvolvidas no Brasil podem comunicar a turistas e residentes os conteúdos e significações dos sítios patrimoniais visitados, acentuando o caráter educativo de suas experiências e tornando-os cientes do papel ativo que desempenham em sua conservação?

A resposta a esse desafio baseia-se na comunicação interpretativa, já aplicada em diversos sítios patrimoniais (naturais e culturais) em todo o mundo, sempre com o objetivo de despertar, por meio de uma aproximação educativa e lúdica, o interesse dos visitantes pelo meio que os rodeia. A comunicação interpretativa tem se mostrado eficaz em resolver tal proposição em diversas partes do mundo, como Inglaterra, Escócia, Espanha, Austrália, Estados Unidos e Canadá. No Brasil, apesar da crescente importância que as atividades turísticas culturais têm adquirido, a sistemática de visitação existente na grande maioria dos sítios patrimoniais ainda não se fundamenta na comunicação interpretativa, embora muitos canais similares às mídias interpretativas venham sendo utilizados em alguns sítios naturais e culturais.

Murta e Goodey[7] acreditam que o principal mérito da introdução da comunicação interpretativa no Brasil seja a democratização do conhecimento

---

[5] J. R. Brent Ritchie & Michel Zins, "Culture as a Determinant of the Attractiveness of a Tourism Region", em *Annals of Tourism Research* 5 (2), Oxford, 1978, pp. 252-267.
[6] Flávia Roberta Costa, *Turismo cultural e comunicação interpretativa: contribuição para uma proposta brasileira*, dissertação de mestrado (São Paulo: Programa de Pós-Graduação em Ciências da Comunicação – ECA/USP, 2001).
[7] Stela Maris Murta & Brian Goodey, *Interpretação do patrimônio para o turismo sustentado: um guia* (Belo Horizonte: Sebrae/MG, 1995), p. 24.

ambiental e a popularização do nosso patrimônio histórico e cultural, cujo acesso tem sido restrito, há muitos anos, àqueles com instrução, dinheiro e tempo disponível para buscá-los em outras fontes, como a educação formal ou atividades de lazer elitizadas. Os autores acrescentam que a interpretação patrimonial é um instrumento eficaz de orientação a visitantes e a gerenciamento de recursos, auxiliando na diminuição dos danos causados aos sítios pela grande concentração de pessoas num único local. Ressaltam, ainda, que o planejamento, a implantação e a gestão da comunicação interpretativa, com a participação e o envolvimento da comunidade, podem contribuir para a instrumentalização e a capacitação dos quadros técnicos locais, num momento em que a responsabilidade política pela gestão do patrimônio natural e cultural é transferida para a esfera municipal, diminuindo a dependência dos órgãos públicos e auxiliando a sanar, ao menos em tese, o problema da recuperação de sítios e seu posterior abandono pela população, assim como sua tão criticada transformação em cenário turístico, como no caso do Pelourinho.

A construção da proposta aqui apresentada, que compila procedimentos teórico-metodológicos da comunicação interpretativa e do turismo cultural, foi baseada em dois estágios de estruturação de pensamento, a partir dos quais um texto interpretativo deve surgir: conteúdo e composição.[8] Quando os conteúdos interpretativos estão sendo criados, o maior erro de seu elaborador é trabalhar a partir da questão "O que eu devo dizer sobre este assunto?". A questão essencial seria "O que é provável que o leitor goste de saber? E o que eu, como intérprete, posso dizer, utilizando como fundamentação as informações sobre este assunto específico, em linguagem que ele entenderá rapidamente?". Dessa forma, assim como a comunicação interpretativa busca o encontro entre o local visitado, seu conteúdo e seus visitantes, neste estudo procurou-se uma composição que ligasse a informação nele contida ao seu leitor. Seguindo essa linha, buscou-se reunir práticas que ilustrassem os conteúdos discutidos,

---

[8] Esses dois estágios de elaboração de textos interpretativos foram originalmente propostos por Freeman Tilden, como *thinking and composition,* em *Interpreting our Heritage* (3ª ed. Chapel Hill: University of North Carolina, 1977), p. 59.

principalmente para a filosofia e mídias interpretativas e para a oferta e a organização do turismo cultural. Tais práticas foram selecionadas dentre exemplos internacionais (com algumas poucas exceções colhidas nacionalmente), procurando diagnosticar algumas nas quais os princípios e as mídias interpretativas e as características dos produtos turísticos culturais oferecidos ao público pudessem ser mais bem visualizados, numa tentativa de relacionar o conteúdo trabalhado com as iniciativas já desenvolvidas.

Por tratar-se de um estudo elaborado com base em uma pesquisa exploratória, em vários momentos optou-se pela citação da fonte original, na maioria das vezes disponível apenas em outros idiomas. Para facilitar a leitura, tais citações foram livremente traduzidas para o português pela autora.

A primeira parte desta obra contempla o fenômeno turístico cultural, de sua origem, a partir dos *grand tours* oitocentistas, à atual operacionalização dentro do formato estabelecido pelo turismo de massa tradicional. Foi analisada a variedade de ideias contida no significado do turismo cultural na atualidade, buscando oferecer uma visão mais próxima de seus elementos formadores (seu objeto, seu sujeito, seu objetivo e sua oferta e organização).

A segunda parte deste estudo é dedicada a apresentar a comunicação interpretativa, enfocando a teoria que fundamenta o desenvolvimento deste trabalho educativo em sítios naturais e culturais em diversas partes do mundo – com destaque especial para a teoria e a prática norte-americanas, já que o país é o berço da atividade e referencial para o desenvolvimento da comunicação interpretativa em outras partes do mundo. Serão tratados assuntos como a filosofia da comunicação interpretativa, seu conceito, seus fundamentos cognitivos, o desenvolvimento histórico da atividade, até a sua aplicação no Brasil atual. Os princípios da filosofia interpretativa serão contemplados pela compilação dos métodos precursores de Freeman Tilden e por sua atualização, proposta por Beck e Cable, com o objetivo de adaptá-los ao mundo contemporâneo e introduzi-los no século XXI. Em seguida, serão apresentadas as mais destacadas mídias interpretativas atualmente disponíveis, tanto em seu desenvolvimento personalizado quanto em mídias impessoais.

O ponto crucial deste estudo está, então, no estabelecimento de uma relação mais próxima entre o turismo cultural e o patrimônio cultural, por meio de uma conjugação abrangente da comunicação interpretativa, vista como instrumento indissociável para o turismo aqui pretendido. Ressalta-se que se optou por uma abordagem dedicada ao patrimônio cultural tangível, principalmente aquele formado por bens ou sítios arquitetônicos, enfatizando a "interpretação patrimonial". Entretanto, toda a teoria aqui apresentada pode ser igualmente aplicada ao patrimônio cultural intangível ou ao patrimônio natural (por meio da "interpretação ambiental").

A pessoa que está agora reorganizando e polindo estas mesmas notas, eu, não sou mais eu, pelo menos não sou o mesmo que era antes. Esse vagar sem rumo pelos caminhos de nossa Maiúscula América me transformou mais do que me dei conta. [...]

Agora, eu o deixo em companhia de mim, do homem que eu era...

Ernesto Che Guevara, *De moto pela América do Sul: diário de viagem*

PARTE I
TURISMO E PATRIMÔNIO CULTURAL

Do *grand tour* ao turismo de massa contemporâneo

Em dezembro de 1786, apenas quatro meses após ter iniciado sua viagem de dois anos pela Itália, o pensador e escritor alemão J. W. Göethe defendia, em seu diário, que uma viagem contemplativa a terras estranhas acarreta fundamentais mudanças aos viajantes capazes de refletir sobre o que veem:

> Por certo, eu acreditava que fosse aprender de verdade aqui; mas não pensei que fosse ter de voltar à escola primária, que precisaria desaprender, ou verdadeiramente reaprender tanto. Disso já me encontro agora convencido, tendo-me entregado por completo a esse aprendizado [...]. Conceda-me o céu que, quando do meu retorno, também as consequências morais resultantes desta minha vida num mundo mais amplo se façam sentir, pois, juntamente com a percepção para a arte, também o meu senso moral vem passando por grande renovação.[1]

---

[1] J. W. Göethe, *Viagem à Itália: 1786-1788* (São Paulo: Companhia das Letras, 1999), p. 178.

A descrição do "renascimento de dentro para fora" que ocorreu a Göethe evidencia o objetivo maior dos *grand tours*: a aprendizagem com base na vivência e na experimentação de situações e objetos reais, com forte apelo cultural.

Os *grand tours*, já firmemente estruturados no século XVII, atingiram seu auge em meados do século XVIII, caracterizando-se como deslocamentos de longa duração (três anos, em média) e não sazonais, já que atendiam principalmente jovens rapazes pertencentes à elite britânica,[2] que, em sua maioria, não exerciam atividades remuneradas.[3]

O *grand tour* é considerado por muitos estudiosos como uma invenção inglesa. A Inglaterra era o país mais rico e poderoso do período, com uma elite endinheirada, mas isolada geograficamente, pelo posicionamento insular, do resto da Europa e das fontes da história e cultura ocidentais, como pensava grande parte dos cidadãos cultos. E, para se tornarem membros da sociedade educada, eles acreditavam que era necessário ver, *in loco*, tanto as ruínas da Roma clássica como as igrejas, os palácios e as coleções de arte das grandes capitais continentais.[4]

Nessa época, os *grand tours* seguiam um itinerário mais ou menos padronizado: o principal guia turístico – *The Grand Tour*, de Thomas Nugent, primeiramente publicado em 1749 – indicava visitas à França, à Itália, à Alemanha e aos Países Baixos, embora os viajantes se concentrassem em longas estadas na França (especialmente em Paris) e na Itália (com visitas a Gênova, Nápoles, Florença, Roma e Veneza e rápidas paradas em cidades menores). Esse era

---

[2] Os jovens eram filhos de aristocratas, de pequenos fidalgos e, a partir do final do século XVIII e início do século XIX, de profissionais da classe média.

[3] Apesar do perfil do *grand tourist* oitocentista não se afastar marcadamente das características já destacadas, havia algumas notáveis exceções, como o próprio Göethe (cuja viagem rendeu, pelas acuradas e sensíveis observações das características físicas da terra e do povo italianos e das ricas experiências vivenciadas, um dos maiores clássicos da literatura de viagem, *Viagem à Itália: 1786-1788*, cit.) e Lady Mary Wortley Montagu (que acompanhou o marido em sua missão como embaixador em Constantinopla – atualmente a cidade de Istambul, na Turquia –, de 1716 a 1718, a quem abandonou, vinte anos depois, para abraçar a vida de viajante na Europa continental) – Lynne Withey, *Grand Tours and Cook's Tours: a History of Leisure Travel, 1750-1915* (Nova York: William Morrow and Company, 1997), p. 6.

[4] *Ibid.*, pp. 6-7.

o roteiro mais popular,[5] já que vigorava a crença comum da inexistência de locais merecedores de visitação no restante do mundo, onde somente reinava total e prodigioso barbarismo. Era a Itália, entretanto, o "coração" da viagem, a ponto de ser objeto de apaixonados comentários literários, como o do tutor de *grand tours,* Samuel Johnson, "um Homem que não esteve na Itália está sempre ciente de sua inferioridade por não ter visto o que se espera que um homem veja".[6] Nesses locais, os *grand tourists* notavam como eram pobremente conhecidos o comportamento e os costumes de nações estrangeiras e buscavam vivenciar intensa troca cultural com a população autóctone e outros viajantes. Além disso, procuravam conhecer os destaques históricos e culturais locais e, principalmente, os seus grandes monumentos, obras de arquitetura, escultura ou pintura, excepcionais e singulares por seu tamanho e beleza ou pelo estranhamento produzido em seus observadores. Assim, as obras da Antiguidade clássica permaneciam como um dos principais focos de atração dos *grand tourists* (fator que ajuda a explicar a forte preferência desses viajantes por longas estadas na Itália), e a elaboração de listas das "sete maravilhas" que deveriam ser visitadas, fenômeno marcadamente clássico, passou a ser novamente muito popular, mesmo entre os mais eruditos (ver Anexo 1, "Coisas dignas de serem vistas": as sete maravilhas e os patrimônios da Humanidade).

O *grand tour* transformou as viagens em empreendimentos filosóficos e científicos, que permitiam ao viajante fazer comparações e formular, a partir delas, valores mais universais que aqueles engendrados em contato apenas com os costumes de seu local de origem.[7] Essa forma de aprendizado era complementação indispensável à educação formal dos futuros dirigentes civis e militares e intelectuais europeus. Urry[8] destaca que existia uma expectati-

---

[5] Quando o roteiro europeu se tornou familiar e visitantes de classes menos abastadas passaram a cumpri-lo, os *grand tourists* voltaram suas atenções para locais mais distantes, como o norte do continente americano, Índias Orientais, Extremo Oriente, Egito e cidades portuárias do norte da África; os mais "exóticos" visitavam o Japão, a Cidade do Cabo (África do Sul) e o Rio de Janeiro (Brasil).

[6] Cf. Samuel Johnson, *apud* Lynne Withey, *Grand Tours and Cook's Tours*, cit., p. 7.

[7] Erik J. Leed, *The Mind of the Traveler: from Gilgamesh to the Global Tourism* (Nova York: Basic Books, 1991), p. 68.

[8] John Urry, *O olhar do turista: lazer e viagens nas sociedades contemporâneas* (São Paulo: Sesc/Studio Nobel, 1996), p. 20.

va de toda a sociedade de que as viagens empreendidas exercessem esse papel primordial na educação cognitiva e perceptiva das classes altas, realmente formando os perfis necessários para o alcance das mudanças requeridas. Para tanto, os jovens eram acompanhados por preceptores ou tutores encarregados de os formar, por meio da sedimentação dos conhecimentos clássicos, da solidificação do caráter e da preparação para a guerra. Nas palavras de Nugent,[9] "o *grand tour* visava manifestamente enriquecer o espírito pelo saber, corrigir o discernimento, suprimir os preconceitos da educação, polir as maneiras, em uma palavra: formar um *gentleman* completo".

No final do século XVIII vê-se incluída também a "educação carnal", o que contribui para um crescimento ainda maior da popularidade da Itália, com seu povo tido como naturalmente gregário e "desinibido" e com a presumível disponibilidade das mulheres, que exercem enorme atração sobre os viajantes. Essa visão fundamentava a reação negativa de muitos dos críticos das viagens, para quem as viagens eram simplesmente uma fonte de vícios,[10] que não poderiam ser coibidos apenas pela presença dos tutores. Como forma de os auxiliar nessa árdua tarefa, os guias turísticos traziam, desde o século XVI, textos de caráter moralizante.[11]

Muito embora os "prazeres dos sentidos" e "as experimentações com a alma e com o corpo"[12] tenham ressurgido nesse momento como importante motivação, o objetivo educativo, mais tradicional, manteve-se como o principal fator de atração para os viajantes e, posteriormente, de diferenciação das viagens turísticas de massa, que sucederiam o *grand tour* já no segundo quartel do século XIX.

---

[9] Cf. Nugent, *apud* Roy Malkin, "Do viajante de outrora ao 'novo' turista", em *O Correio da Unesco*, 27 (9-10), Rio de Janeiro, set.-out. de 1999, p. 25.
[10] Margarita Barretto, *Manual de iniciação ao estudo do turismo* (Campinas: Papirus, 1995), p. 50.
[11] Lynne Withey, *Grand Tours and Cook's Tours*, cit., p. 9.
[12] *Ibid.*, p. 8.

Para Barretto[13] e diversos outros autores, o turismo moderno originou-se dentro de um contexto social amplo, com as mudanças ocorridas nos modos de produção (que, para a autora, determinariam quem viaja) e o desenvolvimento tecnológico (que determinaria a forma como se viaja). A passagem do século XVIII para o XIX é marcada na Europa por grandes transformações econômicas, sociais e políticas, corporificadas na Revolução Industrial e na Revolução Francesa, responsáveis por alterações significativas no panorama geral do continente europeu. Por outro lado, o grande fluxo de deslocamentos e exigências elitizadas do público dos *grand tours* estimularam a melhoria da oferta de serviços de transporte (principalmente com o aumento da malha ferroviária e o advento do navio a vapor), hospedagem, alimentação e acompanhamento (seja de livros para consultas e orientações, seja de profissionais especializados),[14] que contribuíram "para a disseminação de rotinas, códigos e signos das viagens desde então".[15] É nesse contexto que aparecem grandes inovações na estrutura e nos objetivos das viagens, inovações realizadas por empreendedores cujas realizações transformaram seus nomes em sinônimos de seus produtos e introduziram a atividade turística na era industrial: Barretto,[16] Baedecker,[17] Pullman,[18]

---

[13] Margarita Barretto, *Manual de iniciação ao estudo do turismo*, cit., p. 51.

[14] *Ibid.*; John Urry, *O olhar do turista*, cit.; Lynne Withey, *Grand Tours and Cook's Tours,* cit.; Marilandi Goulart & Roselys Izabel dos Santos, "Uma abordagem histórico-cultural do turismo", em *Turismo: visão e ação*, 1 (1), s/l., jan.- jun. de 1998; Célia Serrano *et al.* (orgs.), *Olhares contemporâneos sobre o turismo*, Coleção Turismo (Campinas: Papirus, 2000).

[15] Célia Serrano *et al.* (orgs.), *Olhares contemporâneos sobre o turismo*, cit., p. 38.

[16] Margarita Barretto, *Manual de iniciação ao estudo do turismo*, cit., p. 52.

[17] Os guias turísticos publicados pelo editor alemão Karl Baedecker vieram substituir, a partir de 1850, os livros escritos especialmente para os adeptos dos *grand tours*, que não mais se adequavam às características dos novos viajantes. As publicações ganharam aspecto e conteúdos muito próximos dos atuais, com apresentação padrão (capa vermelha e formato de bolso), atualização regular, interatividade com os leitores (o editor convidava-os enviar sugestões para as edições seguintes) e a instituição da classificação de destinos e equipamentos de hospedagem por estrelas. Os guias Baedecker, que contavam com edições específicas para a maioria dos destinos procurados pelos viajantes, tornaram-se muito populares, principalmente a partir de 1840. Roy Malkin ("Do viajante de outrora ao 'novo' turista", cit., p. 25) destaca que, na Alemanha, "diariamente e sempre ao meio-dia, o imperador Guilherme II chegava a uma determinada janela de seu palácio porque, segundo ele próprio explicava, 'está escrito no Baedecker que assisto à troca da guarda desta janela e, por isso, as pessoas ficam esperando'".

[18] O magnata ferroviário George Pulmann foi o responsável pela invenção do conceito de "trem turístico

Ritz[19] e, o maior deles, Cook, criador, no segundo quartel do século XIX, das "excursões organizadas" (atualmente também conhecidas como "pacotes turísticos"). As inovações de Thomas Cook significaram um marcante avanço na democratização das viagens, que ficaram mais acessíveis às camadas médias da população devido à diminuição dos custos finais repassados para a clientela (e à criação de um sistema especial de financiamento). Por outro lado, o nome Cook imprimia segurança às viagens e a supressão quase total da imprevisibilidade durante os roteiros.

Na segunda metade do século XIX, Cook já havia abandonado os pacotes dirigidos a uma clientela de poder aquisitivo mais baixo e passava a dedicar-se a clientes de alto nível: em 1855, escoltava pela Itália "eclesiásticos, médicos, banqueiros, engenheiros e negociantes".[20] Cinco anos mais tarde, apenas duas décadas depois da realização de sua primeira excursão organizada, mais de 1 milhão de pessoas já tinha viajado com Cook, em grande parte mulheres e frequentemente solteiras, que, mais que um guia, consideravam Cook um "guardião".

Os mais tradicionalistas, entretanto, criticavam abertamente Cook e seus excursionistas, tachando-os de observadores apressados, representantes de

---

de luxo" nos Estados Unidos, onde as distâncias a serem percorridas eram maiores e a falta de frequência das paradas era mais comum que na Europa. Os carros *pullman* para passageiros eram mais amplos e mais altos, mais bem ventilados, com longos corredores centrais e vestíbulos fechados entre os carros (que permitiam maior movimentação dos passageiros) e equipados com lâmpadas a óleo, fogareiros, lavatórios e, a partir de 1859, agradáveis dormitórios (Lynne Withey, *Grand Tours and Cook's Tours*, cit., pp. 175 -179).

[19] Após trabalhar por décadas em famosos hotéis europeus e transformar-se num renomado administrador hoteleiro, o suíço Cesar Ritz abriu em Paris, em 1898, o primeiro Ritz Hotel. Para o empreendimento, Ritz adquiriu uma sequência de edifícios, erguidos entre 1680 e 1720 na Place Vendôme, com fachadas uniformes, concebidas por Luís XIV; transformou seus interiores em um único moderno e luxuoso hotel, conservando, entretanto, todo o charme de sua fachada. Nesse hotel, Ritz lançou uma de suas principais inovações: a introdução de um quarto de banho privativo a cada um dos quartos de dormir, numa época em que a grande maioria dos hotéis europeus oferecia apenas um quarto de banho por andar. Um ano mais tarde, Ritz inaugurava o Carlton Hotel em Londres. Esses dois hotéis foram responsáveis por todos os padrões de hotéis luxuosos que seriam seguidos por todas as gerações hoteleiras seguintes – Lynne Withey, *Grand Tours and Cook's Tours*, cit., pp. 184-189.

[20] Roy Malkin, "Do viajante de outrora ao 'novo' turista", cit., p. 25.

uma modernidade que arrastava multidões de intrusos a aldeias, povoados e regiões até então autossuficientes, envolvendo-os em uma teia cada vez mais engendrada de forças econômicas e sociais estrangeiras. Assim, por participarem de uma viagem organizada, os turistas de Cook eram acusados não somente de serem incapazes de experimentar qualquer sentimento estético, como também de profanarem a grandeza sagrada dos monumentos que visitavam. A sua velocidade era associada à superficialidade.

Viajar transformou-se num lugar-comum para uma grande parte da elite, e também da classe média, no último quartel do século XIX e início do século XX.[21] Mas, como os pacotes de Cook alteraram significativamente a estrutura organizacional das viagens e o perfil do público que as consumia, os destinos escolhidos continuaram fundamentados em atrativos de origem cultural,[22] porém, com o abandono dos objetivos focados no enriquecimento cultural e no aprendizado e sua troca pela diversão descompromissada, principalmente a

---

[21] Os europeus ricos somavam esforços para se separarem dos indesejáveis turistas de Cook, por meio da criação de enclaves elitizados em destinações mais populares ou por intermédio da busca por novas destinações, cada vez mais exóticas e distantes (Lynne Withey, *Grand Tours and Cook's Tours*, cit., p. 168). Essa postura pode ser destacada como uma das principais características dos viajantes contemporâneos e sua incessante busca pela diferenciação, exemplarmente definida por Keith Waterhouse em *Theory and Practice of Travel* (Londres: Hodder & Stoughton, 1989), p. 18: "Sou um viajante, você é um turista, ele é um excursionista", e amplamente discutida por diversos outros autores, entre os quais Daniel Boorstein, *The Image: a Guide to Pseudo-events in America* (Nova York: Harper & Row, 1964); MacCannell D., *The Tourist: a New Theory of the Leisure Class* (Londres: Macmillan, 1976); Jost Krippendorf, *Sociologia do turismo: para uma nova compreensão do lazer e das viagens* (Rio de Janeiro: Civilização Brasileira, 1989); Erik J. Leed, *The Mind of the Traveler*, cit.; John Urry, *O olhar do turista*, cit.; Mike Featherstone, *O desmanche da cultura: globalização, pós-modernismo e identidade* (São Paulo: Nobel/Sesc, 1997); Heloísa Turini Bruhns, "Turismo e lazer: viajando com personagens", em Célia Serrano *et al.*, *Olhares contemporâneos sobre o turismo*, cit.; Beatriz C. Labate, "A experiência do 'viajante-turista' na contemporaneidade", em Célia Serrano *et al.*, *Olhares contemporâneos sobre o turismo*, cit.

[22] Os destinos culturais continuaram sendo preferidos, muito embora se perceba, desde o fim do século XVIII, um especial interesse dos viajantes pela natureza. É o chamado "turismo romântico", nascido na esteira do romantismo, com "ênfase à intensidade da emoção e da sensação [...] e à expressão hedonística individual. [...] O romantismo implicava que os moradores das novas cidades industriais emergentes se beneficiariam enormemente com o fato de passarem breves períodos longe delas, contemplando a natureza. O romantismo não apenas conduziu ao desenvolvimento do 'turismo da paisagem' e da apreciação de magníficos trechos do litoral. Encorajou também os banhos de mar. [...] Boa parte do turismo, no século XIX, baseou-se no fenômeno natural do 'mar' e suas supostas propriedades de propiciador de saúde" – ver John Urry, *O olhar do turista*, cit., pp. 38-39.

partir da década de 1950,[23] quando se iniciou a grande expansão do turismo de massa, que teria seu auge vinte anos depois.

A década de 1970 marca o *boom* do turismo massificado, ainda baseado nos padrões de pacotes turísticos formatados há um século por Cook. O ato de viajar torna-se um fenômeno extremamente estandardizado e revela a face mais negativamente impactante do turismo de massa, a ponto de receber, mais recentemente, a denominação de turismo "predador".

Tais impactos passam a ser verificados na grande maioria das comunidades receptoras para as quais estão direcionados os pacotes turísticos, principalmente por seus reflexos econômicos, sociais, culturais e ambientais negativos.[24]

Aos turistas de massa, a atividade já pouco acrescentava, tanto do ponto de vista educativo quanto de lazer. Ao contrário do que seria óbvio supor pela importância com que foram revestidas, as experiências turísticas oferecidas aos viajantes por meio do turismo de massa não eram compensatórias da rotina criada pela vida cotidiana, mas apenas reproduziam as mesmas estruturas de utilização passiva e não criativa do tempo de trabalho. Da mesma forma, tais experiências também não propiciavam aos turistas oportunidades de interação com o núcleo receptor, ou de troca de experiências com a comunidade autóctone, pouco contribuindo para a educação daqueles que viajavam.

Firmou-se, nesse momento, o aparecimento de estudos que enfocavam o turismo dentro da realidade da sociedade de massas. Quatro dos principais

---

[23] John Urry, em *O olhar do turista*, cit., p. 204, observa que a emergência, neste momento, do turismo de massa foi apenas um aspecto da racionalização do trabalho e do lazer, fruto do típico desenvolvimento social do século XIX.

[24] Inúmeros autores têm estudado os impactos negativos do turismo de massa nos núcleos receptores, geralmente localizados em países com nível de renda intermediário e em desenvolvimento – ver Organização Mundial do Turismo (OMT), *apud* Wilson Abrahão Rabahy, *Planejamento do turismo: estudos econômicos e fundamentos econométricos*, vol. 1 (1ª ed. São Paulo: Loyola, 1990). Alguns dos efeitos negativos mais citados são a excessiva dependência econômica do turismo; o abandono de atividades tradicionais; o aumento de preços dos produtos comercializados na destinação; a especulação imobiliária; o estímulo a hábitos de consumo anteriormente inexistentes e muitas vezes inacessíveis para a maioria da população; o aumento da prostituição e da criminalidade; a descaracterização do artesanato; a vulgarização ou teatralização das manifestações culturais; a depredação do patrimônio cultural material; a poluição visual; o acúmulo de lixo e a depredação ambiental.

críticos desse modelo podem ser destacados por sua cáustica análise da experiência das viagens turísticas massificadas: Boorstein, Krippendorf e Turner e Ash.

Boorstein,[25] com estudos realizados especificamente nos Estados Unidos, argumentava que os indivíduos não podem vivenciar a realidade diretamente, recorrendo, então, a "pseudoacontecimentos". Para o autor, essa incapacidade cotidiana tem efeitos diretos sobre a realização de viagens turísticas, consideradas um dos mais importantes exemplos desse conceito. A estruturação da experiência do turista de massa é totalmente superficial e ilusória: só consegue enxergar o local visitado protegido por uma "bolha ambiental" (materializada pelos hotéis de estilo americano, espalhados em cadeias internacionais, que lhe oferecem a segurança do referencial familiar) e o que vê são somente os "pseudoacontecimentos", frutos da banalização e descontextualização das culturas visitadas, que se transmutam de fonte de informação em simples bem de consumo sem autenticidade. Como num círculo vicioso, as populações visitadas são "obrigadas" a produzir espetáculos exóticos para turistas que, consequentemente, se afastam cada vez mais dessa população.

Com o passar do tempo, a "realidade inventada" para os turistas passa a constituir um hermético "sistema de ilusões", que se autoperpetua, uma vez que proporciona a fonte de seleção e avaliação para as futuras viagens.

A visão de Turner e Ash[26] é bastante próxima. Para os autores, o turista está inserido em um "pequeno mundo monótono" (que uniformiza o "outro", tornando-o um espelho de si mesmo), no qual é conduzido por seus "pais substitutos" (agentes de viagens, guias, acompanhantes, etc.) que retiram de suas costas a pesada carga das responsabilidades e da realidade de suas vidas.

O isolamento do grupo de turistas é retomado por Krippendorf[27] e por ele denominado "férias em gueto". Os guetos são reservas artificiais criadas sob

---

[25] Daniel Boorstein, *The Image: a Guide to Pseudo-events in America*, cit.
[26] Louis Turner & John Ash, *The Golden Hordes: International Tourism and the Pleasure Periphery* (Londres: Constable, 1975).
[27] Jost Krippendorf, *Sociologia do turismo*, cit., pp. 73-77.

medida para as expectativas do turismo de massa e compreendem de complexos hoteleiros a cidades que não nasceram de seu próprio desenvolvimento, "mas foram plantadas bem no meio de um prado nos Alpes ou à beira sabe-se lá de que bela praia". Entre esses guetos, predominaria "o estilo pesado 'Hilton', mas, de um certo tempo para cá, a moda tende para o estilo descontraído 'Taiti'". O ambiente exótico é tido como importante, pois "funciona como decoração. No mais, quase não tem utilidade, com exceção de alguns empregados nativos. Os centros bastam-se a si mesmos. Não há necessidade de sair, pois lá dentro existe tudo o que se quer". Para Paul Rieger,[28] a versão mais perfeita do gueto turístico é a desenvolvida pelo Club Méditerranée, na verdade uma "grandiosa consequência da montagem teatral das férias; aquele que deseja e pode participar da mesma sente-se bem descansado e leva boas lembranças".[29]

As marcas desse turismo de massa e de isolamento, que não permite a convivência e as trocas entre os turistas, nem entre estes e o núcleo receptor, podem ser facilmente encontradas até nossos dias, seja na verificação de seus profundos impactos negativos, seja no preconceito carregado pelo sujeito "turista",[30] seja nas páginas comerciais de revistas especializadas em turismo, que retratam sua presença ainda marcante nos dias atuais.

---

[28] Paul Rieger, *apud* Jost Krippendorf, *Sociologia do turismo*, cit., p. 75.
[29] Gilbert Trigano, criador do conceito do Club Méditérranée e seu diretor até 1999, considera totalmente irresponsável o empreendimento hoteleiro que pretende misturar-se mais que superficialmente à cultura local. "Na Indonésia, paguei atores para encenar falsos casamentos budistas, pois eu próprio ficaria irado se visse pessoas entrarem em algum templo budista para assistir a um verdadeiro casamento. Seria uma grande inconveniência", acredita – *apud* Amy Otchet, "Um império construído na areia", em *O Correio da Unesco*, 27 (9-10), Rio de Janeiro, 1999, p. 53.
[30] Dezenas de citações poderiam ser aqui destacadas para ilustrar este preconceito. John Steinbeck, escritor norte-americano, acreditava que os turistas são muito úteis neste mundo moderno: é impossível detestar as pessoas que conhecemos. Elias Cenetti, escritor britânico de origem búlgara, dizia que "quem viaja aceita tudo, não se indigna mais. Olha, escuta e se entusiasma ante coisas apavorantes, justamente porque são novas. Os bons viajantes são inumanos. Jost Krippendorf (*Sociologia do turismo*, cit., pp. 84-88) destaca que, "muito embora a maioria de nós viajemos – com maior ou menor frequência –, seria difícil encontrar mais criticados, acusados, ridicularizados e insultados do que os turistas. Eles são chamados de novos bárbaros, de hordas douradas, de novos senhores. São comparados às nuvens de gafanhotos, que surgem qual calamidade e devoram tudo por onde passam antes de desaparecerem".

Em meados da década de 1980, da mesma forma que foi possível observar em outros campos de ação do desenvolvimento industrial o modelo turístico em voga, este começou a dar sinais de esgotamento. A crítica ambientalista, inicialmente direcionada à utilização irracional dos recursos naturais, ampliou-se para outros espectros, enfocando o turismo de massa.

Assim, a partir da década de 1990, nota-se mais acentuadamente a retomada de um modelo de oposição à estandardização imposta pelos *all inclusive tours*,[31] um turismo herdeiro da tradição do *grand tour* e cujo imperativo essencial é se dissociar do turismo de massa. É um tipo de turismo que se acredita como "fator de promoção da sustentabilidade do patrimônio",[32] baseando-se na estacionalidade dos fluxos (mais tempo em um mesmo lugar), com viagens individuais ou em pequenos grupos, uso de equipamentos qualitativamente estruturados e serviços personalizados.

Este turista adota uma postura muito próxima à do *grand tourist*, com maior preocupação em conhecer o local e as comunidades visitadas, um espírito mais aventureiro e o explícito desejo de viver novas experiências e descobrimentos. Entre suas principais motivações está o desejo de aprendizado e de conhecer o outro e a si mesmo.[33]

Se essas duas práticas turísticas – o turismo de massa e o turismo alternativo –, ainda se distanciam pelos diferentes interesses, motivação e percepção do turista, por outro lado fundamentam-se sobre a mesma dimensão mercadológica capitalista: o uso ou o consumo de bens e serviços turísticos.[34] Na verdade,

---

[31] Margarita Barretto, *Manual de iniciação ao estudo do turismo*, cit., p. 52.
[32] Emilia Stenzel, "Turismo e cultura", em *Notícias do Patrimônio*, nº 13, Brasília, novembro de 1999, p. 2.
[33] Beatriz C. Labate ("A experiência do 'viajante-turista' na contemporaneidade", cit.) destaca este caráter existencial e educativo intrínseco às viagens deste novo turismo, explicitado em entrevistas de uma pesquisa de campo exploratória levada a cabo em Lençóis (BA), em 1995. Um de seus entrevistados, um jovem israelense de 24 anos que viajaria pelo Brasil de três a seis meses, definiu a motivação central de sua viagem como sendo "duas coisas juntas: férias, fugir da vida rotineira, de todo dia; e também explorar outras culturas, conhecer outras pessoas, o modo de vida delas [...]. A viagem é para escapar, abrir a cabeça, conhecer mais, aprender mais".
[34] A indústria das informações para turistas independentes e alternativos é um filão pelo qual diversas editoras têm mostrado interesse. Além dos guias de viagem, são também exemplos de produtos voltados para este nicho de consumo os equipamentos especiais (roupas e calçados, mochilas, barracas, sacos de

mais que se contraporem, turismo de massa e turismo alternativo caminham lado a lado, fundamentando-se em uma mesma lógica, embora ainda em diferentes escalas de fluxos.[35] É, portanto, lícito afirmar que as diferentes formas de turismo da atualidade se apossam de características de ambos os tipos de turismo, criando uma simbiose que se propõe como alternativa ao turismo de massa tradicional sem, entretanto, adquirir o caráter de excepcionalidade do turismo alternativo. Esta terceira forma mediana utiliza-se de diversos benefícios conquistados pelo turismo de massa (como voos comerciais regulares, serviços de hospedagem, alimentação e receptivo de boa qualidade e cada vez mais baratos), mas fundamenta-se nos preceitos do turismo sustentável e inclui, como uma de suas funções precípuas, o desenvolvimento de experiências educativas baseadas na experimentação de situações e objetos, vivências que levem à preservação do patrimônio cultural e natural.

Esta forma de turismo, se ainda não conseguiu fundamentar-se totalmente em sua sustentabilidade, já mostra sinais claros de sua utilização como importante ferramenta para a educação. Urry[36] acredita que, atualmente, as férias já não contrastam tão profundamente com a educação, com a qual boa parte do turismo atual está se conectando mais intimamente. O autor chama a atenção para a crescente popularidade dos museus e das "recriações históricas hiper-reais" (muito embora este seja um tema polêmico entre intelectuais e estudiosos da cultura, conforme se verá mais adiante) e o marcante desenvolvimento do turismo cultural em todo o mundo.

Richards[37] defende que mesmo uma análise superficial dos documentos sobre política turística, produzidos pelos governos nacionais e regionais eu-

---

dormir, fogareiros, etc.) e as câmeras fotográficas. Jost Krippendorf (*Sociologia do turismo*, cit., p. 80) acredita que "mesmo os mais convictos pela aventura acham muito normal o uso de algumas comodidades introduzidas pelo turismo de massa que abominam: os voos a preços baixos, os aeroportos, os centros de informações turísticas, por exemplo".

[35] Célia Serrano et al. (orgs.), "Poéticas e políticas das viagens", em *Olhares contemporâneos sobre o turismo*, cit., p. 50.
[36] John Urry, *O olhar do turista*, cit., p. 205.
[37] Greg Richards, "Production and Consumption of European Cultural Tourism", em *Annals of Tourism Research*, 23 (2), Oxford, 1996, p. 261.

ropeus a partir da década de 1980, poderia facilmente convencer os leitores de que o turismo cultural (principalmente a vertente direcionada especificamente para sítios históricos, o turismo patrimonial) é atualmente o principal foco de atenção da demanda turística, fato sobre o qual os planejadores estão conscientes, e ansiosos pelo desenvolvimento sustentado que poderá gerar.

De fato, o turismo patrimonial é o pilar de sustentação de toda a política de turismo traçada para a Comunidade Europeia no início da década de 1990, assim como para muitos outros destinos turísticos – reais e potenciais – detentores de bens ligados ao patrimônio cultural. Mesmo no Brasil, a utilização de conjuntos históricos[38] (assim como de seus bens de forma isolada) para o turismo e lazer urbano pode ser facilmente verificada.

O direcionamento do atual interesse para o turismo cultural está calcado em sua crescente popularidade como fonte de atração de visitantes, supostamente donos de um perfil procurado por todo o *trade* turístico. Alia-se a este fato a crença comum de que o turismo cultural é a atividade ideal para auxiliar na preservação dos bens do patrimônio cultural (já que, ao menos em tese, ao mesmo tempo que gera receitas, dedicadas à própria conservação do bem, educa os visitantes para o respeitar), e a chave para o crescimento da simpatia pelos destinos encontra-se na possível exploração de seu potencial.

Entretanto, na maioria das vezes em que são utilizados para o turismo, os conjuntos históricos (embora esta tendência também seja verificável em outros bens culturais, como, por exemplo, os festejos folclóricos) acabam por atrair grandes fluxos de visitantes, mais pela atmosfera diferenciada que criam,

---

[38] Para as finalidades deste estudo, será adotada a definição de conjunto histórico da Recomendação de Nairóbi para a Salvaguarda de Conjuntos Históricos e sua Função na Vida Contemporânea, de 1976, que considera como "conjunto histórico ou tradicional todo grupamento de construções e de espaços, inclusive os sítios arqueológicos e paleontológicos, que constituam um assentamento humano, tanto no meio urbano quanto no rural e cuja coesão e valor são reconhecidos do ponto de vista arqueológico, arquitetônico, pré-histórico, histórico, estético ou sociocultural. Entre esses conjuntos, que são muito variados, podem-se distinguir especialmente os sítios pré-históricos, as cidades históricas, os bairros urbanos antigos, as aldeias e lugarejos, assim como os conjuntos monumentais homogêneos, ficando entendido que estes últimos deverão, em regra, ser conservados em sua integridade", *apud* Isabelle Cury (org.), *Cartas patrimoniais* (2ª ed. Rio de Janeiro: Iphan, 2000), p. 219.

geralmente diversa da encontrada no local de residência dos turistas, que pelas informações oferecidas e integradas ao seu conhecimento. Some-se a esse fato um conflito ainda em voga: como conciliar os interesses daqueles que veem o patrimônio como composto por um conjunto de bens nacionais insubstituíveis, defendendo o racionamento do acesso e a diminuição dos impactos, e os dos que o veem como um produto a ser consumido, defendendo o acesso total a essas "atrações"?

Como resposta, a busca da excelência na administração patrimonial e turística procurou garantir que esses conflitos entre o turismo e a conservação se conciliassem por meio de um balanceamento entre as necessidades do bem patrimonial e as do visitante. Atualmente, a ideia é explorar esse recurso patrimonial como parte da oferta turística, assegurando, porém, a manutenção de sua conservação e características fundamentais. "Vender o passado" (a história e seus remanescentes materiais) é hoje uma atividade rentável, que vem procurando embasamento na estrutura da interpretação patrimonial.

O turismo cultural

Com o advento do turismo moderno, as razões que regem os deslocamentos turísticos se tornaram extremamente variadas e numerosas. Se durante os *grand tours* a motivação primordial era o aprendizado – ou, mais precisamente, a aquisição de informações com base na vivência e na experimentação de objetos e situações reais –, muitos estudiosos defendem que, na atualidade, os motivos que levam os indivíduos a realizar uma viagem são tão variados quanto cada um dos turistas que viajam.

O "motivo é uma experiência consciente ou um estado inconsciente", afirma Beni,[1] e "serve para criar o comportamento geral e a atuação social do indivíduo em uma situação determinada". Sendo o turismo um fenômeno que se expressa coletivamente, a partir das motivações pessoais individualizadas surgirão os motivadores gerais ou coletivos, denominadores comuns que levam grandes quantidades de pessoas a se deslocarem e que determinarão as tipologias turísticas. Assim, as motivações da viagem têm

---

[1] Mario Carlos Beni, *Análise estrutural do turismo* (2ª ed. São Paulo: Editora Senac São Paulo, 1998), p. 76.

grande influência no estudo do fenômeno turístico por se originarem precisamente em comportamentos distintos, que provocam repercussões diretas na determinação do perfil do público, nas destinações escolhidas, nas estruturas de gastos, no tempo de permanência no local visitado, na frequência da visita e em muitas outras características.

O crescimento global da atividade nas décadas mais recentes do século XX desencadeou o aparecimento de novas formas de turismo ou, pelo menos, de sua identificação na literatura especializada. A "tematicidade"[2] adquiriu uma importância cada vez maior e atividades como o ecoturismo e o turismo cultural – e todas as suas numerosas variantes – atraíram muita atenção na década de 1980 e continuam a ser amplamente discutidas e debatidas até o momento.

Mesmo que sua emergência date das primeiras décadas do século XX, foi a partir do final da década de 1980, e principalmente na Europa, que o turismo cultural obteve maior atenção, com a ampliação da oferta de recursos culturais estruturados para atrair e receber visitantes (disponíveis para o grande público de massa por meio de uma profusão de pacotes turísticos) e um crescente corpo de literatura específica devotando-se ao assunto. Como ocorreu com outras tipologias turísticas então emergentes, o turismo cultural é atualmente caracterizado por uma ampla gama de conceitos e definições e por focos de análise paralelos, que contemplam tanto estudos de caso particularizantes quanto discursos conceituais mais genéricos.

O(s) conceito(s) de turismo cultural

Um conceito é uma ideia que representa o significado de uma palavra ou termo universal. Se a compreensão das ideias comuns a um conceito é que o torna inteligível a um grande número de pessoas, faz-se clara a necessidade da determinação exata da abrangência de certos termos utilizados na área turística, como é o caso do turismo cultural.

---

[2] Eduardo Yázigi, "A personalidade do lugar no planejamento turístico: a busca de uma metodologia", em Tupã Gomes Corrêa (org.), *Turismo & lazer. Prospecções da fantasia do ir e vir* (São Paulo: Edicon, 1996), p. 31.

O turismo cultural tem sido identificado como uma das áreas de maior crescimento nos últimos anos no turismo em geral. Entretanto, a pesquisa em turismo cultural não seguiu o mesmo ritmo que o crescimento do mercado. Um dos motivos da falta de pesquisas é a diversidade da "cultura" que os turistas consomem, o que, por sua vez, torna difícil definir o turismo cultural.[3]

Assim, apesar das propostas existentes e adotadas nos meios acadêmicos ou pelos estudiosos do turismo, o conceito de "turismo cultural" é ainda imprecisamente definido, com o foco direcionado especialmente para o objeto de atenção da visita, o que, embora seja uma de suas características mais fundamentais, é somente uma parte do fenômeno. Um conceito mais completo de turismo cultural deve ser construído considerando-se também uma análise mais ampla das motivações de seus participantes, das características de seu objeto e de seu público, da interatividade ou vivência de experiências culturais e das possíveis inter-relações com a preservação e a educação por meio do patrimônio cultural.

É facilmente identificável, entre leigos ou entre os próprios turistas, a ideia de que o turismo cultural é um tipo de turismo que se estrutura a partir da visitação ou do conhecimento, *in loco*, de recursos de origem cultural. Esse entendimento fundamenta um primeiro núcleo de abordagens. Entretanto, a partir da análise dos conceitos existentes na literatura nacional e estrangeira, outros três enfoques podem ser compilados entre as diversas conceituações existentes: visões distorcidas sobre essa tipologia de turismo; o contato e o aprendizado sobre os recursos culturais a partir de sua visitação (incluindo-se o aprendizado sobre a cultura que deu origem àquele determinado bem) e, por fim, o aprendizado independentemente da natureza do objeto visitado. Assim, agrupamos os conceitos apresentados a seguir em quatro núcleos temáticos.

---

[3] Greg Richards, *Nuevos caminos para el turismo cultural?* (Barcelona: Diputación de Barcelona/Association for Tourism and Leisure Education – Atlas/Observatorio Interarts, 2005), p. 1, disponível em http://www.diba.es. Acesso em janeiro de 2009.

Núcleo 1. Turismo cultural como visitação a recursos de origem cultural

O conceito de turismo cultural como sendo aquele ligado, exclusivamente, ao objetivo de visitar atrativos culturais é encontrado em profusão na literatura especializada e muitas vezes enfocado de maneira primária. Hughes,[4] por exemplo, defende que "o conceito de turismo cultural tende a ser aplicado a viagens sempre que recursos culturais são visitados, apesar das motivações iniciais". Mesmo não sendo especialista em turismo, Cobra afirma que o turista cultural "vai em busca de: arqueologia; monumentos históricos; museus; santuários, lugares santos".[5]

Uma outra motivação de viagem paralela à cultural seriam as tradições culturais:

> há inúmeras festas populares que atraem público, como carnaval, festa de São João (no nordeste chega a ser mais importante até do que o carnaval), farra do boi, em Santa Catarina, congada e outras. Mas incluem ainda festas religiosas, musicais, balé e dança folclórica sob a forma de: festivais; exposições de arte; exposições de artesanato; festas folclóricas.[6]

Para Barretto, o turismo cultural "seria aquele que não tem como atrativo principal um recurso natural. As coisas feitas pelo homem constituem a oferta cultural, portanto turismo cultural seria aquele que tem como objetivo conhecer os bens materiais e imateriais produzidos pelo homem".[7]

Baudrihaye entende que, se o turismo cultural está baseado em elementos da cultura dos visitados (ou seja, em "tudo aquilo que foi transformado pelo homem"), seu objeto de interesse poderia ser ampliado para o

---

[4] Howard L. Hughes, "Redefining Cultural Tourism", em *Annals of Tourism Research,* 23 (3), Oxford, julho de 1996, p. 707.
[5] Marcos Cobra, *Marketing de turismo* (São Paulo: Cobra Editora & Marketing, 2001), p. 71.
[6] *Ibid.*, pp. 72.
[7] Margarita Barretto, *Manual de iniciação ao estudo do turismo* (Campinas: Papirus, 1995), p. 21.

turismo de natureza, para a paisagem transformada durante séculos pelo homem. Haveria, assim, um patrimônio religioso, um patrimônio civil (castelos, palácios, museus), um patrimônio arqueológico, um patrimônio industrial e um humilde, mas não menos interessante – e já em vias de desaparecer, totalmente desprezado – patrimônio agrícola (velhas granjas, construções rurais e pastoris, etc.).[8]

Assim, o autor defende a inclusão de atrativos que originalmente não seriam vistos como pertencentes a essa categoria, propondo uma importante discussão sobre o espectro de influência do termo "patrimônio cultural".

Silberberg defende diferentes graus de motivação para o turismo cultural e adota a definição que norteia o estudo canadense "Strategic Directions for Ontario's Cultural Tourism Product", realizado em 1993. Para o autor, o turismo cultural é constituído por "visitas realizadas por pessoas de fora da comunidade receptora, motivadas total ou parcialmente pelo interesse na oferta histórica, artística, científica e de costumes e hábitos de vida de uma comunidade, região, grupo ou instituição".[9]

Dias defende o turismo cultural como

> uma segmentação do mercado turístico que incorpora uma variedade de formas culturais, em que se incluem museus, galerias, eventos culturais, festivais, festas, arquitetura, sítios históricos, apresentações artísticas e outras, que, identificadas com uma cultura em particular, fazem parte de um conjunto que identifica uma comunidade e que atraem [sic] os visitantes interessados em conhecer características singulares de outros povos.[10]

A Organização Mundial do Turismo (OMT) definiu, em 1985, essa categoria turística como movimentos de pessoas essencialmente com motivações

---

[8] Jaime-Axel Ruiz Baudrihaye, "El turismo cultural: luces y sombras", em *Estudios Turísticos*, nº 134, Madri, 1997, pp. 43-54.
[9] Ted Silberberg, "Cultural Tourism and Business Opportunities for Museums and Heritage Sites", em *Tourism Management*, 16 (5), 1995, p. 361.
[10] Reinaldo Dias, *Turismo e patrimônio cultural. Recursos que acompanham o crescimento das cidades* (São Paulo: Saraiva, 2006), p. 39.

culturais, como "viagens de estudos; artes dramáticas ou viagens culturais; viagem para festivais e outros eventos culturais; visitas a sítios e monumentos; e viagens para estudar a natureza, o folclore e/ou as migrações".[11]

Núcleo 2. Visões distorcidas de turismo cultural

Uma segunda vertente de entendimento do turismo cultural é formada por autores que apresentam, em sua formulação conceitual, visões distorcidas desse tipo de fenômeno turístico, originadas no não entendimento do sentido de patrimônio cultural. Nesse caso, duas linhas podem ser constatadas: a que tende a admitir somente a "alta cultura" ou a "cultura de elite" como foco de atenção do turismo cultural e, em oposição, a tendência que liga diretamente o turismo cultural a lugares exóticos.

A primeira tendência pode ser representada por Coelho,[12] que acredita ser o turismo cultural uma "atividade voltada fundamentalmente para os modos culturais geralmente ditos 'de elite', ou seja, visitação a museus e locais históricos ou a frequentação [sic] a espetáculos de ópera, teatro, cinema, etc.". Para o autor, o que impede que elementos da cultura popular integrem o circuito do turismo cultural "é não apenas o preconceito contra os modos culturais populares como também, aparentemente, a ausência de um aparato informativo que transforme o passeio numa ilustração – o que, de resto, trai o caráter educacional e utilitário da ideia de turismo cultural". Como "zonas representativas da cultura popular" que se encontram alijadas do turismo cultural, Coelho cita os bairros da Boca (Buenos Aires, Argentina) e do Pelourinho (Salvador, Brasil).

---

[11] Bruce R. Prideaux & Lee-Jaye Kinimont, "Tourism and Heritage are not Strangers: a Study of Opportunities for Rural Heritage Museums to Maximize Tourism Visitation", em *Journal of Travel Research*, 37 (3), Thousand Oaks, fevereiro de 1999, p. 300.

[12] Teixeira Coelho, *Dicionário crítico de política cultural: cultura e imaginário* (São Paulo: Iluminuras, 1997), p. 359.

Também como representante dessa corrente pode ser citada Runyard,[13] que acredita que o turismo cultural, principalmente no que se refere ao contexto britânico, "poderia ser um resumo amplo se fôssemos verdadeiramente europeus – abraçando quaisquer atividades ou exposições pertencentes à nossa cultura. No Reino Unido, costuma significar pinturas, esculturas, artes dramáticas; a 'alta' cultura, se preferir, e certamente a arte contemporânea".

Richards acredita que um aspecto problemático para a definição de turismo cultural é que a visão de "cultura" tem mudado.

> Antes, os turistas culturais viajavam sobretudo para ver a "alta" cultura em um destino eleito, especialmente museus, monumentos e festivais. Entretanto, hoje em dia o produto turístico está cada vez mais impregnado de elementos da cultura "popular", tais como a gastronomia, o cinema, o esporte e a televisão. Em Barcelona [Espanha], por exemplo. O Museu do F. C. Barcelona atrai cada ano mais turistas que o Museu Picasso.[14]

Dessa forma, opostamente a Coelho e Runyard, Fabrizio[15] expõe que a descoberta de outras culturas é uma prática bastante antiga no Ocidente, mas que anteriormente estava reservada a uma "certa categoria de pessoas": etnólogos, historiadores, arqueólogos e minorias de viajantes afortunados. "Mais recentemente surgiu o turismo cultural – que só pode existir se uma parte do mundo se mostra às demais como um espetáculo, exibindo sua diferença." E, nesse mesmo sentido, as autoras Moletta e Goidanich[16] defendem que a prática do turismo cultural, "bastante polêmica", está baseada na busca por "lugares exóticos. Assim, os povos primitivos, que mantêm suas tradições preservadas, têm recebido um considerável volume de turistas".

---

[13] Sue Runyard, *Museums and Tourism: mutual Benefit* (Londres: Museums & Galleries Commission/English Tourist Board, 1993), p. 12.
[14] Greg Richards, *Nuevos caminos para el turismo cultural*, cit., p. 2.
[15] Claude Fabrizio, "Elogio da diversidade", em *Correio da Unesco*, Rio de Janeiro, novembro de 1997, p. 10.
[16] Vânia Florentino Moletta & Karin Leyser Goidanich, *Turismo cultural* (Porto Alegre: Sebrae, 2000), p. 7.

Núcleo 3. Turismo cultural como ferramenta para o aprendizado cultural

Um terceiro grupo de estudiosos defende que o turismo cultural está baseado não somente na visitação de uma ampla gama de atrativos culturais, mas também na vivência e no contato direto com outras culturas, gerando um aprendizado a partir de experiências diretas do próprio visitante.

Como representativos deste tipo de formulação, podem ser destacados os conceitos propostos por MacCannell[17] e Funari e Pinsky,[18] para quem toda forma de turismo é uma experiência cultural.

Stebbins defende o turismo cultural como sendo

> um gênero de turismo [...] baseado na busca e na participação em experiências culturais novas e profundas, quer estéticas, intelectuais, emocionais ou psicológicas. Muitas formas culturais como museus, galerias, festivais, arquitetura, ruínas históricas, performances artísticas e sítios patrimoniais rotineiramente atraem visitantes. As formas são expressões ou contêm expressões de uma ou mais artes de elite, populares ou folclóricas, ou um ou mais estilos de vida – folclórico, histórico ou moderno.[19]

Para McCarthy, o turismo cultural

> descreve o fenômeno da viagem com o propósito de experimentar tanto uma outra cultura ("conceitos, hábitos, habilidades, artes, instrumentos, instituições, etc., de um determinado povo em um determinado período; civilização") quanto atrações culturais de um local particular (seus museus, festivais, galerias, artistas, músicos, teatro, arquitetura, etc.).[20]

---

[17] D. MacCannell, *Empty Meeting Grounds* (Londres: Routledge, 1993).
[18] Pedro Paulo Funari & Jaime Pinsky (orgs.), *Turismo e patrimônio cultural*, Coleção Turismo Contexto (São Paulo: Contexto, 2001), pp. 7-11.
[19] Robert Stebbins, "Cultural Tourism as Serious Leisure", em *Annals of Tourism Research*, 23 (4), Oxford, outubro de 1996, pp. 948-950.
[20] Bridget B. McCarthy, *Cultural Tourism: How the Arts Can Help Market Tourism Products, How Tourism Can Help Provide Markets for the Arts* (Portland: Edição da autora, 1992), p. 2.

McIntosh e Goeldner[21] entendem o turismo cultural como uma atividade que abarque todos os tipos de viagens nas quais as pessoas aprendem sobre outras formas de vida e pensamento. Segundo seu entendimento, nessa tipologia de turismo os fatores culturais desempenham um papel fundamental, principalmente em atividades cuja intenção seja promover a transmissão de informações ou a partilha de conhecimentos e ideias. Para os autores, o turismo cultural é composto por viagens realizadas com o intuito de

> experimentar e, em alguns casos, participar de um estilo de vida desaparecido que repousa na memória humana. O cenário pitoresco ou a "cor local" da destinação são as atrações principais. As atividades na destinação, caracteristicamente, incluem refeições em locais rústicos, festivais típicos, apresentações de danças folclóricas e demonstrações de arte e artesanato fabricadas tradicionalmente.[22]

Visitas ao museu vivo de Colonial Williamsburg (Virgínia, Estados Unidos), por exemplo, seriam exemplos do turismo cultural por eles defendido.

A visão de Edgell[23] segue a mesma linha conceitual, defendendo que a aprendizagem e o entendimento entre diferentes culturas, gerados pelo turismo cultural, atuam de forma benéfica também sobre a população visitada, já que permitem à comunidade aprender mais sobre si mesma, e potencializam os sentimentos de orgulho e a valorização de sua cultura pela percepção mais acurada de seu próprio valor.

Dias acredita que, em decorrência da

> busca pelas origens, em nível tanto local quanto global, intensificada nos últimos anos do século XX e neste início do século XXI, o turismo cultural assume um papel educativo, pelo qual se amplia e se consolida um conhecimento

---

[21] Robert W. McIntosh & Charles R. Goeldner, *Tourism: Principles, Practices, Philosophies* (6ª ed. Nova York: John Wiley, 1992), pp. 151-152.
[22] *Ibid.*, p. 140.
[23] David L. Edgell, *International Tourism Policy*, VNR Tourism and Commercial Recreation (Nova York: Van Nostrand Reinhold, 1990), pp. 71-73.

construído em processo complexo, que tem seu ponto culminante no contato do indivíduo com o seu interesse particular, seja ele um sítio arqueológico, um museu, um monumento histórico, uma etnia, uma dança, um tipo de artesanato, etc.[24]

Para o Ministério do Turismo,[25] o "turismo cultural compreende as atividades turísticas relacionadas à vivência[26] do conjunto de elementos significativos do patrimônio histórico e cultural e dos eventos culturais,[27] valorizando e promovendo os bens materiais e imateriais da cultura".

Núcleo 4. Turismo cultural como ferramenta de aprendizagem

Finalmente, um quarto grupo de estudiosos defende que o principal objetivo do turismo cultural é a aprendizagem, porém uma aprendizagem que pode ser realizada independentemente da natureza do objeto visitado. Seguindo essa tendência, Goulart e Santos[28] afirmam que "o turismo cultural objetiva principalmente a pesquisa, o conhecimento, a informação, aliando tudo isso ao prazer e bem-estar".

Apesar de Andrade, numa tentativa inicial de estreitamento do conceito, defender que, "por coerência e respeito às finalidades que são meios classifica-

---

[24] Reinaldo Dias, *Turismo e patrimônio cultural*, cit., p. 36.
[25] Ver Ministério do Turismo, *Turismo cultural: orientações básicas* (Brasília: Ministério do Turismo, 2008), p. 16.
[26] A definição de turismo cultural está relacionada à motivação do turista, especificamente a de vivenciar o patrimônio histórico e cultural e determinados eventos culturais, de modo a experienciá-los e preservar a sua integridade. Vivenciar implica, essencialmente, duas formas de relação do turista com a cultura ou algum aspecto cultural: a primeira refere-se ao conhecimento, aqui entendido como a busca em aprender e entender o objeto da visitação; a segunda corresponde a experiências participativas, contemplativas e de entretenimento, que ocorrem em função do objeto de visitação. *Ibid.*, p. 17.
[27] Os eventos culturais englobam as manifestações temporárias, enquadradas ou não na definição de patrimônio, incluindo-se nessa categoria os eventos gastronômicos, religiosos, musicais, de dança, de teatro, de cinema, exposições de arte, de artesanato e outros. *Ibidem.*
[28] Marilandi Goulart & Roselys Izabel dos Santos, "Uma abordagem histórico-cultural do turismo", em *Turismo: Visão e Ação*, 1 (1), s/l., jan.-jun. de 1998, p. 23.

tórios do turismo", o turismo cultural deva ser visto de forma mais restritiva, abrangendo "exclusivamente as atividades que se efetuam através de deslocamentos para a satisfação de objetivos de encontro com emoções artísticas, científicas, de formação e de informação nos diversos ramos existentes, em decorrência das próprias riquezas da inteligência e da criatividade humanas", o homem é "compelido a aprender sempre mais a respeito de um número sempre maior de ideias e fatos, tanto por sua necessidade inata de evoluir como pelas inúmeras exigências de respostas sociais às expectativas do grupo social a que pertence", e o turismo cultural surgiria como uma solução para essa necessidade. É importante citar que o autor defende que as características do turismo cultural não se expressam pela própria viagem, mas por suas motivações, baseadas "na disposição e no esforço de conhecer, pesquisar e analisar dados, obras ou fatos em suas variadas manifestações".

A motivação para o turismo cultural (que, neste caso, poderia ser mais apropriadamente denominada "motivação cultural para o turismo") estaria presente em qualquer indivíduo, já que o

> turista, como qualquer outra pessoa, exerce a ambivalente e concomitante função de agente aculturador e de elemento suscetível de sensibilização por culturas outras que a sua própria. Assim, pelo próprio desejo ou pela necessidade de participar de ambientes e sociedades diferentes dos que lhes são próprios, ele se dispõe a interferir e a integrar-se, em um processo cultural, como elemento ativo e passivo de influência. Ao desejo e à necessidade de transferência cultural chamamos motivação cultural.[29]

O autor ressalta, porém, que a motivação cultural do turismo "depende mais dos turistas como elementos ativos do que da cultura dos receptivos que eles visitam, pois a simples oportunidade de constatação de realidades estranhas pode ser insuficiente para que elas se tornem, de fato, conhecidas".[30]

---

[29] José Vicente de Andrade, *Turismo: fundamentos e dimensões*, vol. 98 da Coleção Fundamentos (São Paulo: Ática, 1992), p. 71.
[30] *Ibidem.*

Dissecando o conceito de turismo cultural

O OBJETO DO TURISMO CULTURAL: O PATRIMÔNIO CULTURAL

Apesar de alguns autores considerarem o objeto do turismo cultural por um espectro mais amplo (como, por exemplo, aqueles anteriormente citados que defendem o turismo cultural como sinônimo de aprendizado a partir do objeto de visitação, seja ele qual for), este estudo defende que o objeto do turismo cultural é formado pelos elementos resultantes dos recursos culturais – materiais e imateriais – do local ou grupo visitado. Assim, os objetos que desencadeariam a visitação do turismo cultural seriam os bens originários da cultura e formadores do patrimônio cultural do local visitado, em todos os seus múltiplos níveis.

A Organização das Nações Unidas para a Educação, a Ciência e a Cultura (Unesco) – na Conferência Geral que determinou a Convenção sobre a Salvaguarda do Patrimônio Mundial, Cultural e Natural, em 1972 –, define o patrimônio cultural como sendo constituído por

> monumentos (obras arquitetônicas, de escultura ou de pintura monumentais, elementos ou estruturas de natureza arqueológica, inscrições, cavernas e grupos de elementos ou estruturas que tenham um valor universal excepcional do ponto de vista da história, da arte ou da ciência), conjuntos (grupos de construções isoladas ou reunidas que, em virtude de sua arquitetura, unidade ou integração na paisagem, tenham um valor universal excepcional do ponto de vista da história, da arte ou da ciência) e lugares (obras do homem ou obras conjugadas do homem e da natureza, bem como as áreas que incluam sítios arqueológicos, de valor universal excepcional do ponto de vista histórico, estético, etnológico ou antropológico).[31]

---

[31] Isabelle Cury (org.), *Cartas patrimoniais* (2ª ed. Rio de Janeiro: Iphan, 2000), pp. 178-179.

Apesar de tal convenção datar de 1972 e de só ter sido promulgada em muitos dos países signatários anos mais tarde,[32] foi a partir da década de 1970 que o conceito de patrimônio cultural passou a ser visto de maneira mais abrangente, incluindo então manifestações de natureza imaterial, "que se relacionam à identidade, à memória e à ação dos grupos sociais".[33] Aproximadamente dez anos mais tarde, em 1985, a Conferência Mundial do México sobre Políticas Culturais, organizada pela Unesco, passou a agregar os elementos da cultura imaterial ao conceito de patrimônio cultural.[34] Em 1988, a Constituição Federal brasileira já incluía essa abordagem em seu artigo 216 e definia como constituintes do patrimônio cultural nacional os

> bens de natureza material e imaterial, tomados individualmente ou em conjunto, portadores de referência à identidade, à ação, à memória dos diferentes grupos formadores da sociedade brasileira, nos quais se incluem:
>
> I. as formas de expressão;
>
> II. os modos de criar, fazer e viver;
>
> III. as criações científicas, artísticas e tecnológicas;
>
> IV. as obras, objetos, documentos, edificações e demais espaços destinados às manifestações artístico-culturais;
>
> V. os conjuntos urbanos e sítios de valor histórico, paisagístico, artístico, arqueológico, paleontológico, ecológico e científico.

Essa variedade de elementos constituintes do patrimônio cultural[35] resultou no refinamento da segmentação da atividade turística cultural, com a

---

[32] O Brasil, por exemplo, só viria a promulgar a Convenção em 1977, por meio do Decreto nº 80.978, de 12 de dezembro.

[33] Ministério da Cultura – Iphan, *Oficina de interpretação e sinalização de sítio arqueológico*, 1999, disponível em http://www.iphan.gov.br. Acesso em 1999.

[34] Claude Fabrizio, *Elogio da diversidade*, em *Correio da Unesco*, Rio de Janeiro, novembro de 1997, pp. 12-13.

[35] Há que se destacar também uma corrente de estudos que defende a existência de um patrimônio cultural integral, do qual fazem parte os bens originados das relações dos homens com a natureza e dos homens entre si, incluindo-se aqui a sociedade à qual pertencem, assim como a leitura que estabelecem dessas relações. Essa linha pode ser encontrada já em estudos de Varine-Bohan da década de 1970. Essa posição também é defendida por Lash e Urry – ver Scot Lash & John Urry, *Economies of Signs and Spaces*

criação de "subtipologias", como o turismo cultural urbano, o turismo cultural em parques temáticos, o turismo patrimonial, o turismo histórico, o turismo arqueológico, o turismo paleontológico, o turismo artístico ou de artes, o turismo étnico, o turismo gastronômico, o turismo literário, o turismo de patrimônio industrial, o turismo ferroviário, o turismo cívico, o turismo científico, de congressos ou de eventos, o turismo rural, o turismo religioso, místico ou esotérico, o turismo de compras e até mesmo o turismo virtual.

Assim, todos os elementos de natureza material ou simbólica que compõem o patrimônio cultural de determinada população devem ser tomados como recursos que poderão ser utilizados como fonte de atração do turismo cultural.

Os recursos turísticos culturais são, assim, elementos que apresentam uma determinada "potencialidade"[36] para se tornarem atrativos[37] turísticos culturais, caso sejam devidamente aproveitados. A realidade, entretanto, é que nem todo recurso está capacitado para efetivamente atrair turistas e ser, consequentemente, um atrativo turístico. Machín[38] considera que três características determinam as possibilidades de exploração de um recurso turístico: sua singularidade, sua atratividade e o seu grau de conservação. Já Silberberg[39] vai além, considerando importantes não apenas o próprio recurso, mas também suas características gerenciais, citando como fundamentais a qualidade perce-

---

(Londres: Sage, 1994) – e Simon Schama – ver Schama, *Paisagem e memória* (São Paulo: Companhia das Letras, 1996), entre outros autores.

[36] Américo Pellegrini Filho, *Turismo cultural em Tiradentes: estudo de metodologia aplicada* (São Paulo: Manole, 2000), p. 231.

[37] Segundo o argumento de Boorstein, o que se oferece ao turista são "mercadorias vazias" (ou os já citados "pseudoacontecimentos"), a utilização das palavras "atrativo" ou "atração" como "uma coisa ou característica que atrai pessoas; especialmente qualquer exibição interessante ou divertida" data do início da década de 1860. "É uma nova espécie: a forma mais atenuada de cultura de uma nação. Ao redor de todo o mundo achamos essas 'atrações' – de pouca significação para a vida interior de uma pessoa, mas maravilhosamente vendáveis como mercadoria turística" – Daniel Boorstein, *The Image*, cit., p. 103.

[38] Cf. Machín, *apud* Américo Pellegrini Filho, *Turismo cultural em Tiradentes: estudo de metodologia aplicada*, cit., p. 231.

[39] Ted Silberberg, "Cultural Tourism and Business Opportunities for Museums and Heritage Sites", cit.

bida do recurso, a percepção que dele tem o visitante, a assistência ao visitante disponível, sua sustentabilidade, o grau segundo o qual é percebido pelo público, o suporte e o envolvimento da comunidade e o compromisso e a capacidade administrativa para a gerência do recurso.

Silberberg defende a existência de um contínuo[40] de atrativo cultural (ver Figura 1). Em um extremo estariam os recursos "aptos a atrair turistas", ou seja, os atrativos turísticos que possuiriam, se não todas, a maioria das características citadas anteriormente. No outro extremo do espectro, estariam os recursos culturais que geralmente não atraem visitantes, chamados de "inclinados a atrair turistas". Nas escalas intermediárias estariam os recursos que, mais do que inclinados, estão "prontos para atrair turistas", pois se comprometeram com a melhoria de seus produtos e serviços.

```
aptos a atrair turistas        prontos para atrair turistas        inclinados a atrair turistas
■——————————————————————————————■——————————————————————————————■

                    +   ←——————————————→   −
                         Movimento dos produtos
```

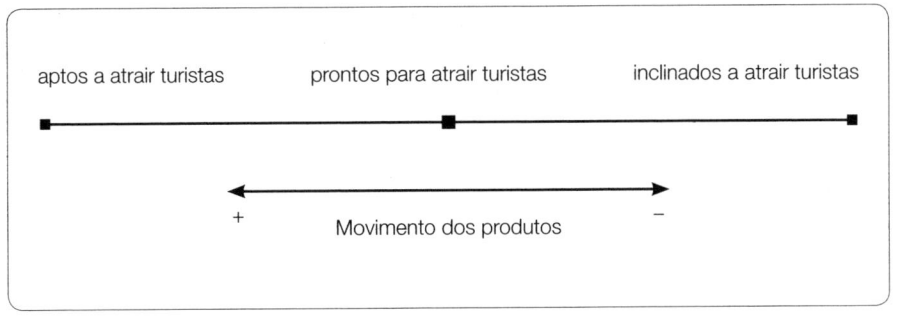

FIGURA 1. CONTÍNUO PARA CAPACIDADE DE ATRAÇÃO DE PRODUTOS CULTURAIS
Fonte: elaborado com base em informações de Ted Silberberg, "Cultural Tourism and Business Opportunities for Museums and Heritage Sites", em Tourism Management, 16 (5), 1995.

Para as destinações interessadas em atrair turistas culturais, o segredo para a oferta de um atrativo turístico interessante seria transformar os "recursos inclinados a atrair turistas" em "recursos aptos a atrair turistas", conquistando as características solicitadas e transformando-os em atrativos turísticos.

---

[40] Um contínuo é uma escala social que prevê a possibilidade de ordenação de itens e, a partir de pontos extremos, de identificação de pontos intermediários. Antonio Carlos Gil, *Como elaborar projetos de pesquisa* (3ª ed. São Paulo: Atlas, 1994).

O SUJEITO DO TURISMO CULTURAL: O TURISTA CULTURAL

Como em qualquer outra tipologia turística existente na atualidade, o sujeito do turismo cultural é um turista, que neste caso carregará em sua denominação o adjetivo cultural, de modo a diferenciar sua caracterização das existentes para turistas que se mobilizam por outras motivações.

Turista é toda "pessoa que se desloca para fora de seu lugar de residência permanente por mais de 24 horas, efetuando pernoite, sem a intenção de fixar residência ou exercer atividade remunerada,[41] realizando gastos de qualquer espécie com renda auferida fora do local visitado".[42] Para o efeito deste estudo será também considerado turista o indivíduo que se desloca, por menos de 24 horas (e, portanto, sem a necessidade de realização de pernoite em equipamentos de hospedagem), por sua cidade de origem ou por outras cidades próximas, pelos mesmos motivos citados anteriormente.

Esses indivíduos realizam um tipo de atividade de lazer denominado por Boullón[43] de excursão recreativa, com o intuito de diferenciá-lo das excursões turísticas (que se qualificam pelo uso do tempo livre por períodos superiores a 24 horas, implicando, portanto, na realização de pernoites).[44] Ainda nesta linha conceitual, Gastal[45] defende que o espaço físico ocupado contemporaneamente por diversas cidades torna os deslocamentos em seu interior tão com-

---

[41] A inexistência de atividade remunerada durante a viagem como uma das características básicas para a determinação de quem é (ou não) um turista é discutível. A própria OMT aceita a existência do turismo de negócios. No Brasil, grande parte das receitas geradas pelo setor de turismo origina-se desse segmento, sendo o estado de São Paulo o principal destino brasileiro e latino-americano para a realização de negócios.
[42] Américo Pellegrini Filho, *Turismo cultural em Tiradentes*, cit., pp. 281-282.
[43] Roberto Boullón, *Las actividades turísticas y recreacionales: el hombre como protagonista*, Coleção Trillas Turismo (3ª ed. México: Trillas, 1990).
[44] As excursões recreativas caracterizam-se muito mais pela práxis turística que pela recreacional: o produto final é formado, como o produto turístico, pela somatória de atrativos, facilidades e infraestrutura. Existem também, como no lazer turístico, atividades motrizes e atividades complementares, que se agregam formando o produto final disponibilizado.
[45] Susana Gastal, "O produto cidade: caminhos de cultura, caminhos de turismo", em Antonio Carlos Castrogiovanni (org.), *Turismo urbano*, Coleção Turismo Contexto (São Paulo: Contexto, 2000), p. 36.

plexos como os realizados entre regiões. Assim, seria lícito denominá-los de deslocamentos turísticos.[46]

Acrescente-se que a garantia da satisfação dos residentes em visitas a sítios patrimoniais e de sua intenção de retornar são um importante caminho para mensurar o sucesso de uma atração para seu público. Por isso, Moscardo[47] acrescenta que a conquista da assiduidade das visitas de residentes às atrações patrimoniais é fundamental, já que esses indivíduos têm acesso mais fácil à atração, são críticos mais severos de sua apresentação e da assistência prestada ao visitante e atuam como "guias" de amigos e parentes que visitam a região.

Genericamente, o turista cultural é aquele que consome o produto turístico cultural. Suas características têm sido traçadas de forma ampla, levando à suposição da existência de um perfil bastante padronizado para esse tipo de turista: quando comparado com o público em geral, ele revela possuir maior poder aquisitivo, gasto médio *per capita* em viagens mais alto, maior tempo de permanência em uma única localidade receptora (geralmente com permanência superior a uma semana em cada lugar), níveis cultural e de escolaridade mais altos, predominância de mulheres, faixas de idade mais elevadas (com forte presença de maiores de 65 anos). Baudrihaye[48] e Moletta e Goidanich[49] sugerem a inclusão de outra importante característica no perfil-padrão desse público: seriam turistas mais exigentes, para quem os aspectos econômicos da viagem são secundários, mas não a relação qualidade-preço. O turista cultural seria um viajante especialmente sensível à qualidade do produto consumido, à exatidão da informação recebida, ao respeito à paisagem e ao entorno e à contaminação visual e acústica do local visitado.

---

[46] Essa prática foi adotada precursoramente pela Porto Alegre Turismo, órgão oficial de turismo da capital gaúcha, que considera como turistas mesmo os moradores locais, desde que, em seus deslocamentos pela cidade, obtenham como fruto desse lazer a quebra de "suas rotinas espaciais e temporais". *Ibidem*.

[47] G. Moscardo, "Communicating with Two Million Tourists: a Formative Evaluation of an Interpretive Brochure", em *Journal of Interpretation Research*, 4 (1), Arcata, 1999, pp. 21-37.

[48] Jaime-Axel Ruiz Baudrihaye, "El turismo cultural: luces y sombras", cit., p. 44.

[49] Vânia Florentino Moletta & Karin Leyser Goidanich, *Turismo cultural*, cit.

Consideremos, então, ser esse o perfil do turista cultural típico. Um perfil, aliás, que por suas características, principalmente as econômicas, é procurado por todos os segmentos da atividade turística, tornando-se, por isso, uma das justificativas para a implantação do turismo cultural em diversas localidades.

Um perfil bastante distinto, entretanto, é defendido por Richards,[50] baseado na estrutura conceitual oferecida pelo sociólogo francês Pierre Bourdieu.[51] Richards defende que o turista cultural típico pertence, na verdade, a uma nova classe média emergente na década de 1990, proveniente principalmente da área de serviços. Esse perfil foi comprovado em pesquisa elaborada para o Projeto de Turismo Cultural Europeu (European Cultural Tourism Project),[52] que, se por um lado reforçou a percepção de que os turistas culturais são indivíduos com níveis altos de escolaridade (80% dos entrevistados tinham nível superior e, destes, um quarto já havia obtido ou viria a obter títulos de pós-graduação), por outro detectou que os turistas, para quem os atrativos culturais eram fatores importantes, ou muito importantes, na decisão por um destino turístico, respondiam por apenas 9% do total de entrevistados. Esse pequeno grupo foi denominado de "turistas culturais específicos". Os 91% restantes, os "turistas culturais generalistas",[53] consumiam atrativos culturais como parte de uma experiência turística mais ampla. O acesso à cultura e o seu consumo turístico

---

[50] Greg Richards, "Production and Consumption of European Cultural Tourism", em *Annals of Tourism Research*, 23 (2), Oxford, 1996, p. 266.

[51] Muito de toda a análise do consumo pós-moderno está baseado neste trabalho de Bourdieu, *Distinction: Social Critique of the Judgment of Taste*, de 1984. Nele, o autor defende que as classes sociais lutam para se distinguir umas das outras por meio da educação, da ocupação funcional e do consumo de mercadorias, incluindo-se aqui também o consumo turístico. A combinação dos capitais social, educacional e cultural acumulados por grupos sociais dá origem a hábitos distintos por classe, ou ao que também denomina de "cultura de classe".

[52] O projeto foi definido pela Associação Europeia para Educação em Turismo e Lazer (European Association for Tourism and Leisure Education – Atlas) com o objetivo maior de definir as características da oferta e da demanda por turismo cultural europeu. Os dados referentes à demanda foram coletados em 1992 em 26 atrativos culturais de nove países da Comunidade Europeia, com um total de 6.400 entrevistas. Richards atuou como seu coordenador – Greg Richards, "Production and Consumption of European Cultural Tourism", cit.

[53] No original, *specific cultural tourists* e *general cultural tourists*.

mostraram-se ainda controlados em larga escala pela disponibilidade de capital cultural ou pela competência para o consumo de bens culturais.

Acrescente-se, ainda, que o "turista cultural específico" apresenta níveis altos de consumo turístico, particularmente de viagens de menor duração (mais de 40% desse grupo havia participado de pelo menos uma viagem de até três dias nos últimos doze meses)[54] e é mais jovem que o padrão admitido para o turista cultural.

O perfil profissional desses viajantes mostrou que são, em sua maioria, profissionais autônomos ligados, de diferentes modos, à área cultural. Aqui se detectou uma ligação clara entre a área profissional na indústria cultural em que esses indivíduos trabalham e seu consumo turístico. Os profissionais que atuam em atividades ligadas ao patrimônio cultural, por exemplo, provavelmente visitarão museus e sítios patrimoniais quando em férias; profissionais ligados às artes cênicas e visuais tenderão a visitar atrações artísticas referentes a esse segmento cultural.

Os "turistas culturais específicos" vivem em áreas centrais das principais cidades, próximos de ampla gama de facilidades culturais. Eles reforçam a afirmação de MacCannell,[55] segundo a qual uma das principais características da pós-modernidade é a continuidade temporal e espacial entre o lazer e o trabalho. O que separaria então o "turista cultural específico" do "generalista" não seriam tanto os padrões de consumo cultural, mas o nível de envolvimento na produção cultural. Assim, a participação em atividades turísticas culturais não é simplesmente uma busca por novas experiências, mas, sim, uma busca pela distinção de classes baseada em um estilo de vida completo, no qual as fronteiras entre o trabalho e o lazer, entre a produção e o consumo, estariam se tornando cada vez mais nebulosas.

---

[54] Ressalta-se que, para alguns autores, como W. Fache – ver "Short Break Holidays", em V. Seaton *et al.* (orgs.), *Tourism: the State of the Art* (Londres: Wiley, 1994) – e C. Gratton – ver C. Gratton, *Consumer Behavior in Tourism: a Psycho-economic Approach*, comunicação apresentada na Conferência Tourism Research into the 1990s, Durham, 1990 –, a realização com alta frequência de viagens de curta duração é uma das características marcantes do turista cultural.

[55] D. MacCannell, *Empty Meeting Grounds*, cit.

Visitar sítios patrimoniais seria, então, uma forma de os indivíduos adquirirem ou reforçarem o capital cultural simbólico necessário para estarem vinculados a uma determinada classe cultural, demonstrando e afirmando seu *status* e sua posição na sociedade. É preciso lembrar, entretanto, que apesar do perfil-padrão do turista cultural indicar indivíduos que têm amplo acesso ao capital cultural necessário para a perfeita interação com os bens visitados, grande parte do público em visita a atrativos culturais necessita de uma mediação que permita seu acesso intelectual ao patrimônio. Esse público, denominado por Martins de "público deficiente cultural",[56] não domina os códigos da cultura, não possuindo o capital cultural necessário para sua decodificação e ficando o acesso a ela prejudicado, ou mesmo inviabilizado, por questões educacionais.

Também defendendo que não é somente o público detentor do perfil clássico de turista cultural quem consome esse tipo de produto turístico, Silberberg acredita que o grau de motivação que leva um turista a consumir um produto turístico cultural também varia de acordo com cada visitante, o que leva à existência de diferentes níveis de motivação para o consumo do turismo cultural – que não são levados em consideração na maior parte das pesquisas e estudos que vêm sendo realizados na área.

O mercado de turismo cultural seria formado, então, por cinco tipos distintos de turistas e visitantes:

1. *altamente motivados por cultura*: esse segmento é composto por pessoas que possuem o perfil de turista cultural descrito anteriormente e geralmente é tratado como o único público para este tipo de atividade turística. Envolve pessoas que viajam para um determinado destino especificamente pelas oportunidades culturais oferecidas (museus, teatros, centros históricos, festas tradicionais, etc.), abrigando em torno de 5% do mercado residente e 15% do mercado de turistas (Tabela 1). Essa diferença porcentual é explicada por Silberberg pelo fato de as pessoas

---

[56] Maria Helena Pires Martins, "Público especial", em Teixeira Coelho, *Dicionário crítico de política cultural: cultura e imaginário*, cit., p. 328.

com maior poder aquisitivo e níveis cultural e de escolaridade mais altos geralmente viajarem mais e tenderem a estar mais interessadas por cultura. Esse perfil é também condizente com a proposta de Richards para o "turista cultural específico";

2. *parcialmente motivados por cultura*: esse segmento envolve pessoas que optam por um destino não só pelas oportunidades culturais oferecidas, mas também por outras motivações (como, por exemplo, visitar parentes ou amigos). Os parcialmente motivados por cultura responderiam por 15% do mercado residente e 30% do mercado turístico;

3. *adjuntamente motivados por cultura*: para essas pessoas, a motivação principal para a escolha de uma destinação pode ser não cultural (como, por exemplo, a participação em um congresso), ainda que esses visitantes planejem a inclusão de visitas a atrativos culturais em suas estadas. Esse segmento representaria 20% tanto dos residentes quanto do mercado de turismo;

4. *casualmente motivados por cultura* (ou "turistas culturais acidentais"): esse segmento abrangeria 20% dos mercados de residentes e turistas e envolve pessoas que viajam sem a intenção inicial de visitar um atrativo cultural, mas que, casualmente, acabam realizando tal visita (como, por exemplo, quando os parentes ou amigos visitados os levam até esses locais, ou quando as atrações culturais ficam próximas ao local de hospedagem);

5. *nunca motivados por cultura*: esse segmento engloba os turistas (15%) e residentes (40%) que não frequentam ou visitam atrativos culturais sob nenhuma circunstância.

TABELA 1. TIPOS DE TURISTAS CULTURAIS (POR GRAUS DE MOTIVAÇÃO)		
Grau de Motivação	Turistas (%)	Residentes (%)
Altamente motivados	15	5
Parcialmente motivados	30	15
Adjuntamente motivados	20	20
Casualmente motivados	20	20
Nunca motivados	15	40

Fonte: elaborada com base em informações de Ted Silberberg, "Cultural Tourism and Business Opportunities for Museums and Heritage Sites", em *Tourism Management*, 16 (5), 1995.

Outros autores propõem classificações similares para o turista cultural. Hood[57] acredita que a demanda turística cultural possa ser dividida entre "visitantes frequentes", "visitantes ocasionais" e "não visitantes". Pires defende a existência de diversas motivações para as viagens, destacando que, mesmo com a ausência de um particular interesse por cultura,

> os turistas acabam visitando atrações culturais, se forem oferecidas facilidades para tanto. [...] Pode o forasteiro não ter visitado o museu, nem ruínas ou casarões históricos, mas quis provar a culinária local, saber minimamente os costumes e as crenças dos habitantes. Nesse sentido, praticou também turismo cultural, ao lado de outros que compõem uma nomenclatura extensa e mais ou menos consagrada pelo uso.[58]

Peterson[59] defende a existência de quatro grupos distintos de visitantes em áreas patrimoniais:[60] os "aficionados" (pequenos grupos de visitantes com interesses bastante particulares, como em determinados estilos arquitetônicos ou em remanescentes da guerra civil norte-americana), os "visitantes casuais", os "visitantes eventuais" e os "turistas". Com exceção dos aficionados, grande parte dos visitantes estaria mais interessada na atmosfera e na ambiência associada ao sítio que na própria história e, consequentemente, na relevância patrimonial do local. Da mesma forma, Prentice[61] acredita que os indivíduos em visita a atrações patrimoniais estão em busca de recreação, não se caracterizando, portanto, como "entusiastas do patrimônio".

É interessante citar, complementarmente à classificação oferecida por Silberberg, que Moletta e Goidanich[62] (dividem os turistas culturais em grupos

---

[57] Cf. Hood, *apud* Andrea Davies & Richard Prentice, "Conceptualizing the Latent Visitor to Heritage Attractions", em *Tourism Management*, 16 (7), Londres, 1995, p. 492.
[58] Mário Jorge Pires, *Lazer e turismo cultural* (São Paulo: Manole, 2001), pp. 66-67.
[59] Cf. Peterson, *apud* Deborah Kerstetter, *et al.* "Industrial Heritage Attractions: Types and Tourists", em *Journal of Travel and Tourism Marketing*, Nova York, 7 (2), 1998, p. 99-104.
[60] Esse autor utiliza o conceito de turismo patrimonial como sinônimo de turismo cultural, não como uma subcategoria.
[61] Richard Prentice, *Tourism and Heritage Attractions*, cit.
[62] Vânia Florentino Moletta & Karin Leyser Goidanich, *Turismo cultural*, cit., p. 7.

com características distintas e não exclusivamente baseadas em fatores motivacionais, como o grupo intelectual, o colecionador, o curioso/excêntrico, o casual e o estudantil. Estes dois últimos grupos merecem aqui um destaque especial, pelo que representam – real e potencialmente – para o turismo cultural.

O grupo casual é formado por pessoas que visitam destinações culturais sem nenhum motivo especial, por meio de viagens organizadas por operadoras e agências de turismo – os pacotes turísticos. Na verdade, os atrativos culturais são visitados simplesmente por estarem incluídos nos roteiros previamente planejados. O objetivo principal desses turistas não é o aprendizado que podem obter a partir do local e das visitas programadas, mas o *status* que a realização da viagem lhes oferecerá: o importante para eles é comentar com os amigos que já estiveram em locais famosos, tiraram fotografias ou até mesmo adquiriram recordações. Segundo as autoras, esse tipo de turista opta sempre por roteiros convencionais. Esse grupo possui evidentes paralelos com os turistas culturais acidentais de Silberberg e, se considerarmos que a maioria do público dos atrativos culturais é proveniente do turismo de massa, representa uma parcela que deve ser conquistada.

O segundo destaque deve ser feito para o grupo estudantil, composto por alunos de escolas primárias e secundárias, geralmente da rede particular de ensino, que se dirigem às destinações culturais para a realização de atividades que vêm sendo chamadas indistintamente de turismo pedagógico, turismo educacional, turismo educativo, turismo de estudo ou estudo do meio, oferecidas em profusão por operadoras e agências de turismo especificamente voltadas para este segmento de mercado. Apoiadas por acompanhantes especializados (professores e/ou guias de turismo) e material didático, são excursões de natureza pedagógica, baseadas no currículo escolar e que envolvem assuntos tratados em inúmeras disciplinas.[63] Exatamente por esse motivo, as excursões

---

[63] Os estudos do meio possibilitariam: 1. "formar um elo de ligação [*sic*] entre a teoria e a prática, entre o conhecimento tecnocientífico e o popular"; 2. "promover reflexão sobre a ação predatória do homem no meio ambiente"; 3. "sensibilizar para a modificação do comportamento em escala individual e coletiva" e 4. "utilizar uma abordagem interdisciplinar" – ver Luiz Fernando Ferreira & Maria do Carmo Barêa Coutinho, "Educação ambiental em estudos do meio: a experiência da Bioma Educação Ambiental",

educacionais vêm recebendo grande destaque nas escolas que buscam introduzir currículos interdisciplinares, como previsto pelos Parâmetros Curriculares Nacionais, aprovados pelo Ministério da Educação em 2000.

A utilização da classificação por grau de motivação por turismo cultural de Silberberg – assim como as demais classificações aqui expostas – é fundamental para os planejadores locais da atividade turística, tanto em cidades quanto nos próprios atrativos. A partir desses parâmetros, será possível estabelecer estratégias específicas para o incremento do mercado de turistas culturais, ampliando os apelos dos atrativos para os segmentos parcialmente motivados e casualmente motivados.

O OBJETIVO DO TURISMO CULTURAL: A EDUCAÇÃO DO TURISTA E A CONSERVAÇÃO PATRIMONIAL

Foi defendido anteriormente que um conceito ideal de turismo cultural deveria conter informações sobre seu sujeito, seu objeto e também sobre os objetivos a serem alcançados por esse tipo de visitação.

O senso comum relatado anteriormente sobre o turismo cultural diria que seu objetivo final é a própria visitação aos bens que compõem o patrimônio cultural da comunidade receptora. No entanto, a leitura mais atenta do fenômeno turístico cultural que vem sendo defendida neste estudo indica que seu principal objetivo é propiciar experiências que deem origem a um processo educativo que auxilie no desenvolvimento integral dos visitantes e, consequentemente, na conservação do recurso cultural visitado.

---

em Célia Serrano (org.), *A educação pelas pedras: ecoturismo e educação ambiental* (São Paulo: Chronos, 2000), p.174. Para exemplificar como esse novo e forte instrumento pedagógico complementar à educação formal se desenvolve, Nogueira narra que, em apenas um semestre escolar, um aluno do 1º ano do ensino médio de um colégio particular de São Paulo realizou duas dessas "excursões educacionais". Na primeira vez passou três dias no Vale do Ribeira, no estado de São Paulo, carregando na mochila instrumentos para medir a temperatura e a altitude de cada caverna visitada. O objetivo do passeio era estudar os animais que as habitam. No mês seguinte, foi à Floresta Amazônica. Visitou a Hidrelétrica de Balbina e ouviu palestras sobre o impacto ambiental causado pela usina" – Pablo Nogueira, "Farra didática", em *Veja*, São Paulo, 11-8-1999, p. 94.

Neste contexto, Funari e Pinsky alertam ser mais adequado observar que o "turismo cultural efetiva-se quando da apropriação de algo que possa ser caracterizado como bem cultural [...]".[64] Já McIntosh[65] defende que a essência do "produto intangível" (ou serviço) oferecido pelo turismo cultural envolve o consumo de uma experiência com as atrações culturais, proporcionada aos visitantes por meio da experimentação de sentimentos, emoções e conhecimentos.

Este enfoque não é facilmente encontrado na literatura especializada, seja ela proveniente da área conservacionista, seja ela especificamente referente à atividade turística. Tal abordagem tem sido prejudicada pela percepção generalizada dos impactos negativos causados pelo turismo de massa desordenado, bem como pela visão de que a geração de recursos financeiros é, muitas vezes, o único aspecto positivo da atividade turística.

Relatos de impactos negativos causados pela realização da atividade turística cultural mal planejada (ou sem planejamento algum) são encontrados em profusão na literatura especializada. Em 2001, *O Correio da Unesco* dedicou uma edição especial ao tema turismo e cultura – qualificando essa união como um "casamento por conveniência". Alguns casos apresentados – como o do turismo em reinos budistas no Nepal, Tibete e Butão, a tentativa de ordenação do turismo em Pompeia, Itália, ou a invasão turística desordenada em Petra, Jordânia – são exemplos desse enfoque do turismo como agente degradador de bens culturais de origem material ou imaterial.

Ball relata a experiência negativa dos maoris – povo autóctone de Wairoa, na Oceania – com o turismo cultural, já no final do século XIX:

> a primeira evidência da controvérsia apareceu em 1886, quando Tuhoto, o tohunga maori de 104 anos, começou a amaldiçoar sua tribo por abandonar seus antigos costumes. Naquele tempo, o contato com turistas e missioná-

---

[64] Pedro Paulo Funari & Jaime Pinsky, *Turismo e patrimônio cultural*, cit., p. 8.
[65] Alison J. McIntosh, "Into the Tourist's Mind: Understanding the Value of the Heritage Experiences", em *Journal of Travel and Tourism Marketing*, 8 (1), s/l., 1999, p. 43.

rios europeus estava tendo um forte efeito sobre a cultura maori. Os estilos das vestimentas das mulheres tinham mudado e elas começaram a usar corpetes para cobrir os seios e saias de piu piu (linho) foram desenvolvidas para os turistas. As mulheres pararam de participar da tradicional dança de guerra também, já que os ocidentais preferiam um comportamento mais "feminino". [...] Tuhoto castigou seu povo por seu comercialismo e advertiu que Deus iria puni-los.[66]

Quando o Monte Tarawera entrou em erupção, um ano depois, e enterrou toda a vila, muitos maoris acreditaram que se tratava do cumprimento de sua profecia. Da mesma forma, os anciãos do reino budista tibetano de Mustang atribuíam a seca que assolava o país há anos à presença de estrangeiros no local.[67] Para Araoz, a despeito de todo o interesse positivo suscitado, o turismo ainda é o "vilão preferido" da comunidade conservacionista. O turismo, argumentam os adeptos dessa corrente, "erode sítios culturais, trivializa sua significação, cria reconstruções teatrais, perverte a cultura local e trata o patrimônio como um bem de consumo".[68]

Complementarmente a essa visão negativa da atividade causada pela falta de planejamento, a crença no turismo como gerador de recursos financeiros apareceria a partir do fim da década de 1960 nos principais documentos, recomendações e cartas conclusivas de encontros relacionados à proteção do patrimônio cultural, ocorridos em diversas partes do mundo. A marcante expansão da cultura de massas nesse período influiria de forma definitiva

> nos contornos do patrimônio, pois tornaria o passado uma mercadoria de consumo para a indústria do turismo. [...] Da valorização turística resultaria a ampliação do público voltado para o patrimônio, não enquanto possibilidade

---

[66] Patricia Bovers Ball, *Cultural Tourism in New Zealand: the Maori Perspective*, disponível em http://www.icomos.org/usicomos/news/usicomos696.html. Acesso em 27-3-2001.

[67] Myra Shackley, "Alta tensão no Himalaia", em *O Correio da Unesco*, 27 (9-10), Rio de Janeiro, set.- out. de 1999, p. 29.

[68] Gustavo Araoz, *Letter from the Executive Director*, disponível em http://www.icomos.org/usicomos/news/usicomos696.html. Acesso em 27-3-2001.

de apropriação de um passado específico, mas como fonte de fruição de beleza.[69]

Um dos mais clássicos exemplos – e mais criticados por especialistas do meio conservacionista – é o conteúdo expresso nas Normas de Quito, de 1967 (Anexo III). Elas representam o resultado da reunião da Organização dos Estados Americanos (OEA), em Quito (Equador), para discussão da conservação e utilização de monumentos e sítios de interesse histórico e cultural. Afirmava-se, naquele momento, a necessidade da adoção de medidas de emergência como parte de um plano sistemático de revalorização dos bens patrimoniais, em função do desenvolvimento econômico-social, reservando lugar de destaque para a atividade turística, responsável pela geração dos "dividendos financeiros" necessários.[70] Os princípios expostos nas Normas de Quito ofereceriam um novo caminho a ser percorrido pelos defensores do patrimônio cultural como objeto do turismo: pressupondo que os bens formadores do patrimônio são também recursos econômicos e que, portanto, seu aproveitamento adequado deveria favorecer o desenvolvimento dos países do continente americano, as normas geraram um interesse especial por projetos de (re)valorização[71] de monumentos e sítios, com intervenções dirigidas a "habilitá-los com as condições objetivas e ambientais que, sem desvirtuar a sua natureza, ressaltem suas características e permitam seu ótimo aproveitamento".[72]

Para alguns estudiosos da área conservacionista, como Lemos[73] e Arantes,[74] as sugestões das Normas de Quito e demais resoluções posteriores deram origem a uma "solução equivocada" para a problemática da conservação do pa-

---

[69] Marly Rodrigues, "De quem é o patrimônio? Um olhar sobre a prática preservacionista em São Paulo", em *Revista do Patrimônio Histórico e Artístico Nacional*, nº 24, Rio de Janeiro, 1996, p. 196.

[70] Antônio Augusto Arantes, "Documentos históricos, documentos de cultura", em *Revista do Patrimônio Histórico e Artístico Nacional*, nº 22, Rio de Janeiro, 1987, p. 51.

[71] Em inglês, é utilizado o termo *enhancement*, enquanto em países de língua espanhola se utiliza a expressão *puesta en valor*.

[72] Cf. "Normas de Quito", *apud* Isabelle Cury (org.), *Cartas patrimoniais* (2ª ed. Rio de Janeiro: Iphan, 2000), p. 111.

[73] Carlos Lemos, *O que é patrimônio histórico*, Coleção Primeiros Passos (São Paulo: Brasiliense, 1981).

[74] Antônio Augusto Arantes, "Documentos históricos, documentos de cultura", cit.

trimônio cultural: a valorização dos bens com base em acepções econômicas. Esses críticos revelaram-se contrários aos argumentos iniciais das normas, segundo os quais "os valores propriamente culturais não se desnaturalizam nem se comprometem ao vincular-se aos interesses turísticos",[75] já que, no seu entender, até mesmo um museu improvisado estará comprometido quando visitantes se "acotovelam apertados e embasbacados" em um "ambiente que fora destinado evidentemente a outras práticas alheias à visitação coletiva".[76]

A importância turística então assumida pelo patrimônio cultural pode ser verificada, ainda em 1968, com a criação em São Paulo do Conselho de Defesa do Patrimônio Histórico, Artístico, Arqueológico e Turístico (Condephaat).[77] A criação de um conselho estadual destinado também à defesa de um patrimônio voltado para o turismo – embora tenha sido originalmente idealizado como instrumento de defesa e valorização dos bens remanescentes da colonização do litoral paulista –[78] é uma evidente indicação dessa acepção do turismo como preservador do patrimônio.[79]

Torna-se comum entre os administradores de bens e sítios patrimoniais a necessidade de sua autossustentação e o turismo adquire caráter fundamental entre as possíveis ações geradoras de recursos financeiros. Nos documentos conservacionistas oficiais, as abordagens que se referiam ao turismo como uma ferramenta de educação do público são abandonadas, passando a predominar os enfoques que tratam a atividade como mera geradora de receita a ser aplicada na manutenção e preservação do bem.

---

[75] Cf. "Normas de Quito", *apud* Isabelle Cury (org.), *Cartas patrimoniais*, cit., p. 112.
[76] Carlos Lemos, *O que é patrimônio histórico*, cit., p. 89.
[77] Em 1967, numa tentativa de melhor coordenar as atividades de cultura e turismo e suas inter-relações, o governador Roberto de Abreu Sodré havia criado a Secretaria de Cultura, Esporte e Turismo, à qual se subordinaria o Conselho de Defesa do Patrimônio Histórico, Arqueológico, Artístico e Turístico (Condephaat). Ver Marly Rodrigues, "Preservar e consumir: o patrimônio histórico e o turismo", em *Revista do Patrimônio Histórico e Artístico Nacional*, nº 24, Rio de Janeiro, 1996, p. 21.
[78] Nesta época, o litoral paulista, principalmente em sua porção sul, já estava ameaçado por projetos turísticos em quase toda a sua extensão.
[79] Marly Rodrigues, "De quem é o patrimônio", cit., p. 197.

Assim, em 1971, os governadores de estado presentes no encontro promovido pelo Ministério da Educação e Cultura em Salvador (BA, Brasil) ratificavam os argumentos do "Compromisso de Brasília" (1970) e acrescentavam recomendações para o desenvolvimento do turismo, com "especial atenção para planos que visem a preservação e valorização dos monumentos naturais e de valor cultural especialmente protegidos por lei", com a convocação de órgãos responsáveis por seu planejamento, "no sentido de que voltem suas atenções para os problemas, utilização e divulgação dos bens naturais e de valor cultural especialmente protegidos por lei" e com o estudo de "medidas que facilitem a implantação de pousadas, com utilização preferencial de imóveis tombados".[80]

É a partir desse período que bens arquitetônicos passam a ser alvo de inúmeros projetos para aproveitamento turístico, com antigas construções, como casas de câmara, cadeias, presídios e mercados, sendo transformadas em equipamentos de hospedagem, museus ou "casas de cultura", especialmente destinadas ao abrigo de centros de atendimento ao turista, lojas de artesanato, restaurantes e bares. A Secretaria de Planejamento, o Ministério da Educação e Cultura e o Ministério da Indústria e Comércio, por meio de uma Portaria Interministerial de 1977, passam a destinar recursos "à restauração progressiva de monumentos e conjuntos de valor histórico e artístico e à preservação de expressões culturais significativas, com o objetivo de criar uma infraestrutura adequada ao desenvolvimento e suporte de atividades turísticas".[81]

Se já era possível notar o enfoque de atividade eminentemente geradora de receitas e, por isso, supostamente contribuidora para a preservação dos bens pertencentes ao patrimônio cultural, que o turismo carregaria marcadamente a partir do fim da década de 1960, foi principalmente no último quartel do século XX que o turismo mais contribuiu para integrar o patrimônio cultural ao universo econômico. Essa evolução gerou modificações no sistema tradicional de proteção e valorização do patrimônio, tanto no papel de instituições quanto

---

[80] Isabelle Cury (org.), *Cartas patrimoniais*, cit., p. 145.
[81] Antônio Augusto Arantes, "Documentos históricos, documentos de cultura", cit., p. 49.

nas modalidades de investimento.[82] Nesse caso, constata-se que, de maneira geral, os fundos públicos ou privados destinados à proteção do patrimônio – à sua conservação e restauração – tendem a diminuir em oposição àqueles dedicados à sua valorização e, portanto, devem ser submetidos a uma lógica de natureza econômica, produzindo empregos e riqueza.

Na prática, a crença de que os recursos financeiros gerados pela presença de turistas e visitantes em sítios patrimoniais seriam revertidos para a própria preservação das atrações não se tornou realidade. Com raríssimas exceções, a comunidade conservacionista não conseguiu desenvolver argumentos necessários para o convencimento de políticos, planejadores e empresas turísticas – públicas e privadas – de que uma porcentagem maior dos rendimentos obtidos fosse destinada aos próprios sítios culturais.[83] Muito foi escrito sobre a reorientação de parte dos recursos gerados pelo turismo para os trabalhos de conservação e conscientização sobre os sítios, mas poucas mudanças foram promovidas.

Foi somente com a Carta Internacional sobre Turismo Cultural, de 1999 (Anexo II), que a Unesco, por meio de seu Comitê Científico Internacional de Turismo Cultural, passou a defender de forma totalmente explícita que a educação patrimonial por meio do turismo é uma das melhores formas de beneficiar tanto a comunidade receptora como os visitantes. Em toda a sua extensão, a carta defende o emprego da interpretação patrimonial como garantia da otimização da compreensão dos visitantes sobre o sítio visitado, capacitando-os para desfrutar adequadamente a visita.

---

[82] Valéry Patin, "Cultura e turismo: rumo a uma economia de mercado", em *O Correio da Unesco*, 27 (9-10), Rio de Janeiro, set.-out. 1999, p. 35.

[83] Um dos exemplos mais contundentes dessa incapacidade pode ser visto em Petra, Jordânia. No início dos anos 1980, o sítio recebia aproximadamente 100 mil visitantes/ano. Em 1985, Petra foi inscrita na Lista do Patrimônio Mundial da Unesco por seus mais de oitocentos monumentos talhados em arenito rosa e passou a receber, já na década de 1990, 400 mil visitantes/ano, gerando uma arrecadação de mais de US$ 1 bilhão e 17.500 empregos diretos (Cristophe Ayad, "Petra e os novos invasores", em *O Correio da Unesco*, 27 (9-10), Rio de Janeiro, set.-out. 1999, p. 40). Para chegar a Petra, os visitantes adquiriam um ingresso por 20 dinares (aproximadamente US$ 30), o que tornava a visitação ao sítio uma das mais caras do mundo. Toda a renda, entretanto, era destinada para outras áreas de desenvolvimento prioritárias para as autoridades locais.

A OFERTA E A ORGANIZAÇÃO DO TURISMO CULTURAL: O TRADICIONAL E A EXPERIÊNCIA VIVENCIAL

Muito tem sido discutido sobre o incremento das taxas de visitação por turismo cultural. Dados da década de 1990 e dos anos 2000[84] indicam acentuado crescimento da demanda por turismo cultural. No *ranking* da OMT das regiões mais visitadas do mundo, a Europa – que reúne destinos eminentemente históricos e importantes remanescentes arquitetônicos, além de alguns dos museus de maior renome mundial – ainda ocupa lugar de destaque, assim como outros importantes destinos culturais, como Estados Unidos, China, Rússia e México.

Entretanto, o incremento nas taxas de visitação pouco repercutiu em nova organização e oferta do turismo cultural. Apesar de já poder ser notado nas destinações turísticas culturais o aumento de viagens não institucionalizadas[85] – ou seja, organizadas pelos próprios turistas sem a intermediação de agentes ou operadores turísticos – e com enfoque maior na vivência e na experimentação, a grande maioria dos turistas ainda opta pela realização de viagens do tipo "tradicional" quando visitam atrativos culturais,

> deixando-se levar pelo programa da agência de viagens que vendeu o pacote, no qual os guias de turismo indicam os locais a serem visitados e estipulam um horário quase que rígido para visitas e fotografias. Na memória do turista passam em minutos séculos de civilização, história e costumes de um povo.[86]

Nesses roteiros comerciais, o atrativo cultural apresenta-se de "forma distorcida e um tanto apressada".

---

[84] Greg Richards, "Production and Consumption of European Cultural Tourism", em *Annals of Tourism Research*, 23 (2), Oxford, 1996; Margarita Barretto, *Turismo e legado cultural* (Campinas: Papirus, 2000), e dados estatísticos anuais da OMT.

[85] Segundo o modelo internacional de classificação dos turistas criado por Cohen, em 1972 – *apud* Margarita Barretto, *Manual de iniciação ao estudo do turismo* (Campinas: Papirus, 1995), p.27.

[86] Vânia Florentino Moletta & Karin Leyser Goidanich, *Turismo cultural*, cit., p. 10.

Exemplos dessa forma de organização tradicional do turismo cultural são encontrados em profusão nas páginas publicitárias de revistas especializadas em turismo. Nesses roteiros são propostas atividades nas quais a motivação inicial pode ser cultural, mas em que a experiência é totalmente descartável. É um "turismo de ver", onde vale a "metonímia turística": para o produtor de tal pseudoacontecimento turístico cultural, a parte vale pelo todo.[87] Os operadores desse turismo cultural tradicional e de massa não valorizam a variabilidade da oferta turística cultural, mas a possibilidade de, partindo-se de um único esquema estrutural, variar infinitamente o mesmo roteiro, com todas as características da repetição e pouquíssimas da inovação.[88] Tome-se um dos já citados destinos turísticos culturais mais tradicionais do mundo, a Europa, e notem-se alguns exemplos, entre a profusão de roteiros oferecidos por operadoras turísticas e agências de viagens, com base na repetição de uma mesma oferta de atrativos culturais:[89]

- Europa Espetacular (Soft Travel Operadora);
- Europa a Brasileira [sic], Europrix, Eurovouchers e Europa Brilhante (EuroVip's Operadora Internacional de Turismo);
- Mini Europa, Euro Breve e Eurojubileu (New Age Tour Operator);
- O Melhor da Europa (Expressway Tours);
- Latineuropa, Souvenir da Europa, Coração da Europa e Europa sem Fronteiras (Polvani Tours);
- Convite a Europa [sic], e Meus 15 Anos na Europa (Stella Barros Turismo);
- Euro Romântica e Euro Sensação (Colossal Operadora);

---

[87] Marutschka Martini Moesch, "Animal Kingdom, um estudo preliminar", em Antonio Carlos Castrogiovanni (org.), *Turismo urbano*, cit., pp. 112-113.

[88] Cf. Eco, *apud* Marutschka Martini Moesch, "Animal Kingdom, um estudo preliminar", em Antonio Carlos Castrogiovanni (org.), *Turismo urbano*, cit., p. 116.

[89] O conjunto de roteiros ora apresentados foi condensado a partir das páginas de divulgação de operadoras e agências de viagens publicadas em diversos números das revistas especializadas *Viagem e Turismo* (ed. Abril), *Viaje mais* (ed. Europanet) e *Próxima Viagem* (ed. Peixes).

- Europa Maravilhosa, Europa Latina, Europa com Santuários, Flash Europeu, Europa Essencial, Europa Hoje, Europa para Jovens, Europa Romântica e Europa Panorâmica (Abreutur);
- Europa de Charme, Panorama Europeu e Europa Viva (Pan World Tour Operator);
- Eurossonho, Europa Linda, Europa Ouro, Europa Mágica, Euroferta, Europa Esplendorosa, Europa Mundial, Triângulo Europeu, Polígono Europeu, Ronda Europeia, Eurobreve, Europa Fantasia, Europa Econômica, Europa Simpática, Europa Express, Passeio Europeu e Europa Continental (Modelo Turismo);
- Europa em Breve (WTC Tour);
- Europa Sonhada (Viagens Visual);
- Eurolatino, Capitais da Europa, Estrelas da Europa, Eurofantasia e Euroferta (RCA Turismo);
- Ronda Europeia, Europa Maravilhosa, Europa Histórica, Europa Clássica e Euro 19 (Flot Operadora Turística);
- O Melhor da Europa (Queensberry Viagens);
- Europa Mediterrânea, Europa Iberofrancesa, Europa Belíssima, Europa Imperial e Brasileiros na Europa (Viagens CVC).

Em página de divulgação na revista *Viagem e Turismo* (abril de 2000), a Viagens CVC defendia que a Europa "resume o que há de mais belo no mundo" e oferecia roteiros como o Europa Magnífica. Em 24 dias de viagem, a operadora "reestrutura o continente" em seis países selecionados – Portugal, Espanha, França, Suíça, Áustria e Itália –, criando um modelo ordenado ("o mais completo roteiro") em que 28 cidades são visitadas.

A metonímia turística adotada pelos organizadores dos pacotes turísticos tradicionais, na qual apenas um determinado local funcionaria como representante de todo aquele tipo de recurso turístico e, por fim, da própria viagem, vale também para a experiência do turista nesse tipo de turismo tradicional. Para Guattari, esses turistas cada vez mais viajam sem sair do lugar, "utilizando o mesmo tipo de avião, ônibus de excursão, quarto de hotel e simplesmente contemplando o cenário que já viram antes uma centena de vezes na tela da televisão ou em algum guia de viagem. Desse modo, a subjetividade está ameaçada pela paralisia".[90] Os organizadores selecionam os pontos altos dos locais visitados, destaques que serão vistos pelos participantes que, por sua vez, acreditam terem visto "a" destinação. A fruição dos destinos turísticos culturais permitida pela organização tradicional e aceita pelos turistas culturais casuais consumar-se-ia, assim, na mera contemplação, gerando, no entender de Meneses, o "voyeurismo cultural".

> O voyeur, com efeito, restringe sua gratificação essencialmente à visão e não se expõe, não se compromete. Seu espaço de habitualidade, aquele em que podem ocorrer transformações, não é mobilizado. [...] Michel de Certeau denunciava como sendo "um crescimento canceroso da visão, medindo cada coisa pela habilidade de mostrar e ser mostrado e transmutando a comunicação em viagem visual".[91]

Vários autores explicitam também a presumível superficialidade de tal tipo de fruição turística, quase que somente baseada no visual: Meneses cita as observações de Horne, para quem, nas visitas guiadas ou monitoradas, "o que conta é o que se diz aos visitantes que eles estão vendo e não, precisamente, o que eles seriam capazes de ver pessoalmente. A fama do objeto", continua esse autor, "torna-se o seu significado".[92] Urry[93] destaca a existência de verdadeiros ícones turísticos, "famosos por serem famosos", já que sua base de sustentação, ou aquilo que os tornou famosos, por vezes nem existe mais. São os "pseudo-acontecimentos" de Boorstein, em que se reconhecem suas repercussões e não eles próprios.

---

[90] Felix Guattari, "A restauração da paisagem urbana", em *Revista do Patrimônio Histórico e Artístico Nacional*, nº 24, Rio de Janeiro, 1996, p. 293.

[91] Ulpiano Bezerra de Meneses, "Os 'usos culturais' da cultura: contribuição para uma abordagem crítica das práticas e políticas culturais", em Eduardo Yázigi *et al.* (orgs.), *Turismo: espaço, paisagem e cultura*, vol. 30 da Coleção Geografia: Teoria e Realidade (2ª ed. São Paulo: Hucitec, 1999), p. 97.

[92] *Ibidem.*

[93] John Urry, *O olhar do turista: lazer e viagens nas sociedades contemporâneas* (São Paulo: Sesc/Studio Nobel, 1996), p. 28.

Há entre os estudiosos em turismo cultural uma forte crença de que essa relação turista – objeto de visitação, embora muitas vezes represente uma experiência importante para o sujeito que a realiza, não seja a melhor aproximação para o tema.[94] Assim, apesar da ainda dominante utilização da repetição com a ausência da inovação, já é possível notar uma nova tendência na oferta de turismo cultural: algumas operadoras turísticas têm disponibilizado, ainda que em pacotes com organização muito próxima do tradicional, a oportunidade de experiências diferentes, nas quais o turista participa não somente como mero espectador, mas torna-se (mesmo que muitas vezes isso seja predeterminado pela operadora) protagonista de experiências interativas com o objeto da visitação, seja ele concreto, seja abstrato. É o que Moletta e Goidanich consideram "turismo cultural interativo", que denominaremos aqui de protagonismo dos turistas. Para que esse tipo de vivência seja possível, as autoras defendem que a visitação

> deve ser feita calmamente, deixando que as emoções artísticas e as informações culturais sejam absorvidas de forma natural, vivenciando a história e a cultura através de visitações a museus, obras de arte, teatros, monumentos históricos, concertos, *shows*, manifestações folclóricas e, principalmente, da convivência com a comunidade local.[95]

À primeira vista, baseando-nos em um olhar condicionado pelas raras experiências específicas de turismo cultural existente no Brasil, seria natural supor que essa tendência fosse ainda pouco contemplada pelo mercado de turismo cultural, no Brasil ou mesmo internacionalmente. Entretanto, em países com maior tradição conservacionista – como os europeus e os Estados Unidos –, os operadores de turismo e as instituições conservacionistas desenvolvem, há anos, roteiros totalmente pautados na interatividade ou experimentação com base em atrativos culturais. No Brasil, tais experiências vêm ganhando

---

[94] Robert W. McIntosh & Charles R. Goeldner, *Tourism: Principles, Practices, Philosophies*, cit., p. 152.
[95] Vânia Florentino Moletta & Karin Leyser Goidanich, *Turismo cultural*, cit., p. 11.

corpo principalmente a partir dos anos 1990 e 2000. Dois exemplos são citados a seguir.

O primeiro deles são as viagens culturais desenvolvidas pela instituição norte-americana Fundo Nacional para a Preservação Histórica (National Trust for Historic Preservation – NTHP).[96] A missão da NTHP é fornecer orientação, educação e defesa especializada para a preservação da heterogeneidade de locais históricos e a revitalização de comunidades tradicionais norte-americanas. Para tanto, a instituição possui uma variedade de iniciativas e programas conservacionistas voltados para estados e municípios e também para a comunidade em geral. A NTHP oferece, há mais de 35 anos, programas de viagens destinados a "explorar as tradições e culturas do mundo, com uma ênfase especial no efeito que a arte e a arquitetura tiveram sobre elas", além de quase uma centena de roteiros exclusivos, orientados por acompanhantes e guias locais especializados na temática desenvolvida, visando a assegurar uma viagem cujo objetivo principal é o enriquecimento cultural.

Os roteiros contemplam destinações localizadas nos Estados Unidos e arredores (*Americas and Close to Home*) e locais mais distantes (*Distant Shores*). No primeiro caso, pode ser citado como exemplo o roteiro "Uma Viagem ao Longo dos Rios Columbia e Snake: no Rastro de Lewis e Clark a Bordo do *MV Sea Lion*". O roteiro, realizado em sete dias de cruzeiro fluvial pelos rios Columbia e Snake, é baseado na rota desenvolvida pelos oficiais do Exército americano Meriwether Lewis e William Clark, em 1804, cujo objetivo era cruzar o continente norte-americano através das bacias hidrográficas do Missouri e Columbia, cruzando terras quase totalmente desconhecidas pela civilização europeia.[97] Durante a viagem, acompanhada por historiadores e ambientalistas, são sugeridas atividades orientadas com o intuito de desvendar séculos de história americana – "dos antigos petróglifos indígenas às modernas represas".

---

[96] National Trust for Historic Preservation, *Study Tours*, disponível em http://www.nthp.org/studytours/advert.htm. Acesso em 30-4-2001.

[97] Thomas Schmidt, *National Geographic's Guide to Lewis & Clark Trail* (Washington, D.C.: National Geographic Society, 1998), p. 6.

O roteiro "Lisboa & Seus Arredores: Arquitetura Gótica, Manuelina e Barroca com Ecos Mouriscos", o terceiro proposto na série "Os Apreciadores da Europa", é desenvolvido durante dez dias e descrito como uma

> rica viagem de descoberta pelo pequeno reino de Portugal, particularmente Lisboa, fora da proporção para o seu tamanho. Sua riqueza se refletiu na exuberante arquitetura manuelina em palácios e conventos pitorescos. Mas são os objetos decorativos lisboenses feitos por ourives e moveleiros portugueses que mais surpreendem os visitantes. Nas excursões para a maravilhosa Abadia de Alcobaça e o raro mausoléu de Batalha veja a mais pura arquitetura gótica na Ibéria. Os reis portugueses, lucrando com as descobertas de ouro e diamantes brasileiros, deixaram um legado de bom gosto e elegância raras vezes encontrado em outros lugares da Europa.[98]

As opções também são oferecidas por meio da rede mundial de computadores. O *site* ShawGuides[99] oferece, mensalmente, além das informações contidas em seu *site*, um boletim eletrônico enviado aos cadastrados em seu *mailing list*, contendo informações sobre as viagens turísticas culturais oferecidas por seus patrocinadores. Originalmente estabelecida, em 1988, como uma editora de guias para viagens educativas, desde 1995 a ShawGuides oferece acesso *on-line* gratuito e atualizado a uma base de dados de mais de 4.500 patrocinadores, entre eles diversas instituições e operadoras de turismo especializadas em viagens culturais interativas e de conteúdo educativo.

No Brasil, apesar de a oferta desse tipo de viagem ser muitíssimo menor, já é possível encontrar atividades turísticas culturais que exploram a interatividade, a experimentação e o protagonismo por parte dos participantes. As "expedições" da Mundus Travel e o turismo como "estratégia de fortalecimento comunitário e fonte de renda das comunidades visitadas" da organização não

---

[98] National Trust for Historic Preservation, *Study Tours*, disponível em http://www.nthp.org/studytours/advert.htm. Acesso em 30-4-2001.
[99] Shawguides, *The Guide to Cultural Travel*, disponível em: http://culture.shawguides.com/culture/. Acesso em janeiro de 2009.

governamental Projeto Bagagem podem ser tomados como um exemplo dessa tendência. Diferentemente da maioria das viagens culturais, nesses casos o objeto de atração principal não pertence à chamada cultura material, mas está, sim, intimamente ligado a estilo e hábitos de vida dos povos visitados.

Segundo informações disponíveis em seu endereço eletrônico, a Mundus Travel trabalha, há mais de vinte anos, com "rotas de viagem" próprias, desenhadas com o objetivo de "revelar o país, através de atividades especialmente planejadas para promover e facilitar a integração com a cultura do lugar, seu passado, seu povo, valorizando sempre a medida respeitosa de preservar o ambiente e o *habitat* do outro".

Do ponto de vista logístico, os roteiros seguem critérios preestabelecidos pela empresa, principalmente no que se refere aos seus "padrões de excelência". A "engenharia de rota", por exemplo, é utilizada para otimizar ações que concretizam seu "desempenho de alto rendimento": os meios da viagem são adequados

> para a execução das atividades diferenciadas, ocupando de maneira apropriada o tempo, com a melhor relação custo x benefício. Assim, por exemplo, no itinerário de nosso destino "A Rota da Seda", o ritmo é um elemento perseguido à exaustão, como o compasso em uma canção. Na procura do tom certo, além de selecionarmos cuidadosamente quais trechos terrestres devem ser percorridos e por qual veículo, consideramos o desempenho, a visibilidade e a interatividade, entre tantos elementos fundamentais para o sucesso de uma viagem. Quando nos decidimos por um desses meios, os bilhetes de trem reservados são os mais cômodos, os mais privativos possíveis. Ou, se a decisão é por um automotor, faremos com que ele seja amplo, confortável e tecnicamente indicado.[100]

Os equipamentos de hospedagem selecionados são, sempre que estiverem disponíveis, de primeira categoria, já que, somada "a todos os outros diferen-

---

[100] Disponível em http://www.mundus.com.br.

ciais de nossos produtos, a qualidade da acomodação proporciona como resultado o mais alto rendimento. Quando não houver acomodações nas regiões de nossos destinos, nós viabilizamos nossas próprias acomodações".

A exemplo dos similares internacionais, os roteiros culturais desenvolvidos aqui são, em sua maioria, voltados para consumidores cujo perfil se aproxima do turista cultural típico, aquele que Silberberg chama "de turista altamente motivado por turismo cultural".

O Projeto Bagagem é uma organização não governamental que tem como objetivo a criação de uma rede de economia solidária em turismo comunitário no Brasil. "Sua principal estratégia é apoiar a criação de roteiros turísticos que beneficiam prioritariamente as comunidades visitadas por meio da geração de renda e participação direta da população local." Para tanto, a "equipe do Projeto Bagagem identifica ONGs que são referência no Brasil por seus projetos em diversas áreas e, em parceria com elas, constrói um roteiro de turismo e convivência que se torna fonte de renda para as comunidades e aprendizagem para os participantes". Os roteiros do Bagagem apresentam três componentes principais:

> 1) o *destino especial*, que reúne algumas das melhores experiências de mobilização comunitária no Brasil, nas quais é possível conhecer e conviver de maneira simples e direta com as pessoas que fizeram esse processo se tornar realidade;
>
> 2) o *visitante especial*, que busca um tipo de turismo diferente, optando por uma viagem mais simples, mas que lhe possibilita conhecer verdadeiramente o modo de vida da comunidade e a realidade local; e
>
> 3) a *viagem especial*, que é a forma como a viagem é conduzida pelo Projeto Bagagem, dando espaço para que o melhor lado de cada um se sobressaia dentro do grupo, fortalecendo os valores de cooperação, colaboração, flexibilidade e criando uma relação de confiança com as ONGs parceiras e membros das comunidades.[101]

---

[101] Disponível em http://www.projetobagagem.org.

Nos roteiros desenvolvidos pelo Projeto Bagagem, a atração principal é o modo de vida das comunidades visitadas – "sua forma de organização, os projetos sociais de que faz parte, formas de mobilização comunitária, tradição cultural e atividades econômicas". Sua estruturação é organizada de maneira a proporcionar o intercâmbio cultural entre viajantes e visitados. "Não se trata de apresentações folclóricas da cultura popular e, sim, de atividades que fazem parte do cotidiano que o turista vai experimentar. Estamos falando de reconhecer o valor dos mestres da cultura oral no turismo e proporcionar uma reflexão sobre a própria identidade no visitante."

PARTE II
COMUNICAÇÃO INTERPRETATIVA

Interpretando a comunicação interpretativa

Em 1956, a Organização das Nações Unidas para a Educação, a Ciência e a Cultura (Unesco), reunia-se em Nova Délhi (Índia) para a IX Sessão de sua Conferência Geral, na qual os representantes dos Estados membros discutiam a garantia da proteção do patrimônio cultural arqueológico e das pesquisas a ele destinadas. Nessa reunião, a realização da atividade turística foi pela primeira vez defendida – na forma de "circuitos turísticos" – entre as possíveis ações educativas voltadas a "despertar e desenvolver o respeito e a estima ao passado". [1]

Esse enfoque da atividade turística como ação educativa passou a ser adotado pela Unesco, sendo referendado em outras cartas conclusivas de reuniões do organismo, como nas XII e XV Sessões de sua Conferência Geral, ambas ocorridas em Paris nos anos 1962[2] e 1968.[3]

---

[1] Cf. "Recomendação de Nova Délhi", *apud* Isabelle Cury (org.), *Cartas patrimoniais*, cit., p. 74.

[2] "A educação do público fora da escola deveria ser tarefa da imprensa, das associações privadas de proteção das paisagens e dos sítios ou de proteção da natureza, dos órgãos encarregados do turismo e das organizações de juventude e de educação popular." (Cf. "Recomendação de Paris para Paisagens e Sítios". Item V. Educação do Público, Art. 40, *apud* Isabelle Cury, *Cartas patrimoniais,* cit., p. 89).

[3] "Estabelecimentos de ensino, associações históricas e culturais, órgãos pú-

Mantendo a linha de análise adotada nessas reuniões e passando a caracterizar-se como exceção num momento em que o enfoque principal da relação turismo-patrimônio cultural voltou-se quase exclusivamente para a geração de recursos financeiros, os Estados membros presentes na XIX Sessão da Conferência Geral da Unesco, organizada em Nairóbi (Quênia) em 1976, defenderam que "o estudo dos conjuntos históricos deveria ser incluído no ensino em todos os níveis", utilizando as visitas a esses conjuntos como uma ferramenta complementar ao ensino formal e à educação global dos visitantes. Nessa mesma reunião foi também solicitada a facilitação do acesso "a cursos de aperfeiçoamento e reciclagem para pessoal docente e guias, bem como a formação de instrutores para ajudar os grupos de jovens e adultos desejosos de se iniciar no conhecimento dos conjuntos históricos ou tradicionais",[4] assinalando uma preocupação em formar mão de obra capaz de orientar e transmitir os conteúdos referentes ao patrimônio em questão.

Na contramão da corrente que considera o turismo somente sob a ótica econômica, organismos como o Conselho Internacional de Monumentos e Sítios (Icomos), ligado à Unesco, vêm tentando reverter essa visão à comunidade conservacionista e ao público em geral. Para tanto, o Icomos, por intermédio de seu Comitê Científico Internacional de Turismo Cultural, reunido em sua XII Assembleia Geral no México, em 1999, aprovou profundas alterações na Carta Internacional sobre Turismo Cultural,[5] (lançada originalmente durante o Seminário Internacional sobre Turismo e Humanismo Contemporâneo (Bruxelas, Bélgica), 23 anos antes.

---

blicos que se ocupam do desenvolvimento do turismo e associações de educação popular deveriam desenvolver programas destinados a tornar conhecidos os perigos que as obras públicas ou privadas, realizadas sem a devida preparação, podem ocasionar aos bens culturais e a enfatizar que as atividades destinadas a preservar os bens culturais contribuem para a compreensão internacional." (Cf. "Recomendação de Paris para Obras Públicas ou Privadas". Item III. Medidas de Preservação e Salvamento, Programas Educativos, Art. 33, *apud* Isabelle Cury, *Cartas patrimoniais*, cit., p. 135).

[4] Recomendação da Conferência Geral, *apud* Isabelle Cury, *Cartas patrimoniais,* cit., pp. 267-268.

[5] Ver Anexo 1. Carta Internacional sobre Turismo Cultural/A gestão do turismo em sítios com patrimônio significativo/Comitê Internacional de Turismo Cultural Icomos. Adotada na XII Assembleia Geral do Icomos, reunida no México em outubro de 1999, em substituição à antiga Carta de Turismo Cultural, vigente desde 1976.

Em toda a sua extensão, a carta defende o emprego da interpretação patrimonial como garantia da otimização da compreensão do visitante sobre o sítio visitado, tornando-o capaz de adequadamente desfrutar de sua visita e contribuir para a preservação do local.

A necessidade de uma nova carta refletia o enorme crescimento do turismo desde então, assim como as mudanças (até mesmo em termos da metodologia aplicada) ocorridas na área conservacionista. A principal diferença entre as duas cartas diz respeito ao relacionamento entre turismo e conservação. A carta original concentrava-se em administrar as crescentes tensões existentes entre turistas culturais e os encarregados da proteção e conservação dos sítios. Naquele momento, os turistas eram vistos como uma perigosa ameaça à integridade física e à atmosfera do sítio patrimonial, que, paradoxalmente, deveria ser aceita devido aos recursos que geraria para a própria preservação.

A nova carta procura uma outra forma de relacionamento, promovendo o conceito de que uma das principais razões da preservação de sítios patrimoniais se fundamenta em seu caráter educativo, visando a assegurar que seu valor e significado estejam acessíveis e inteligíveis a todos. Assim, todos os esforços para a conservação dos bens do patrimônio cultural devem objetivar o incremento do entendimento daqueles que o visitam ou que vivem em seu espaço físico. O caminho mais efetivo para tornar estes valores conhecidos é a experiência direta de visitação que pode ser conseguida por meio do turismo cultural.

A carta revisada condena o turismo excessivo ou mal administrado, com objetivos fixados apenas em curto prazo, "assim como o turismo considerado como simples crescimento", que coloca em perigo o patrimônio natural e cultural, sua integridade e suas características identificadoras. E destaca: "o entorno ecológico, a cultura e os estilos de vida das comunidades anfitriãs podem degradar-se ao mesmo tempo que a própria experiência dos visitantes". A carta defende que os programas de proteção e conservação do patrimônio devem propiciar a compreensão de seus significados, tanto para a comunidade anfitriã quanto para os visitantes, sempre de modo equilibrado e agradável.

Para alcançar tal objetivo, o documento recomenda a utilização de programas de interpretação, que devem apresentar os significados (em qualquer um de seus níveis – universal, nacional, regional ou local) de maneira relevante e acessível, utilizando-se de métodos apropriados, atrativos e atuais em matéria de educação, informação e tecnologia.

Pela primeira vez entre os principais documentos internacionais de conservação ou preservação patrimonial, turismo e patrimônio cultural aparecem ligados por seu vértice educativo: a interpretação patrimonial. Alcança-se, portanto, a indicação do objetivo final do turismo cultural, de propiciar a vivência de experiências educativas que auxiliem no desenvolvimento integral dos visitantes e na preservação do recurso cultural visitado.

Como frisado anteriormente, em todo o mundo, visitas a bens patrimoniais são consideradas uma das melhores soluções disponíveis para a aquisição do capital cultural necessário para que indivíduos reafirmem seu vínculo a uma determinada classe cultural.[6] Entretanto, apesar de vários autores e organizações internacionais defenderem o marcante crescimento do número de visitas a bens culturais, há ainda um grande contingente de visitantes sem acesso a uma enorme quantidade de bens patrimoniais, pela simples inacessibilidade aos códigos de decifração das possibilidades simbólicas desses bens. Essa inacessibilidade resulta não em uma visita mal aproveitada, mas no afastamento do público dos atrativos culturais e, por fim, na não realização da visita.

Tome-se, por exemplo, o caso dos museus. Para Schouten,[7] um grande número de pessoas não visita estas instituições por não conseguir perceber uma ligação, por remota que seja, entre o conteúdo intrínseco às exposições e seu cotidiano. Pesquisas realizadas na Inglaterra[8] mostram que a maioria das pes-

---

[6] Richard Prentice et al., "Visitor Learning at a Heritage Attraction: a Case Study of Discovery as a Media Product", em *Tourism Management*, 19 (1), Londres, 1998, pp. 5-23.

[7] Frans Schouten, "Improving Visitor Care in Heritage Attractions", em *Tourism Management*, 16 (4), Londres, 1995, pp. 259-261.

[8] Entre estas pesquisas, podem ser citadas as obras de Sue Runyard, *Museums and Tourism: Mutual **Benefit*** (Londres: Museums & Galleries Commission/English Tourist Board, 1993) e da britânica Museums & Galleries Commission, *Quality of Service in Museums and Galleries. Customer Care in Museums: Guidelines on Implementation* (Londres: MGC, 1994).

soas ainda considera os museus como locais inacessíveis, organizados para um público de alto nível cultural e intelectual.

Schouten considera que essa concepção errônea dos visitantes sobre as instituições museais se fundamenta, primeiramente, na constatação de que o mundo por elas apresentado se baseia em um contexto estruturado por leis científicas, taxionômicas e pela divisão cronológica ou em períodos, totalmente distinto do mundo percebido pelo público leigo. Acrescente-se que os profissionais da área de museus por vezes consideram irrelevante que fenômenos e fatos de entendimento bastante simples para especialistas não sejam necessariamente óbvios para as demais pessoas. Na verdade, conjuntos e objetos expostos em museus (assim como também conjuntos de edificações, foco deste estudo) tendem a parecer iguais para um não especialista, principalmente se exibidos em grandes quantidades. Borun acredita ainda que a maioria dos visitantes não possui conhecimento suficiente para entender o significado das informações que lhes são transmitidas. "A primeira e mais importante coisa que temos que compreender é que a maioria de nossos visitantes é leiga – não especialista. Eles carecem da base de conhecimento especializado, linguagem, conceitos e formas de pensar e olhar que os especialistas adquiriram através do aprendizado e da prática."[9] Outra aferição proposta por Schouten é a já abordada crença de que os visitantes a museus são motivados em suas visitas principalmente pelo aprendizado, o que nem sempre é verdadeiro ou se efetiva. Primeiro, pelo próprio comportamento que adotam, muitas vezes mais adequado para um despretensioso passeio que para a aquisição de conhecimento.[10] Também porque o público, em geral, não está preparado para a frui-

---

[9] Cf. Borun, *apud* G. Moscardo, "Communicating with Two Million Tourists: a Formative Evaluation of an Interpretative Brochure", em *Journal Interpretation Research*, 4 (1), Arcata, 1999, p. 34.

[10] "A ideia de um visitante ideal povoa o imaginário dos profissionais dos museus de forma mais ou menos explicitada. Todo ato expositivo implica expectativas referentes aos comportamentos do visitante. Quando são apresentadas grandes obras de arte costuma-se esperar um comportamento contemplativo e introspectivo. Quando são propostos jogos ou módulos interativos, o bom comportamento esperado consiste em manipular, interagir, experimentar." – Luciana Sepúlveda Köptcke, "Observar a experiência museal: uma prática dialógica? Reflexões sobre a interferência das práticas avaliativas na percepção da

ção desses bens, em parte porque é muito difícil formular alternativas sobre algo em que não se é especialista e, por outro lado, porque o próprio público ainda acredita que conhecimentos científicos necessitam ser apresentados de forma quase inatingível. Some-se a isso a comunicação adotada pelas instituições museais, em sua maioria ainda muito convencional e não convidativa. Para o autor, muitos mediadores culturais[11] consideram palavras e textos as únicas formas de transferência de ideias (isso quando não consideram que o próprio "objeto fala por si"). Entretanto, segundo estudos contemporâneos,[12] na era da imagem a primeira forma de apreender informações é a visual.

Ademais, o autor acredita que os mediadores geralmente presumem que todos devam começar essa apreensão de informações do mesmo ponto e passar pela mesma experiência de construção de conhecimento, numa mesma velocidade. Dessa forma, o acesso aos bens torna-se altamente estruturado, predeterminado e controlado pelos responsáveis da instituição, que sempre o veem como correto, inteligível e educativo.

Outro fator importante, mas ainda pouco explorado, é a preocupação da gestão dos bens patrimoniais com a assistência ao visitante[13] (infraestrutura de apoio à visitação e serviços prestados aos visitantes). Para Schouten

---

experiência museal e na (re)composição do papel do visitante", em *Anais do Workshop Internacional de Educação*, Rio de Janeiro: Vitae/British Council/Museu da Vida, Fiocruz, 2002).

[11] Mediador cultural é o profissional que exerce atividades de mediação cultural, um "processo cuja meta é promover a aproximação entre indivíduos ou coletividades e obras de cultura e arte. Essa aproximação é feita com o objetivo de facilitar a compreensão da obra, seu conhecimento sensível e intelectual [...] ou de iniciar esses indivíduos ou coletividades na prática efetiva de uma determinada atividade cultural". Para Teixeira Coelho (*Dicionário crítico de política cultural: cultura e imaginário* (São Paulo: Iluminuras, 1997), pp. 248-249), o título de mediador cultural (que também pode ser denominado de agente ou animador cultural) reúne uma ampla gama de formações profissionais, como bibliotecários, arquivistas, museólogos, intérpretes e profissionais de turismo cultural.

[12] Ana Mae Barbosa – ver *A imagem no ensino da arte: anos oitenta e novos tempos*, Coleção Estudos (São Paulo: Perspectiva/Fundação Iochpe, 1991) p. 30 – por exemplo, defende que no mundo atual a imagem possui uma função primordial como veículo de aprendizagem e conhecimento e nada indica que esta tendência venha a perder forças no futuro. A autora baseia-se numa pesquisa francesa realizada em 1985, que comprovava que 81% do que aprendemos foi captado por meio de imagens.

[13] *Customer care*, no original em inglês.

> há ainda uma lacuna entre a maneira como a maioria de profissionais do patrimônio vê seu produto central e seus visitantes e a forma como seus clientes avaliam os serviços fornecidos. Nos termos da gerência da qualidade, as principais características da qualidade vistas pelos visitantes não combinam com o produto real fornecido.[14]

A assistência ao visitante engloba elementos como a limpeza dos sanitários, a existência de bebedouros, locais onde estacionar, a disponibilidade de meios de transporte, o leque de opções oferecido pelas lojas ou a qualidade da comida servida em seus restaurantes. São questões básicas que, se por si sós não são suficientes para atrair visitantes, não devem, pelo contrário, afastá-los.

Schouten acredita ainda que outro fator decisivo seja a diferenciação existente entre as atividades exercidas em condições de estresse e de não estresse. Os indivíduos visitam atrativos culturais em seu tempo livre e a essência das atividades desenvolvidas neste período é que se realizem num ambiente de não estresse. Uma situação estressante é diretamente relacionada a uma situação ameaçadora. Um ambiente explicitamente considerado como "templo de aprendizagem" é ameaçador: coloca os visitantes na situação de alguém que não sabe, de alguém que precisa aprender. Mas o aprendizado, ao contrário, é desenvolvido por pessoas que são curiosas, que pensam sobre o mundo à sua volta, e não por pessoas que se sentem intimidadas pelas condições e aparatos "educativos" previstos para a apresentação dos conteúdos de bens do patrimônio cultural e exposições museológicas.

O aprendizado segundo a comunicação interpretativa

O verbo "aprender" está ligado, num sentido amplo, à ideia de construção de conhecimentos. Uma simples consulta a um dicionário da língua portuguesa dá conta dessa relação: aprender é "adquirir instrução", "tomar conhecimento de", "ficar sabendo", "reter na memória", "instruir-se". Os substantivos

---

[14] Frans Schouten, "Improving Visitor Care in Heritage Attractions", cit., p. 260.

derivados de aprender – aprendizagem e aprendizado – são aplicados a uma grande quantidade de fenômenos comportamentais bastante diversos, como ler e escrever, andar de bicicleta, resolver uma equação matemática, ter preconceito racial, aprender música clássica, dirigir um carro, ter medo de certos animais ou falar um determinado idioma.

A noção mais corriqueira do termo "aprendizagem" é aplicada como um sinônimo de conhecimento, numa equiparação do produto com o processo, já que é por meio do processo de aprendizagem que os indivíduos constroem conhecimento. Uma segunda abordagem indica a imposição de uma conotação moral ao seu produto final, esperando-se que seu resultado sejam apenas comportamentos socialmente sancionados e aceitos como "normais". Há, entretanto, que se considerar que bons e maus hábitos ou comportamentos adequados ou inadequados são igualmente adquiridos por meio de processos de aprendizagem. Outro enfoque ressaltaria apenas o aspecto cognitivo da aprendizagem, ligando-o ao resultado alcançado a partir do ensino formal de disciplinas escolares e ignorando que o desenvolvimento de comportamentos emocionais (como o preconceito racial, o medo a determinadas situações ou a apreciação de determinados estilos artísticos) é também resultante do processo de aprendizagem.[15]

A aprendizagem é um processo de modificação de comportamento resultante de uma prática ou experiência anterior, um processo contínuo no qual interpretamos nosso entorno enquanto adquirimos informações por meio dos sentidos, de observações ou daquilo que outras pessoas nos informam. Paulo Freire insistia que o aprendizado é um processo inerente ao homem, que tem necessidade de aprender como de se alimentar. Nesse processo em que o homem apreende a si mesmo e aos outros, existe a mediação do mundo.[16] Assim, adquirimos conhecimento enquanto experimentamos o mundo por meio do

---

[15] José Fernando Bitencourt Lomônaco, "Modelo cognitivo", em Geraldina Porto Witter & José Fernando Bitencourt Lomônaco, *Psicologia da Aprendizagem*, vol. 9 da Coleção Temas Básicos de Psicologia (São Paulo: Pedagógica e Universitária, 1984), pp. 1-2.
[16] Moacir Gadotti, *Convite à leitura de Paulo Freire* (2ª ed. São Paulo: Scipione, 1991), p. 37.

aprendizado organizado ou, como prefere Freire,[17] enquanto realizamos nossa própria "leitura do mundo".

Para Langer[18] e Moscardo,[19] a possibilidade da realização dessa "leitura do mundo" está basicamente fundamentada em como os indivíduos pensam e aprendem, ou seja, em como processam as informações retiradas de seu ambiente e, a partir delas, constroem comportamentos. O argumento básico de Langer é que, em qualquer situação, as pessoas podem processar informações e construir comportamentos seguindo os padrões *mindless* ou *mindful*.[20]

O comportamento *mindless* pode ser definido como uma forma de pensar baseada em rotinas comportamentais preexistentes e que limitam a habilidade individual de reconhecer e processar novas informações:

> quando *mindless*, o indivíduo confia nas categorias e nas distinções derivadas do passado. O estado *mindless* é uma dependência determinada na informação sem uma consciência ativa de perspectivas ou os usos alternativos no qual a informação poderia ser colocada. Quando *mindless*, o indivíduo confia nas estruturas que foram apropriadas de uma outra fonte.[21]

O estado comportamental e cognitivo *mindless* pode ser desencadeado a partir de duas fontes distintas. A primeira aparece em situações familiares ou

---

[17] Paulo Freire, *A importância do ato de ler: em três artigos que se completam* (41ª ed. São Paulo: Cortez, 2001).
[18] Ellen Langer, *Mindfulness* (Reading: Addison-Wesley, 1989).
[19] Gianna Moscardo, *Making Visitors Mindful: Principles for Creating Sustainable Visitor Experiences through Effective Communication*. Série Advances in Tourism Applications, vol. 2 (Champaign: Sagamore, 1999); G. Moscardo *et al.*, "Interpretive Signs – Talking to Visitors through Text", em T. Griffin & R. Harris (orgs.), *Current Research, Future Strategies, Bridging Uncertainty* (Sidney: University of Technology Sydney, 2003); Gianna Moscardo, "The Heritage Industry: Social Representations of Heritage Interpretation", em *Annals of Tourism Research*, vol. 18, Oxford, 1991; G. Moscardo, "Interpretation and Sustainable Tourism: Functions, Examples and Principles", em *The Journal of Tourism Studies*, 9 (1), Townsville, 1998; G. Moscardo, "Mindful Visitors: Creating Sustainable Links between Heritage and Tourism", em *Annals of Tourism Research*, 23 (2), Oxford, 1996; G. Moscardo, "Mindful Visitors. Heritage and Tourism", em *Annals of Tourism Research*, 23 (2), Oxford, 1996.
[20] Em português, a palavra *mindless* pode ser entendida como "estúpido", "insensato" ou, mais aproximadamente do emprego aqui realizado, como "descuidado" ou "irracional". Opostamente, *mindful* significa "atento" ou "consciente".
[21] Ellen Langer, *Mindfulness*, cit., pp. 140-141.

repetitivas, nas quais o indivíduo conhece a rotina porque ela lhe é familiar (como, por exemplo, dirigir diariamente para o trabalho pelo mesmo caminho) ou porque a situação oferece um modelo repetitivo que facilita aprender uma nova rotina rapidamente (como num museu tradicional, com salas e salas de vitrines com apresentação estática, por exemplo). A segunda fonte para a formação de um modelo *mindless* é denominada por Moscardo de "engajamento cognitivo prematuro".[22] Nesse caso, as pessoas desenvolvem comportamentos do tipo *mindless* porque acreditam que a informação disponível é irrelevante ou porque aceitam ou "tomam emprestada", sem questionar, uma definição ou estereótipo proveniente de outra fonte para a situação então vivenciada (como, por exemplo, pode ser constatado no resultado pouco efetivo de campanhas para prevenção da aids direcionadas a pessoas que não se consideram pertencentes a grupos de risco ou que acreditam que a doença está associada a um comportamento sexual desviante, que não possuem).

Para Pearce,[23] o conceito de *mindless* possui proximidade com a ideia de roteirização comportamental proposta por Schank e Abelson, em 1977. Esse conceito trata da existência de rotinas sequenciais de comportamento que são apropriadas para ambientes específicos, como, por exemplo, rotinas de comportamento estabelecidas para restaurantes, onde se convencionou que as pessoas devem fazer seus pedidos, comer e pagar pela refeição, dentro de uma sequência de atitudes padronizadas. A maioria dos roteiros sequenciais, uma vez iniciados, são efetivados seguindo o modelo *mindless* de comportamento. É importante destacar que muitos dos comportamentos turísticos se enquadram nesse modelo, com especial destaque para a participação de turistas em excursões organizadas do tipo tradicional. Como são atividades pré-planejadas, nas quais se maximiza a previsibilidade dos eventos que se sucedem, o nível de informações lembradas pelos turistas sobre os locais visitados e atividades

---

[22] G. Moscardo, "Mindful Visitors: Creating Sustainable Links between Heritage and Tourism", em *Annals of Tourism Research*, 23 (2), Oxford, 1996.
[23] Philip L. Pearce, *The Ulysses Factor: Evaluating Visitors in Tourist Settings* (Nova York: Springer-Verlag, 1988), p. 42.

realizadas é muito baixo. São, portanto, atividades tipicamente *mindless*, que em nada contribuem para a aquisição de conhecimentos.

Em contraposição ao modelo *mindless*, Langer e outros autores propõem o estado cognitivo *mindful*, "um estado mental que resulta da retirada de novas distinções, da análise da informação sob novas perspectivas e sendo sensível ao contexto. [...] Quando somos *mindful* nós reconhecemos que não há uma perspectiva ótima única, mas muitas perspectivas possíveis para a mesma situação".[24]

Assim, quando em estado *mindful*, as pessoas passam a ter uma visão diferente do ambiente em que estão inseridas: reagem a novas informações, criando novas categorias, novas formas de ver o mundo e novos roteiros comportamentais. Em sentido contrário ao modelo *mindless*, os indivíduos processam informações de maneira *mindful* quando:

- a situação experimentada é vista como pessoalmente importante ou quando a informação disponível é pessoalmente relevante;
- em situações novas ou não familiares, particularmente naquelas em que não podem "tomar emprestado" um roteiro utilizado em outra situação;
- em situações dinâmicas, já que se torna difícil desenvolver uma rotina comportamental em ambientes cujas circunstâncias estão em constante mudança.

De forma a diferenciar mais evidentemente os comportamentos *mindful* e *mindless*, Moscardo apresenta suas características-chave:

	MINDFUL	MINDLESS
Características	• aberto ao aprendizado • atenção às circunstâncias • desenvolvimento de novas rotinas	• utilização de rotinas já existentes • pouca atenção às circunstâncias • sem aprendizado
Condições	• novas e diferentes circunstâncias • situações variadas e em mudança • controle e poder de decisão • relevância pessoal	• circunstâncias familiares • situações repetitivas • pouco controle, poucas escolhas • sem relevância pessoal

(cont.)

---

[24] G. Moscardo, "Mindful Visitors: Heritage and Tourism", cit., p. 381.

	MINDFUL	MINDLESS
Resultados	• aprendizado e recordação • sentimento de controle • habilidade para lidar com problemas • sentimentos de realização • sentimentos de satisfação	• sem aprendizado; recordações pobres • sentimento de desamparo • pouca habilidade em lidar com problemas • sentimento de incompetência • sentimento de insatisfação

Fonte: G. Moscardo, *Making Visitors Mindful: Principles for Creating Sustainable Visitor Experiences through Effective Communication*, Série Advances in Tourism Applications, vol. 2 (*Champaign*: Sagamore, 1999), p. 25.

A autora acredita que incentivar modelos de comportamento *mindful* seja um requisito necessário para o aprendizado de novas informações, fundamental em visitas a atrativos patrimoniais.[25] Sugere, então, o "modelo de comportamento e cognição para visitas a sítios patrimoniais". Nesse modelo, duas categorias de fatores influenciam o comportamento e a cognição dos visitantes nesses sítios patrimoniais: os fatores ambientais e "comunicacionais" do sítio e os fatores ligados ao próprio visitante.

Os fatores comunicacionais referem-se às características da comunicação dos conteúdos e significados do sítio que são oferecidos aos visitantes e que podem ser aplicados às exposições, *displays*, visitas guiadas, placas de sinalização, mapas, palestras, guias, folhetos e passeios ou caminhadas, etc. Assim, o modelo *mindful* é mais provavelmente alcançado quando existe uma variedade de mídia expositiva (que inclua, por exemplo, mostras multissensoriais), quando os conteúdos percebidos pelos visitantes são vistos como pessoalmente relevantes, vívidos ou como possuidores de uma carga afetiva, quando os conteúdos da interpretação ou a mídia expositiva são novos, inesperados ou surpreendentes, quando questões são utilizadas para criar conflitos e questionamentos, quando existe uma oportunidade de o visitante controlar a informação recebida (mais provável em mostras ou circuitos turísticos interativos), quando as mostras são dinâmicas ou animadas e oferecem aos visitantes a oportunidade do contato direto com objetos. Em contraposição, um ambiente provavelmente indutor de modelos *mindless* é aquele no qual esses itens

---

[25] G. Moscardo, "Mindful Visitors: Heritage and Tourism", cit., p. 381.

são repetitivos ou tradicionais, em que exposições ou circuitos turísticos não permitem ao visitante controlar as informações recebidas e as exposições são inanimadas ou estáticas.

Embora o trabalho de Langer não ofereça qualquer análise sobre a influência de sistemas de orientação espacial (sinalização informativa), Moscardo insere o conceito partindo de referências oferecidas por pesquisas desenvolvidas na área de psicologia ambiental, que indicam que as pessoas com dificuldades em se orientar experimentam sentimentos de perda de controle e ansiedade. Pearce[26] afirma que o visitante "desorientado" é confuso, ansioso e utiliza tanto esforço mental para se encontrar no "labirinto" do sítio patrimonial que lhe resta pouca capacidade para ver o que lhe é oferecido. Nesse sentido, Moscardo defende ser razoável que, em sítios onde os sistemas de orientação espacial são deficientes ou inexistentes, os indivíduos apresentarão um comportamento segundo o modelo *mindless*, já que este fator interferirá negativamente na atenção dispensada à mostra.

Baseando-se em trabalhos de psicologia nas áreas educacional, cognitiva e ambiental que indicam que o aprendizado é realçado pela presença de uma linha estrutural que organiza as informações, Moscardo acrescenta também à proposta de Langer que a existência de uma linha conceitual que estruture a organização do conteúdo interpretativo ou a organização das mostras induz a apresentação de um modelo *mindful* e resulta em maiores índices de aprendizado.

É também argumentado que, quando existe muita novidade, conflito ou informação em um ambiente, muito do processamento ativo de informações estará direcionado para o desenvolvimento de um sistema que trabalhe essa sobrecarga, prejudicando a indução de comportamentos *mindful*. De forma contrária, a disponibilização de pouca informação provavelmente induzirá a existência do modelo *mindless*, já que os visitantes tenderão a familiarizar-se mais rápido com a mostra e a criar uma roteirização única para sua leitura.

---

[26] Philip L. Pearce, *The Ulysses Factor: Evaluating Visitors in Tourist Settings*, cit., p. 95.

A quantidade de informações pode ser balanceada pela presença de guias ou monitores que acompanhem a visita. Esse acompanhamento pode auxiliar na produção de um modelo *mindful*, já que, por possuírem informações complementares ao conteúdo da mostra ou por estarem habilitados a responder questões concernentes a ela, os acompanhantes podem fazer com que o conteúdo apresentado se torne pessoalmente relevante para o visitante.

Ao lado dos fatores ambientais e comunicacionais, o modelo proposto por Moscardo, a partir da base teórica oferecida por Langer, contempla também fatores relacionados ao próprio visitante e que agem como influenciadores de seu comportamento e estado cognitivo. Resumidamente, se os visitantes possuírem alto nível de interesse pelo conteúdo, e se não estiverem fatigados,[27] provavelmente desenvolverão modelos de comportamento *mindful*. Há que se destacar, entretanto, que, embora os visitantes carreguem seus próprios interesses durante a visita a um local, os níveis de atenção não se mantêm constantes durante toda a visitação; argumenta-se que é possível despertar o interesse do visitante por um determinado assunto por meio de conexões com experiências particulares que podem ser realizadas durante as ações de mediação cultural.

Embora Langer também não faça menção aos fatores motivadores da visita como influenciadores de modelos comportamentais e cognitivos, Moscardo acrescenta ainda que visitantes com objetivos educacionais estão mais propensos a desenvolver uma atitude *mindful* que aqueles com objetivos puramente recreativos. O modelo proposto por Moscardo inclui também o conceito de "familiaridade", segundo o qual os visitantes que estão familiarizados com um determinado sítio (ou seja, que o visitaram em oportunidades anteriores) estão mais propensos a aprender informações que aqueles que não estão fa-

---

[27] Philip L. Pearce – *The Ulysses Factor: Evaluating Visitors in Tourist Settings*, cit., p. 107 – acata a linha de análise de Robinson, para quem a atenção do visitante é sempre maior nas primeiras mostras de exposições em grandes museus, e, em seguida, o tempo de observação das obras expostas diminui rapidamente. Por meio de uma série de experiências comparativas, Robinson conclui que esse fenômeno, denominado "fadiga museal", não se consubstancia por cansaço físico, mas, sim, por um tipo de sobrecarga ou excesso de informação.

miliarizados com o local. Os visitantes familiarizados são mais bem orientados espacialmente e podem focar-se melhor nas informações comunicadas. A familiaridade com sítios patrimoniais provavelmente induzirá a produção de modelos *mindful* de comportamento e cognição, já que tal familiaridade, teoricamente, refletiria a existência de constante motivação educacional ou interesse específico por esse tipo de atrativo. Acrescente-se que visitantes mais familiarizados com sítios patrimoniais tendem a conhecer melhor tanto o *layout*-padrão desses locais quanto a estrutura cognitiva da interpretação oferecida, o que os leva a se sentir confortáveis e a desenvolverem um comportamento *mindful*.

O modelo final proposto por Moscardo defende que os dois conjuntos de fatores podem combinar-se de inúmeras formas para produzir o padrão comportamental e cognitivo do visitante. Assim, um visitante com pouco interesse pelos conteúdos de um determinado sítio patrimonial pode apresentar um comportamento tipicamente *mindful* se esse ambiente lhe proporcionar uma sinalização espacial eficiente, grande variedade de mídias expositivas ou mesmo oportunidades de interação com as mostras.

Os visitantes que apresentarem um modelo comportamental e cognitivo do tipo *mindful* provavelmente obterão melhores resultados de sua visita ao bem patrimonial do que aqueles baseados em padrões comportamentais *mindless*. Como consequência desse estado cognitivo, esses visitantes aprenderão mais, expressarão mais satisfação e se interessarão mais em entender melhor o sítio ou em descobrir mais detalhes sobre um determinado assunto. Visitantes *mindful* também são mais conscientes das consequências de seu comportamento e mais elogiosos ao sítio patrimonial.

Ao modelo proposto por Moscardo é interessante acrescentar a teoria de formação de mapas cognitivos que, no entender de Hammitt,[28] possui profundas ligações com a filosofia interpretativa proposta por Tilden (principalmente com relação ao princípio 1). A teoria do mapa cognitivo defende que as pessoas

---

[28] Cf. Hammitt, *apud* Larry Beck & Ted Cable, *Interpretation for the 21st Century: Fifteen Guiding Principles for Interpreting Nature and Culture* (Champaign: Sagamore, 1998), pp. 16 -17.

recebem informações, codificam-nas em unidades simples e as armazenam relacionando-as com outras informações já existentes. Como as informações continuam a ser recebidas e armazenadas, forma-se uma rede de unidades de informações, ligadas por "caminhos de similaridade". Coletivamente, pela união de unidades e "caminhos", formam-se os mapas cognitivos, estruturas individuais de armazenagem e organização das informações recebidas.

Assim, se o mediador trabalhar com informações irrelevantes ou totalmente não familiares, os mapas cognitivos não serão acionados, fazendo com que o público não relacione a informação com outras que já detinha anteriormente, dificultando a construção do conhecimento sobre o que está sendo visto.

Some-se a isso o que os cientistas que pesquisam o cérebro humano denominam de "revezamento externo-interno",[29] um movimento de substituição que determina quais estímulos são ignorados e quais são atendidos por nosso cérebro, que explica como as pessoas prestam atenção àquela informação que se relaciona com as informações que já possuem. Antes de focar a atenção, o cérebro recebe passivamente muitos estímulos provenientes dos órgãos dos sentidos. Como não pode processar todas as informações, o cérebro examina os estímulos procurando por algo que requeira atenção imediata, monitorando ou simplesmente ignorando outros estímulos. Durante essa procura, o cérebro está constantemente mudando seu foco entre os eventos externos e as memórias e interesses internos.

Essa informação é fundamental para entender como os visitantes reagem às informações transmitidas pelos mediadores. Tome-se o caso, por exemplo, de um visitante em um sítio patrimonial relacionado à imigração. Enquanto o mediador está comentando como os imigrantes adaptavam seus modos de vida à nova terra, um dos ouvintes relembra as histórias que seus pais, eles próprios imigrantes, lhe contavam sobre seus primeiros dias num país estranho. A atenção do visitante volta-se para a sua história pessoal e passa a somente "monitorar" a apresentação do mediador, enquanto processa suas memórias

---

[29] *External-internal shift*, originalmente em inglês.

individuais. Isso explica a facilidade com que as pessoas dispersam sua atenção, especialmente se a nova informação não é relevante para seus interesses.

Para o processo da comunicação interpretativa, é importante reconhecer que os indivíduos tendem a procurar estímulos e situações que acionem suas memórias e as aproveitem. "Quando nós conscientemente procuramos uma informação específica, nosso sistema da atenção prepara-se antecipadamente. Isso aumenta os níveis de resposta das redes que processam essa informação e inibe outras redes."[30]

Beck e Cable[31] defendem que, relacionando a mensagem interpretativa emitida ao conhecimento e às experiências do público visitante, a interpretação aperfeiçoa o aprendizado de novas informações, reforça memórias e oferece ao público experiências pessoais satisfatórias.

Apesar da importância desses conhecimentos sobre como os indivíduos processam informações e da eficácia que o modelo cognitivo *mindful* tem alcançado quando aplicado em sítios patrimoniais, Moscardo ressalta que essas não são condições únicas e suficientes para a garantia do incremento de conhecimentos e, consequentemente, de mudanças comportamentais. Diversas outras características dos processos de aprendizagem e comunicação de informações devem ser consideradas, como a estrutura da mensagem informativa (que pode influenciar bastante na facilidade com que a informação é apreendida) ou a preexistência de um conhecimento sobre o conteúdo da informação (o que também altera seu entendimento). É fundamental que mediadores conheçam profundamente as características de seu público (demográficas, motivacionais e cognitivas) e analisem detalhadamente a estrutura selecionada para a transmissão de informações, procurando obter conhecimentos mais aprofundados na área de comunicação.

Dessa forma, o modelo comportamental e cognitivo *mindful* pode ser aqui entendido como um conceito integrativo a ser utilizado para elevar a qualidade

---

[30] Cf. Sylvester & Cho, *apud* Larry Beck & Ted Cable, *Interpretation for the 21st Century*, cit., p. 18.
[31] *Ibidem*.

da experiência de visitação e criar uma ligação sustentável entre turismo e patrimônio construído.

Afinal, o que é comunicação interpretativa?

No Nordeste do Brasil, um grupo de turistas visita um dos principais sítios históricos de uma importante capital brasileira, inscrito na Lista do Patrimônio da Humanidade da Unesco e palco de amplo projeto de restauração iniciado pelo governo local em meados da década de 1980, mas ainda não totalmente concluído. Os turistas encantam-se com a atmosfera do bairro, visitam museus e percorrem ruas de nomes poéticos em busca do artesanato e comidas típicas. À noite, extenuados, mas ainda embalados pelo clima de festa do local, tentam decidir entre as inúmeras opções de restaurantes e bares que agora ocupam os antigos casarões de fachadas azulejadas. No retorno, camisetas, azulejos pintados à mão por artistas locais, miniaturas de bumba meu boi, dezenas de fotos e uma interrogação surgida em casa: afinal, por que há décadas se investe tanto na restauração daqueles edifícios?

No Sul do Brasil, crianças visitam um sítio arqueológico com remanescentes da cultura missioneira dos séculos XVII e XVIII. Ao ouvirem a palavra "arqueologia", elas pensam imediatamente em aventureiros profissionais descobrindo objetos antigos em grandes escavações, auxiliados por trabalhadores locais assustados com as possíveis punições que tal sacrilégio pode provocar. Em seu íntimo, as crianças anseiam por participar de uma "aventura" desse tipo. E é isso que as espera no sítio visitado. A exploração começa com uma visita guiada ao sítio arqueológico, onde monitores oferecem explicações sobre o local e as convidam para assistir a um vídeo que mostra uma reconstituição virtual, realizada por computador, do antigo povoado. As crianças dirigem-se, então, a um local previamente preparado com fragmentos de cerâmica missioneira e cerâmica contemporânea, onde os monitores explicam o cotidiano do trabalho arqueológico e as etapas que devem ser desenvolvidas durante a escavação de um sítio. As crianças recebem sacos plásticos e são convidadas a participar da coleta, limpeza, classificação e montagem do material encontrado na superfície.

O material coletado é então comparado com a cerâmica contemporânea, confrontando informações sobre seus aspectos físicos, tecnologia empregada, função, forma e valor. No fim do dia, as crianças recolocam em seu local original os fragmentos de cerâmica recolhidos durante a experiência vivenciada e são capazes de "compreender o papel do arqueólogo na tradução das evidências do passado e de relacionar esse passado com o presente e o futuro".[32]

Os resultados das visitas são bastante distintos. O primeiro grupo de turistas teve apenas uma experiência superficial com o sítio patrimonial, uma vez que não contou com uma mediação mínima que possibilitasse a leitura de suas significações histórica e cultural e o entendimento da importância de sua conservação. A ausência dessa mediação resumiu o resultado da experiência vivenciada a simples empatia com o local, que não se transformou em conhecimento adquirido.

Opostamente, as crianças foram incentivadas a utilizar o sítio arqueológico como um "texto", decodificando aqueles bens culturais para chegar à sua compreensão, internalização e, finalmente, à sua valorização. Esse processo educativo foi desenvolvido com o auxílio de monitores especialmente treinados para a aplicação de tais propostas metodológicas, que serviram como uma mediação cultural para a aproximação entre o público e as atrações turísticas culturais ali conservadas. Tal experiência pode ser defendida como uma prática concreta da filosofia e dos conceitos metodológicos da interpretação, uma ação "que tem por objetivo revelar significados e relações por meio da utilização de objetos originais, da experiência direta e de meios ilustrativos, mais do que simplesmente comunicar, literalmente, as informações".[33] Em 2000, adotando os parâmetros básicos propostos por Tilden em 1957, a Associação Nacional para a Interpretação (National Association for Interpretation), dos Estados

---

[32] Maria de Lourdes Parreiras Horta et al., *Guia básico de educação patrimonial* (Brasília: Iphan/Museu Imperial, 1999), pp. 32-33.
[33] Freeman Tilden, *Interpreting our Heritage* (3ª ed. Chapel Hill: University of North Carolina, 1977), p. 4.

Unidos, atualizou o conceito, propondo como interpretação "o programa comunicativo planejado que forja conexões emocionais e intelectuais entre os interesses do público e os significados inerentes ao recurso".[34]

Os dois conceitos estão fundamentados sobre uma mesma base: para a verdadeira construção de conhecimentos, é necessário mais do que simplesmente comunicar as informações. O entendimento somente ocorrerá se significados e inter-relações forem revelados, quer pela atividade (como propõe Tilden) quer pelo programa (como quer a associação norte-americana).[35]

Os programas de comunicação interpretativa ou suas atividades "avulsas" têm sido vistos como uma das mais importantes ferramentas da educação patrimonial, que "busca levar as crianças e adultos a um processo ativo de conhecimento, apropriação e valorização de sua herança cultural, capacitando-os para o melhor usufruto destes bens, e propiciando a geração e a produção de novos conhecimentos, num processo contínuo de criação cultural".[36]

Educação e interpretação patrimoniais estão centradas no "patrimônio cultural como fonte primária de conhecimento individual e coletivo".[37] Há, entretanto, que se considerar uma distinção fundamental: a educação patrimonial é processual, isto é, é um trabalho educativo que ocorre de maneira permanente e sistemática. Delgado[38] alerta que o modelo da visita turística acarreta pouquíssima disponibilidade de tempo nos sítios patrimoniais, insuficiente mesmo para o engajamento dos turistas em um processo educativo, porém adequado para a realização de atividades interpretativas avulsas. A interpretação poderia, então, ser considerada como parte de uma estratégia educativa, como um instrumento da educação patrimonial.

---

[34] National Association for Interpretation, disponível em http://interpnet.com. Acesso em janeiro de 2009.
[35] Willian T. Alderson & Shirley Payne Low, *Interpretation of Historic Sites* (2ª ed. Walnut Creek: AltaMira Press/American Association for State and Local History, 1999), p. 3.
[36] Maria de Lourdes Parreiras Horta *et al.*, *Guia básico de educação patrimonial*, cit., p. 6.
[37] *Ibidem*.
[38] Jesus Delgado, "A interpretação ambiental como instrumento para o ecoturismo", em Célia Serrano (org.), *A educação pelas pedras: ecoturismo e educação ambiental* (São Paulo: Chronos, 2000), p.157.

A educação patrimonial foi introduzida no Brasil durante o I Seminário de Educação Patrimonial, realizado em 1983 no Museu Imperial de Petrópolis, RJ. A partir da inspiração oferecida pelo trabalho pedagógico desenvolvido na Inglaterra sob a denominação de *heritage education*, a metodologia foi transposta para o Brasil, voltando-se para o trabalho educacional em museus, monumentos e sítios históricos. Embora Horta defenda que esta metodologia esteja hoje difundida por todo o país e que possa ser encontrada em locais com características tão distintas quanto sítios arqueológicos (como em São Miguel, RS, o caso apresentado na página 96) ou instituições museais (como o próprio Museu Imperial, em Petrópolis),[39] sendo aplicada a manifestações tangíveis e intangíveis de nosso patrimônio cultural, a prática mostra que a educação patrimonial ainda não é uma realidade entre os sítios patrimoniais, que continuam a apresentar-se ao público de maneira bastante convencional e, geralmente, não convidativa.

A teoria da educação patrimonial reconhece como princípio básico que os indivíduos aprendem melhor por meio da vivência de experiências diretas com bens do patrimônio. Por esse motivo, suas atividades têm sido utilizadas na mediação de visitas de grupos de escolares a sítios patrimoniais, caracterizando-se como um auxiliar do trabalho pedagógico desenvolvido por instituições de ensino.

Para Rubman[40] é um erro, entretanto, considerar a educação patrimonial apenas como ferramenta auxiliar ao ensino formal de disciplinas tradicionais.

---

[39] Esses e outros casos de aplicação da metodologia da educação patrimonial no Brasil e no exterior são detalhadamente analisados por Gail Durbin *et al.*, *A Teacher's Guide to Learning from Objects*, Education on Site (Londres: English Heritage, 1990); Crispin Keith, *A Teacher's Guide to Using Listed Buildings*, Education on Site (Londres: English Heritage, 1991); Tim Copeland, *A Teacher's Guide to Maths and the Historic Environment*, Education on Site (Londres: English Heritage, 1991), *A Teacher's Guide to Geography and the Historic Environment*, Education on Site (Londres: English Heritage, 1993), *A Teacher's Guide to Using Castles*, Education on Site (Londres: English Heritage, 1994); Kerri Rubman, *Heritage Education: an Introduction for Teachers, Group Leaders and Program Planners* (Washington, D.C.: National Trust for Historic Preservation, 1998); e Maria de Lourdes Parreiras Horta *et al.*, *Guia básico de educação patrimonial*, cit., pp. 38-47.

[40] Kerri Rubman, *Heritage Education: an Introduction for Teachers, Group Leaders and Program Planners*, cit.

Para o autor, as atividades de educação patrimonial podem ter uma abrangência ainda maior, tanto no tocante à diversidade de públicos para os quais são desenvolvidas quanto para os resultados que podem ser alcançados, já que

- tornam os indivíduos mais observadores e curiosos sobre seu entorno, auxiliando-os a desenvolver sua "alfabetização visual";
- oferecem aos indivíduos ferramentas para dar sentido ao que veem e experimentam, para entender melhor seu próprio ambiente e os novos locais visitados;
- desenvolvem um senso de conexão pessoal com outras pessoas em outros tempos e lugares;
- ensinam a apreciação e o respeito e estimulam a "apropriação" de lugares e objetos;
- incentivam a tomada consciente de decisões sobre o futuro pela demonstração de como as decisões tomadas no passado têm consequências diretas sobre as possibilidades vindouras;
- mostram aos indivíduos como eles podem estar envolvidos em suas comunidades, como voluntários e defensores dos bens patrimoniais, e influenciar o presente e o futuro de sua comunidade e de outras regiões; e
- apresentam aos indivíduos, principalmente aos mais jovens, novas opções de carreiras profissionais, como arquitetura, planejamento urbano, museologia e pesquisa histórica e arqueológica.

Em resumo, a educação patrimonial resulta numa "alfabetização cultural que possibilita ao indivíduo fazer a leitura do mundo que o rodeia, levando-o à compreensão do universo sociocultural e da trajetória histórico-temporal em que está inserido".[41]

Veverka[42] defende que a diferença básica entre a educação e a interpretação patrimonial não está em seus conteúdos, mas na maneira como as informações são transmitidas. As informações transmitidas em processos de educação patrimonial podem ser apresentadas de maneira "instrucional", muito próxima

---

[41] Maria de Lourdes Parreiras Horta et al., *Guia básico de educação patrimonial*, cit., p. 6.
[42] John Veverka, *Interpretative Master Planning* (Tustin: Acorn Naturalists, 1994).

ao ensino formal em sala de aula, e também podem basear-se nos princípios da comunicação interpretativa. Se o processo de comunicação interpretativa se basear em apresentar e traduzir uma informação sobre o bem patrimonial de forma significativa para o público, a educação patrimonial ocorrerá. Veverka acredita que a verdadeira educação ocorre se o receptor do processo receber a mensagem, entendê-la, realmente se recordar da mensagem e possivelmente utilizar a informação de alguma maneira.

Para o público leigo, outros significados mais familiares do termo "interpretação" podem provocar dificuldade de entendimento da atividade, já que o substantivo possui ligação direta com a representação (no teatro, cinema, televisão ou na música) ou com a tradução de uma língua desconhecida, "estrangeira". Beck e Cable[43] defendem que a transposição desse último significado para a esfera do patrimônio é exatamente aquele que se procura para esse caso: a função da comunicação interpretativa é levar um indivíduo a descobrir o significado de um local ou evento desconhecido, "estrangeiro", do passado ou do presente.

Os autores defendem que o objeto ou conteúdo que está sendo traduzido (a dinâmica de um ecossistema num parque nacional ou o contexto histórico que levou à edificação de uma casa, por exemplo) pode ser "estrangeiro" para um substancial número de visitantes e que a função das técnicas interpretativas é, assim, elucidar uma informação técnica ou científica, traduzindo-a de maneira simples, compreensível e estimulante, ajudando as pessoas a lerem os locais de forma diferente da que comumente adotariam.

Não sendo específico para uma determinada temática, o conceito de comunicação interpretativa pode ser empregado na "tradução" de recursos de origem natural (nesse caso, é denominado de "interpretação ambiental") ou cultural (a "interpretação patrimonial"), sendo apenas necessárias algumas adaptações que considerem a natureza dos bens trabalhados.[44]

---

[43] Larry Beck & Ted Cable, *Interpretation for the 21ˢᵗ Century*, cit.
[44] Exatamente pela abordagem voltada ao turismo cultural a que se propõe, este estudo dá maior ênfase à interpretação patrimonial voltada para sítios históricos, sem, contudo, deixar de abordar outros aspectos da comunicação interpretativa para sítios naturais.

Fundamentos da comunicação interpretativa

Raízes históricas

O nascimento das atividades conhecidas, hoje, como técnicas de interpretação e da própria filosofia que as fundamenta está intimamente relacionado ao aumento do fluxo de visitantes em áreas naturais norte-americanas, que posteriormente se transformariam nos primeiros parques nacionais dos Estados Unidos.

Ainda que o Serviço Nacional de Parques (National Park Service – NPS)[45] não tenha criado a interpretação, esse organismo foi amplamente responsável pelo reconhecimento público da sua importância no desenvolvimento do entendimento e da apreciação de bens naturais e culturais. Antes mesmo do estabelecimento dos primeiros parques nacionais, alguns dos já numerosos visitantes a áreas naturais norte-americanas procuraram entender e explicar os fenômenos encontrados, transformando-se em "guias da natureza". John Muir foi um desses pioneiros. Em 1871, Muir já visitava frequentemente o Yosemite Valley (Califórnia), onde procurava "interpretar a rocha, aprender a língua da correnteza, da tempestade e da avalanche. Eu ia familiarizar-me com as geleiras e os jardins selvagens e ficar o mais próximo possível do coração do mundo".[46] A utilização do verbo "interpretar" por Muir – ainda que neste contexto se aplique muito mais a um esforço de entendimento do que de comunicação – é citada como o primeiro precedente de aplicação do termo, que seria mais tarde adotado para determinar tanto a metodologia e sua aplicação prática quanto os próprios profissionais que a desenvolvem.

Em 1886, o Exército americano assumiu a proteção do primeiro parque nacional dos Estados Unidos, o Parque Nacional de Yellowstone (Yellowstone National Park), criado catorze anos antes em uma área que se estendia pelos

---

[45] Órgão federal dos Estados Unidos organizado em 1916 para supervisionar os trabalhos técnicos desenvolvidos nos parques e em outros monumentos nacionais.
[46] Larry Beck & Ted Cable, *Interpretation for the 21st Century*, cit., p. 168.

estados de Wyoming, Idaho e Montana. Alguns soldados foram incumbidos de fornecer informações aos visitantes sobre os gêiseres e suas características termais, cujas bacias podem ser encontradas em grande quantidade por toda a área; o conteúdo dessas primeiras "palestras interpretativas" pautava-se muito pouco no conhecimento científico então disponível, mas não era de qualidade inferior às explanações oferecidas por outros guias da natureza comerciais, que já atuavam dentro do parque. De acordo com Shankland,

> no início do Yellowstone, o turista que se descuidava em se informar antecipadamente nas enciclopédias estava sujeito a ter uma estada ruim entre os fenômenos vulcânicos. Havia pouca explicação no local [...]. Poucos guias eloquentes trabalhavam fora dos hotéis; eles puniam cruelmente as ciências naturais. Pelos regulamentos, os guias não podiam cobrar qualquer taxa. Eles recebiam bastante, entretanto, em gorjetas, que induziam por um método clássico: todo grupo abrigava um cúmplice não identificado que, ao final das observações do guia, exprimia ressonante apreciação e, com um forte olhar ao redor, oferecia generosa contribuição em dinheiro.[47]

Após o surto de crescimento do fluxo de visitantes às áreas naturais verificado nas últimas décadas do século XIX, notadamente incentivado pelo término da construção da segunda linha ferroviária transcontinental e da criação dos primeiros parques nacionais de Yellowstone e Yosemite,[48] já se podia observar uma tendência de melhoria nos serviços informativos prestados aos visitantes. Essa tendência estendeu-se a outras áreas naturais e a outras atividades que dariam origem a algumas das técnicas interpretativas mais populares até nossos dias.[49]

---

[47] Cf. Shankland, *apud* Barry Mackintosh, *Interpretation in the National Park Service: a Historical Perspective* (Washington, D.C.: National Park Service, 1986), disponível em http://www.nps.gov. Acesso em junho de 2001.

[48] Lynne Withey, *Grand Tours and Cook's Tours: a History of Leisure Travel, 1750-1915* (Nova York: William Morrow and Company, 1997), pp. 294-336.

[49] Duas dessas técnicas, as mostras e as publicações interpretativas, originaram-se ainda nas primeiras décadas do século XX. Em 1905, Frank Pinkley (guarda-florestal do Casa Grande National Monument, no Arizona) reuniu uma amostra de artefatos pré-históricos provenientes de uma escavação arqueoló-

Nesse contexto, Enos Mills, amigo de Muir, foi o mais conhecido entre os guias da natureza pioneiros, sendo considerado o fundador de toda a atividade que hoje é denominada de "interpretação". Por mais de 35 anos, Mills atuou como naturalista e intérprete, guiando mais de 250 grupos de visitantes ao local onde mais tarde seria implantado o Parque Nacional das Montanhas Rochosas (Rocky Mountain National Park, Colorado, Estados Unidos).

Mills acreditava que a missão de um guia da natureza era mais do que apenas conduzir com segurança os visitantes em áreas selvagens, e que estava fundamentalmente relacionada à educação, muito mais "inspiradora que informativa".[50] Mills foi fundador da Trail School, uma primeira versão dos programas de educação ambiental, na qual atuou ativamente como professor e orientador de campo para a formação de novos intérpretes.

Embora muitas atividades esparsas tenham sido realizadas em diversos parques nacionais, os primeiros programas sistemáticos de interpretação surgiram somente em 1920, aplicados em Yellowstone e Yosemite (criado em 1890, na Califórnia). Os programas incluíam caminhadas guiadas, bate-papos e palestras ilustradas com filmes, além da edição de boletins de história natural e da organização de pequenas mostras interpretativas. A resposta do público foi tão positiva que os programas foram estendidos para outras unidades de conservação. Nesse mesmo ano, Mills publicou a obra *Adventures of a Nature Guide and Essays in Interpretation*, na qual definia uma série de princípios que lançaram os fundamentos filosóficos da interpretação.

---

gica realizada na área das ruínas e exibiu-a naquela que seria a primeira das mostras interpretativas em parques nacionais. Em 1911, Laurence Schmeckebier organizou material para uma série de manuais com informações sobre acesso e acomodações em parques coordenados pelo Departamento de Interior norte-americano. Uma segunda série de manuais foi organizada em seguida, escrita por cientistas do Smithsonian Institution e do U.S. Geological Survey, que interpretaram muitas das principais características dos parques abordados. Dentre as brochuras produzidas, destacam-se *The Secret of the Big Trees: Yosemite Sequoia and General Grant National Parks* (de 1913), *Origin of Scenic Features of Glacier National Park*, *Mount Rainier and its Glaciers* e *Fossil Forests of Yellowstone National Park* (todas publicadas em 1914).

[50] Enos Mills, *Adventures of a Nature Guide and Essays in Interpretation* (Longs Peak: Temporal Mechanical Press, 2001), p. 8.

Alguns anos mais tarde, os programas interpretativos dos parques nacionais Sequoia (Califórnia, criado em 1890), Monte Rainier (Washington, 1899), Mesa Verde e Montanhas Rochosas (ambos no Colorado, criados respectivamente em 1906 e 1915) e Zion (Utah, 1919), além de Yellowstone e Yosemite, estavam suficientemente estabelecidos para indicar a necessidade de um órgão de coordenação e direção para a interpretação.[51] Assim nasceria, em 1923, a Divisão Educativa do NPS, que estabeleceria as metas das atividades interpretativas desenvolvidas nos parques:

1. Interpretação para o público, simples e compreensível, das características principais de cada parque, por meio de visitas de campo, palestras, exibições e literatura.
2. Ênfase em levar o visitante a estudar o objeto real mais do que a utilizar a informação de segunda mão. Os métodos acadêmicos típicos são proibidos.
3. Utilização de pessoal altamente treinado, com experiência do campo, capaz de interpretar para o público as leis do universo como exemplificadas nos parques, e capaz de desenvolver conceitos das leis da vida úteis a todos.
4. Programa de pesquisa que forneça fonte contínua de dados seguros, apropriado para uso em conexão com o programa educacional.[52]

O crescimento dos programas de interpretação desenvolvidos pelo NPS era válido apenas nas áreas naturais, já que, até a década de 1930, havia pouquíssimas experiências de interpretação patrimonial, principalmente porque as áreas históricas e as manifestações culturais não eram consideradas como peças importantes do sistema conservacionista norte-americano. A exceção eram, quase exclusivamente, alguns monumentos nacionais do sudoeste do território e o Parque Nacional de Mesa Verde (Mesa Verde National Park), criado em 1906 para a proteção dos antigos *pueblos*, vilas formadas por grupos

---

[51] William J. Lewis, *Interpreting for Park Visitors* (Ft. Washington: Eastern Acorn, 1995), p. 17.
[52] *Ibid.*, p. 18.

de residências escavadas nos penhascos do Montezuma Valley, Colorado, com datações iniciais de 750 d.C.

A expansão do NPS, no sentido de abarcar também o patrimônio cultural, teve início em 1930, com a criação do Parque Nacional Histórico Colonial (Colonial National Historical Park) de Jamestown, do Parque Nacional Histórico Colonial (Colonial National Historical Park) de Yorktown e do Monumento Nacional do Local de Nascimento de George Washington (George Washington Birthplace National Monument), todos no estado da Virgínia, e culminou com a transferência de uma grande quantidade de fortes, fortalezas e campos de batalha históricos do Departamento de Guerra para sua jurisdição em 1933. Nesse momento, tornou-se evidente a necessidade de se adaptarem as técnicas de interpretação da natureza para esse novo contexto histórico.

Com a aceitação da custódia dos diversos sítios históricos, a primeira obrigação do NPS era, então, assegurar sua preservação. A segunda obrigação, posterior à preservação, era o desenvolvimento físico do sítio ou área, buscando a reabilitação por meio de restaurações e reconstruções. A terceira e, na opinião do historiador Floyd Flickinger,[53] a mais importante obrigação era a interpretação. Para ele, a preservação e o desenvolvimento são valiosos somente na proporção em que contribuem para esta terceira etapa.

Segundo a visão que estabeleceu os parâmetros, na segunda metade da década de 1930, para a interpretação patrimonial no NPS, as áreas históricas precisavam da interpretação mais do que as naturais e os parques voltados exclusivamente para a recreação. Os parques naturais, a maioria com excepcionais características cênicas, podiam ser desfrutados sob o ponto de vista estético pela maioria dos visitantes, a despeito do entendimento dos fenômenos geológicos ou biológicos subjacentes a eles. Mas ainda que muitos sítios ou áreas históricas possuam apelo estético, e alguns acomodem relativamente bem atividades recreativas, poucos podem ser profundamente apreciados sem nenhuma explicação sobre quem viveu ou o que ocorreu ali. Nos sítios histó-

---

[53] Cf. Floyd Flickinger, *apud* Barry Mackintosh, *Interpretation in the National Park Service*, cit.

ricos, características alteradas ou desaparecidas eram então geralmente restauradas ou reconstruídas para "contar melhor a história".[54]

Para Dale King, arqueólogo do NPS, a diferença entre os parques naturais cênicos e os monumentos culturais e científicos é que, nos primeiros, a apreciação é condicionada pela visão e não necessariamente pelo conhecimento. No segundo caso, a resposta cognitiva recebe grande estímulo, e a possível apreciação do local demanda entendimento do contexto.[55]

Apesar de a tarefa da interpretação dos sítios históricos pertencentes ao NPS ser tão abrangente a ponto de se responsabilizar por contar a história dos Estados Unidos,[56] foi somente no final da década de 1930 que a interpretação patrimonial foi equiparada organizacionalmente à ambiental, seguindo a mes-

---

[54] As questões relativas à reconstrução de sítios históricos pelo NPS foram sempre cercadas por controvérsias. A dimensão a ser aplicada à reconstrução dos sítios era uma questão controvertida mesmo entre os próprios técnicos, com uma forte tendência à defesa de aproximações semelhantes à realizada na reconstrução da cidade colonial de Williamsburg (Virgínia), onde diversos métodos foram utilizados para representar ou descrever um cenário já inexistente. Talvez o exemplo mais conhecido até nossos dias, Williamsburg não foi o único caso de reconstrução controversa. Em 1930, o NPS reconstruiu, na Virgínia, a casa onde o presidente George Washington teria nascido, em 1732. Destruída por um incêndio em 1779, a reconstrução da edificação foi conjectural, baseada apenas em suposições sobre como poderia ser, e realizada sobre uma fundação encontrada no local. Apesar de a situação se ter tornado ainda mais problemática quando arqueólogos encontraram outra fundação nas proximidades (o que poderia indicar que nem mesmo o local da reconstrução estaria correto, como se imaginava), o NPS relutou em fornecer a informação atualizada aos visitantes. Somente em 1975 o folheto interpretativo do sítio passou a informar o que os historiadores e arqueólogos já sabiam havia quarenta anos: que a outra fundação encontrada era, de fato, o local do nascimento do presidente. Até hoje a reconstrução continua a desafiar os intérpretes e a confundir os visitantes, que acham difícil entender por que uma casa de feições antigas denominada de Mansão Memorial (Memorial Mansion), localizada no sítio do nascimento de Washington, não é a casa onde o presidente nasceu, nem mesmo uma cópia aproximada. Ver Barry Mackintosh, *Interpretation in the National Park Service*, cit.; National Geographic Society, *National Geographic Guide to America's Historic Places* (Washington, D.C.: National Geographic Book Service, 1996), p. 111.
[55] Cf. Dale King, *apud* Barry Mackintosh, *Interpretation in the National Park Service*, cit.
[56] Já em 1933, a direção do NPS acreditava que o número de sítios e monumentos então sob sua guarda seria suficiente para permitir que o órgão contasse, de maneira razoavelmente completa, toda a história norte-americana, da pré-história à atualidade. A concepção que perpassava toda a política do NPS com relação aos sítios históricos e arqueológicos era a utilização de suas características para levar aos visitantes não somente sua importância, mas sua inter-relação integral com toda a história do desenvolvimento norte-americano. *Ibidem*.

ma filosofia e princípios adotados para a natureza, ainda provenientes da obra de Mills e da experiência prática dos próprios intérpretes.

Entre as décadas de 1910 e 1940, a crescente popularidade das atividades interpretativas entre os visitantes e a sua utilidade na administração dos mais variados tipos (e tamanhos) de sítios naturais e culturais fez com que outras instituições além dos parques ligados ao NPS voltassem a atenção para sua aplicação. Segundo Machlis e Field,[57] nesse momento a interpretação seria institucionalizada, o que levou à necessidade do estabelecimento de um consenso sobre seu método no que diz respeito não às técnicas, mas aos seus princípios norteadores.

Foi devido a essa necessidade que, já na década de 1950 – quando os livros de Mills sobre interpretação há muito estavam esgotados e sem reedição –, o NPS convidou Freeman Tilden[58] a visitar as áreas que se encontravam sob sua jurisdição e analisar o que vinha sendo realizado em termos de interpretação.

Tilden viajou por anos observando as formas pelas quais os intérpretes se comunicavam com os visitantes e as diferentes reações do público para os diferentes estilos e mídias empregados. Em 1957, publicou *Interpreting our Heritage*, escrito especialmente para definir a atividade interpretativa. Pela primeira vez, uma obra sobre interpretação não descrevia como conduzir um passeio ou oferecia uma lista de passos a ser seguida para a preparação de uma palestra, mas respondia à questão fundamental "por que interpretamos?", estabelecia objetivos e identificava princípios para uma interpretação de excelente qualidade.

Desde então, a filosofia e os princípios estabelecidos por Tilden foram seguidos como os padrões mais reconhecidos para a interpretação em todas as

---

[57] Gary E. Machlis & Donald R. Field, "Getting Connected: an Approach to Children's Interpretation", em Gary E. Machlis & Donald R. Field (orgs.), *On Interpretation: Sociology for Interpreters of Natural and Cultural History* (ed. rev. Corvallis: Oregon State University, 1992), p. 3.

[58] Freeman Tilden nasceu no estado norte-americano de Massachusetts, em 1883. Aos 59 anos, abandonou sua carreira de repórter jornalístico e escritor de ficção e peças teatrais para se dedicar ao estudo do simbolismo dos parques nacionais na cultura dos Estados Unidos. Além de *Interpreting our Heritage*, Tilden escreveu também *The National Parks* e *The Fifth Essence*. Segundo Beck & Cable (*Interpretation for the 21st Century*, cit., p. 2), Tilden atuou como consultor de quatro diretores do NPS. Morreu em 1980, em sua fazenda no Maine.

partes do mundo. A partir da década de 1960, com a ampliação da consciência conservacionista, a filosofia interpretativa, seus princípios e suas técnicas foram adotados por grande número de órgãos encarregados da gestão do patrimônio natural e cultural, parques, museus, sítios históricos, zoológicos, aquários, etc.

Schlüter e Winter[59] apontam que o Canadá, ao lado dos Estados Unidos, foi um dos primeiros países a empregar a comunicação interpretativa em seus parques naturais e históricos.[60] Na Grã-Bretanha, a interpretação ambiental foi utilizada pela Comissão Rural Nacional (National Countryside Commission) primeiramente na década de 1960, com o objetivo de "valorização de áreas rurais, parques e reservas naturais". A partir da década de 1970, a interpretação passou a abranger também monumentos, sítios históricos e outras áreas significativas do ambiente urbano, principalmente na Inglaterra. Murta e Goodey destacam que essa foi a "década das trilhas e roteiros que, com ampla participação da comunidade, recuperaram e valorizaram áreas comerciais e de lazer para desfrute da população e dos visitantes".[61]

A ampla expansão da aplicação da filosofia e do método interpretativo propostos por Tilden foi acompanhada, a partir da década de 1970, pelo sólido crescimento do corpo de conhecimentos sobre o tema. A própria obra de Tilden ganharia duas novas edições, a segunda publicada em 1967 e a terceira em 1977. Dois anos antes da terceira reedição do livro de Tilden, John Hanna lançou *Interpretive Skills for Environmental Communicators*. Em 1976, Russell Grater, um veterano intérprete do NPS, escreveu uma importante obra sobre as técnicas de interpretação, *The Interpreter's Handbook: Methods, Skills and Techniques*. O primeiro texto abrangente sobre as várias facetas da interpre-

---

[59] Regina Schlütter & Gabriel Winter, *El fenómeno turístico: reflexiones desde una perspectiva integradora* (Buenos Aires: Fundación Universidad a Distância Hernandarias, 1993), p. 377.
[60] Atualmente, o Canadá vem desenvolvendo uma ampla reformulação em sua proposta global de interpretação, visando a atender às novas expectativas e necessidades geradas pelo avanço dos conceitos conservacionistas, tanto na área ambiental quanto na patrimonial.
[61] Stela Maris Murta & Brian Goodey, *Interpretação do patrimônio para o turismo sustentado: um guia* (Belo Horizonte: Sebrae-MG, 1995), p. 21.

tação foi *Interpreting the Environment*, de Grant Sharpe, lançado também em 1976. Esse livro, com uma segunda edição em 1982, transformou-se na obra definitiva para utilização no currículo universitário norte-americano. Já no fim da década, em 1979, R. Y. Edwards publicou, sob os auspícios da Associação Nacional e Provincial dos Parques do Canadá (National and Provincial Parks Association of Canada), uma das primeiras obras canadenses dedicadas à interpretação, *The Land Speaks: Organizing and Running an Interpretive System*, que fundamentaria, a partir de então, o trabalho desenvolvido em suas áreas naturais e históricas.

Nas décadas de 1980 e 1990, uma profusão de publicações voltadas para a interpretação surgiu na esteira da crescente procura por áreas naturais e sítios patrimoniais e da consequente necessidade de melhoria de sua gestão. Beck e Cable[62] selecionaram para o prefácio de *Interpretation for the 21st Century* – obra fundamental para a atualização da filosofia proposta por Tilden – as mais importantes obras relacionadas diretamente ao campo da interpretação. A essa seleção podem ser incluídas indicações de três associações de profissionais na área de interpretação – a canadense Interpretação do Canadá (Interpretation Canada, disponível em seu *site* http://www.interpcan.ca), a norte-americana Associação Nacional para Interpretação (National Association for Interpretation, disponível em http://www.interpnet.com) e a escocesa Rede Escocesa de Interpretação (Scottish Interpretation Network, disponível em http://www.scotinterpnet.org.uk) – e de informações da Rede Europeia de Interpretação do Patrimônio (Interpret Europe, disponível em http://www.interpret_europe.net).

Tal rol, apesar de bastante extenso, definitivamente não esgota a temática. A ele poderia ser acrescida listagem de periódicos dedicados especificamente ao tema,[63] uma série cada vez maior de artigos publicados em coletâneas ou periódicos não especializados[64] e obras publicadas em diversos outros países,

---

[62] Larry Beck & Ted Cable, *Interpretation for 21st Century*, cit., pp. xi-xiv.
[63] Como os norte-americanos *Journal of Interpretation*, *The Interpreter* e *Legacy*, ou o canadense *Interpscan Journal*.
[64] Como *Curator*, *Museum News*, *Journal of Park and Recreation Administration*, *Journal of Environmental Education* ou o *IVLS Review*. Nos periódicos específicos da área de turismo, artigos sobre interpretação

incluindo o Brasil. No país, há que se destacar a quase completa inexistência de fontes bibliográficas aqui produzidas ou traduzidas para o português, resultado de uma ainda incipiente pesquisa científica nacional na área de interpretação patrimonial. Duas obras merecem destaque especial por abordarem especificamente a temática: *Interpretação do patrimônio para o turismo sustentado: um guia,* de Stela Maris Murta e Brian Goodey,[65] e *Interpretar o patrimônio: um exercício do olhar,* coletânea de textos de autores nacionais e estrangeiros organizada por Stela Maris Murta e Celina Albano.[66]

Entretanto, a obra de Tilden continua sendo seguida como o padrão em termos de filosofia da interpretação. Se alguns aspectos de seus princípios interpretativos são atemporais, outros podem ser beneficiados por perspectiva mais contemporânea. Um bom exemplo é o tratamento que Tilden oferece à aparelhagem tecnológica. Sua obra não contempla a utilização de computadores – denominados por ele de "engenhocas" – amplamente utilizados na atualidade por sítios patrimoniais e naturais em sua comunicação com visitantes, geralmente com bastante sucesso. Assim, em 1998, Beck e Cable reestruturaram e atualizaram alguns dos princípios de Tilden. Os pesquisadores – ambos reconhecidos intérpretes e professores na área – acrescentaram nove princípios aos originalmente creditados a Tilden, muitos dos quais recolhidos a partir de ideias contidas em sua obra, nos trabalhos de Muir e Mills e no conhecimento prático de outros intérpretes renomados nos Estados Unidos, como Barry Lopez e Terry Tempest Williams.

A COMUNICAÇÃO INTERPRETATIVA HOJE

Com a consolidação da consciência conservacionista, a filosofia e as técnicas da interpretação foram difundidas por todo o mundo e são aplicadas atu-

---

têm sido sistematicamente publicados no *Annals of Tourism Research, Tourism Management, Journal of Travel Research* e no *The Journal of Tourism Studies.*

[65] Stela Maris Murta & Brian Goodey, *Interpretação do patrimônio para o turismo sustentado,* cit.

[66] Stela Maris Murta & Celina Albano (orgs.), *Interpretar o patrimônio: um exercício do olhar* (Belo Horizonte: UFMG/Terra Brasilis, 2002).

almente em diversos países. Nos Estados Unidos, no Canadá, na Austrália e nos países do Reino Unido, a interpretação alcançou altos padrões de qualidade, tanto em áreas naturais quanto em sítios patrimoniais.

A maioria dos exemplos de aplicação da comunicação interpretativa ainda está em áreas naturais, principalmente nos parques nacionais e outras unidades de conservação da natureza. Além dos norte-americanos e canadenses,[67] é neste caso que se enquadram também as experiências de países com menos tradição em interpretação, como México ou Bolívia.

O mesmo ocorre no Brasil, onde existe já certa tradição na aplicação de técnicas interpretativas em áreas naturais – muitas vezes intuitivamente, mais do que se fundamentando nos princípios já estabelecidos e solidificados. O que se verifica é que essas práticas estão diretamente relacionadas ao desenvolvimento de programas de educação ambiental, sendo encaradas como um tipo de abordagem pedagógica e não como componentes de um programa com filosofia conceitual mais ampla – a própria comunicação interpretativa.

As atividades interpretativas em recursos patrimoniais, menos comuns, seguem o mesmo padrão das realizadas em áreas naturais. Geralmente, enquadram-se em programas de educação patrimonial, que, ao contrário da já reconhecida educação ambiental, ainda se encontra em fase de sedimentação no Brasil. É interessante destacar, nesse sentido, a iniciativa pioneira do Instituto do Patrimônio Histórico e Artístico Nacional (Iphan) que, em 1997, realizou a Oficina de Interpretação e Sinalização de Sítio Arqueológico, em Serranópolis (GO).

A oficina foi planejada com o intuito de estabelecer os critérios básicos para a interpretação e sinalização e, consequentemente, a visitação controlada de sítios arqueológicos, monumentos e sítios históricos tombados, a serem aplicados em unidades descentralizadas do órgão.

---

[67] Os órgãos federais responsáveis pelos parques nacionais dos dois países – o norte-americano NPS e o canadense Parques do Canadá (Parks Canada) – mantêm interessantes *sites* na rede mundial de computadores, com diversas informações sobre as unidades de conservação e os programas interpretativos desenvolvidos em cada um deles (respectivamente http://www.nps.gov e http://parkscanada.ca).

> Dada a inexistência de qualquer base teórico-metodológica para fundamentar as ações do Iphan na área de turismo cultural, bem como para se criar condições para um exercício prático, que possibilitasse a aplicação de métodos e teorias, o Departamento de Promoção realizou uma oficina de sinalização e interpretação de sítios, propondo questões básicas para orientar as discussões. Tais questões deverão ser aplicadas a sítios de qualquer período da história da ocupação humana no território brasileiro – incluindo-se aqui, naturalmente, o período conhecido como pré-histórico ou pré-colonial, isto é, que antecede a chegada do europeu.[68]

Para a coordenação dos trabalhos da oficina foram convidados especialistas norte-americanos, como o arqueólogo Peter Pilles, responsável pela Floresta Nacional de Coconino (Coconino National Forest, Arizona, Estados Unidos), com ampla experiência em interpretação e uso público de sítios arqueológicos. Também participaram representantes de diversas instituições, além de técnicos de todas as coordenações regionais e departamentos do Iphan. Os coordenadores consideraram que o objetivo proposto pela oficina "foi alcançado, visto que as sugestões e propostas apresentadas podem ser aplicadas a qualquer sítio pré-histórico brasileiro, restando ainda ser comprovada sua aplicabilidade a sítios históricos, o que deverá ser objeto de avaliação futura". A oficina foi uma iniciativa pioneira do órgão, que procurou oferecer aos técnicos subsídios teóricos sobre a interpretação patrimonial para que, então, fosse formatado um projeto que se aplicasse à área escolhida e que pudesse ser também direcionado a outros sítios patrimoniais.

Nesse sentido, o Iphan e a Fundação Museu do Homem Americano (Fumdham) implantaram, em 2006, o projeto "Patrimônio acessível a todos: interpretação e conservação dos sítios arqueológicos do Parque Nacional da Serra da Capivara". O parque, criado em 1979 e localizado no município de São Raimundo Nonato (PI), foi inscrito na Lista do Patrimônio Mundial da Unesco em 1991 e tombado como patrimônio nacional, pelo Iphan, em 1993.

---

[68] Ministério do Esporte e Turismo *et al.*, *Guia brasileiro de sinalização turística* (Brasília: Embratur, 2001).

Em seus 130 mil hectares, abriga mais de quatrocentos sítios arqueológicos, com quilômetros de galerias de vários andares, cobertas por pinturas e gravuras rupestres. A região possui vegetação densa de caatinga, onde convivem cânions, florestas e cerrados. No projeto, 16 sítios arqueológicos foram submetidos a dois tipos de intervenções: as de conservação e as interpretativas. As atividades de conservação consistem em serviços de limpeza das pinturas rupestres e de drenagem superficial dos sítios, de forma a impedir a ação das enxurradas sobre o solo arqueológico e as inscrições.

Já as intervenções interpretativas representam um conjunto de ações visando à preparação dos sítios para a prática do turismo cultural. A proposta é criar um roteiro de visitação organizado em três circuitos, diminuindo as distâncias, facilitando o deslocamento das pessoas portadoras de necessidades especiais e permitindo melhor interpretação do contexto cultural da região. As intervenções aqui propostas são a adaptação dos acessos aos portadores de necessidades especiais e conserto de escadarias, rampas, cercas, passarelas, corrimãos, caminhos, áreas de descanso, pátios para manobras, estacionamento de veículos e até mesmo a sinalização indicativa e interpretativa dos principais circuitos do parque. É importante destacar que para a implantação da proposta foi contratada uma equipe de 17 operários, entre pedreiros, mestres de obras, marceneiros, soldadores, pintores e mecânicos (alguns deles antigos caçadores na área do parque) da microrregião de São Raimundo Nonato, gerando ocupação e renda para os trabalhadores locais.

Princípios da filosofia interpretativa

A filosofia interpretativa baseou-se, inicialmente, nos seis princípios propostos por Tilden em 1957, apresentados na forma de enunciados que contêm um conceito propositor de uma regra para a interpretação. Os princípios de Tilden eram bastante similares a muitas das ideias abordadas por Mills – quase quarenta anos antes – e foram utilizados para fundamentar o trabalho de Beck e Cable – quase quarenta anos depois.

Dessa forma, é possível traçar uma linha evolutiva para a filosofia interpretativa, que se inicia com Mills, solidifica-se definitivamente com os princípios de Tilden e atualiza-se com a recente proposta de Beck e Cable para o século XXI, com a apresentação de nove princípios complementares. É interessante destacar que as ideias que basearam a adoção desses novos princípios foram, muitas vezes, lançadas também por Tilden.

Os princípios interpretativos de Tilden

Princípio 1

O primeiro princípio proposto por Tilden, embora fundamentado na sua observação empírica, está solidamente ligado às teorias cognitivas expostas anteriormente: "Qualquer interpretação que não relacione o que está sendo mostrado ou descrito com a personalidade ou experiência do visitante será infrutífera".[1]

Esse princípio baseia-se na ideia de que o aprendizado está fundamentado no interesse que o precede. E, como defendem o modelo comportamental e cognitivo *mindful* e a teoria do mapa cognitivo, o que interessa a um indivíduo é aquilo que está intimamente relacionado a suas experiências ou conhecimentos anteriores.

Mills observava que o intérprete (para ele, guia da natureza) desenvolve seu melhor trabalho quando discute fatos que apelam à imaginação e à razão dos visitantes.[2] No mesmo sentido, Emerson afirma que o mundo existe para a educação de cada um dos homens que nele habitam. Para o filósofo, não existe idade, posição social ou modo de ação na história para a qual não exista nenhuma correspondência com nossa própria vida.[3]

Caso o intérprete não consiga realizar essa conexão com as experiências e os conhecimentos pessoais do visitante, ele estará presente fisicamente, mas terá perdido seu interesse e sua atenção, e, consequentemente, a oportunidade de desenvolver uma série de conteúdos importantes para o entendimento do sítio visitado.

O visitante lê o mundo baseado em seus próprios conhecimentos e experiências anteriores e traduz as palavras do intérprete baseado em alguma referência de seu próprio conhecimento e experiência. Cabe ao intérprete tornar essa tradução o mais simples possível. Isto é especialmente válido quando a

---

[1] Freeman Tilden, *Interpreting our Heritage* (3ª ed. Chapter Hill: University of North Carolina, 1977), p.11.
[2] Enos Mills, *Adventures of a Nature Guide and Essays in Interpretation* (Longs Peak: Temporal Mechanical Press, 2001), p. 126.
[3] Cf. Emerson, *apud* Freeman Tilden, *Interpreting our Heritage*, cit., p. 17.

mídia interpretativa utilizada é impessoal, já que ao visitante não será dada a oportunidade de questionar e ter sua pergunta respondida por um intérprete.

Observe-se o caso de mostras e exposições, nas quais o intérprete raramente entra em contato com seu visitante; esse contato direto é substituído por uma mensagem deixada para ele, usualmente na forma de textos – Brown Goode acredita que "um museu é uma coleção bem organizada de legendas, ilustrada com alguns exemplares".[4] O intérprete também deve atentar para o fato de que o visitante deseja que falem com ele e não para ele, evitando transformar-se em sujeito de sua apresentação, enquanto os visitantes são o foco de incidência de seu discurso.[5]

No caso de atrativos ligados à história, Tilden argumenta que, em sua maioria, esses recursos podem ser eficientemente interpretados, entre outras formas, pela provocação do raciocínio: "Sob as mesmas condições, o que *você* faria?".

Um exemplo clássico de Tilden[6] relata a experiência interpretativa realizada para a residência onde nasceu o presidente norte-americano Franklin Delano Roosevelt, localizada em Hyde Park, Nova York. O quarto onde o presidente nasceu poderia ser identificado por uma informação simples e precisa como "O presidente Roosevelt nasceu neste quarto". No entanto, os intérpretes providenciaram uma cópia de um telegrama de seu pai enviado a um amigo relatando o nascimento de "um menino vivaz, pesando quatro quilos e trezentos gramas, nesta manhã". Tilden ressalta que o tom utilizado no telegrama seria empregado por qualquer pai cujo filho acabasse de nascer, o que faz com que o visitante se sinta próximo não somente da família Roosevelt, mas de toda a residência.

Princípio 2

O segundo princípio proposto por Tilden[7] baseia-se na crença de que informação por si só não é interpretação: "A interpretação é a revelação baseada

---

[4] Cf. Brown Goode, *apud* Freeman Tilden, *Interpreting our Heritage*, cit., p. 13.
[5] Paulo Freire, *Professora sim, tia não: cartas a quem ousa ensinar* (São Paulo: Olho d'água, 1993), p. 87.
[6] Freeman Tilden, *Interpreting our Heritage*, cit., p. 14.
[7] *Ibid.*, p. 18.

na informação. Mas ambas são coisas totalmente diferentes. Entretanto, toda a interpretação incluirá informação". Mills considerava que um guia da natureza (intérprete) é constantemente relacionado à informação e à educação. "Mas um guia da natureza, da forma como o vejo, é mais inspirador que informador. [...] Ele desperta o interesse baseando-se em grandes princípios – não com uma informação desinteressada e sem cor. O objetivo é iluminar e revelar um mundo sedutor".[8]

Tilden esmerou-se em afirmar que a informação é a matéria-prima da interpretação e, como tal, precisa ser pesquisada e coletada. Caso não exista uma informação a ser comunicada, a atividade não pode ser qualificada como interpretativa. Se a atividade envolver diversão e entretenimento, ela pode ser considerada recreativa. Se se caracterizar por uma avalanche de dados sem nenhuma relação com a experiência ou o conhecimento do visitante, ela será inócua como aprendizagem ou simplesmente informativa.

Esse é o caso, por exemplo, das legendas de identificação de obras expostas em muitos museus de arte, que oferecem "informações" como nome do autor da obra, sua técnica e suas dimensões, mas não "interpretam" estas informações para o público. Muitos responsáveis por exposições defendem esta minimização das "interferências" nas mostras pela existência de atividades elaboradas pelos setores educativos dos museus (que planejam atividades de leitura das obras para grupos específicos – e pré-agendados – de visitantes) e pela disponibilização (muitas vezes pela compra) dos catálogos de mostras. Aos visitantes individuais geralmente, é reservada apenas a informação de dados.

Tilden acrescenta que as palavras cujos significados não sejam familiares para os visitantes devem ser evitadas tanto em interpretações pessoais quanto em não pessoais. Sua aplicação deve restringir-se às atividades que ofereçam ao visitante a oportunidade de descobrir seu significado. Essa observação é singularmente importante em atividades do tipo "história viva", nas quais determinados termos há muito não utilizados devem ser empregados, visando a

---

[8] Enos Mills, *Adventures of a Nature Guide and Essays in Interpretation*, cit., p. 6.

contextualização de época mais adequada possível. Roth defende que os intérpretes devem utilizar-se de explanações subjacentes para auxiliar a audiência na identificação de seu significado.

> A palavra *receipt*, um termo colonial para "receita", aparece rapidamente como exemplo. Um conceito como "Eu estou fazendo esta *receipt* de cordeiro" é mais bem entendido quando dito como "Eu estou fazendo esta *receipt* de cordeiro – eu a encontrei em um livro de *receipts* de minha mãe junto com instruções para algumas outras coisas, como um bolo de gengibre e melaço [...]." Isso reforça e elucida o significado da palavra [...].[9]

Princípio 3

O terceiro princípio proposto por Tilden – "a interpretação é uma arte que combina muitas artes, quer os objetos apresentados sejam científicos, históricos ou arquitetônicos. Qualquer arte é passível de ser ensinada em algum nível" –[10] utiliza o termo "arte" referindo-se, em alguns momentos, ao processo criativo de preparação do enredo interpretativo e, em outros, às diversas linguagens artísticas utilizadas na interpretação, como o teatro, a música, a dança, as artes visuais ou mesmo a utilização de fantoches e/ou teatro de bonecos.

Fica claro, portanto, que Tilden se refere ao fato de que a interpretação deve ser planejada como um enredo que informe, entretenha e ensine. Um roteiro com significado desenrola-se a partir do esquema circular "introdução – corpo do trabalho – conclusão", que permite toda a sorte de criatividade. Por outro lado, um mito, uma lenda, uma fábula, um evento histórico ou uma experiência podem constituir-se no próprio enredo, seja ele real, seja fictício.

---

[9] Stacy F. Roth, *Past into Present: Effective Techniques for First-Person Historical Interpretation* (Chapel Hill: The University of North Carolina, 1998), p. 71.
[10] Freeman Tilden, *Interpreting our Heritage*, cit., p. 26.

Tilden[11] considera que o intérprete deve ter total confiança em sua proficiência retórica, ou seja, na arte de falar e escrever, o que implica habilidade na apresentação de ideias. Ele sugere que o conhecimento seja tratado com imaginação, gerando um roteiro interpretativo sem detalhes desnecessários ou desvios da mensagem principal. Sugere, ainda, que se deva eliminar todo o material que não seja fundamental para o roteiro. Por isso, é fundamental que o intérprete determine claramente os objetivos a serem alcançados pela interpretação.

Beck e Cable[12] indicam uma série de estratégias a serem utilizadas para tornar o enredo interpretativo mais personalizado, significativo e interessante para os visitantes, com a utilização de:

- exemplos (utilizar ilustrações concretas para ajudar o público a entender e a relacionar seus conhecimentos e experiências à mensagem);
- causas e efeitos (mostrar este tipo de inter-relações entre os fatos ou objetos apresentados);
- analogias (explicar um determinado ponto fazendo uma comparação com outro fato ou objeto similar e mais familiar ao público);
- exagerar na escala de tempo (fazer com que as informações se tornem mais significativas pelo exagero na escala temporal, como, por exemplo, quando se utiliza a história da Terra condensada em 24 horas, para demonstrar fenômenos geológicos);
- comparações (usar, por exemplo, a palavra "como" para relacionar características entre dois fatos ou objetos);
- metáforas (utilizar uma palavra ou sentença que geralmente é empregada para descrever outro fato ou objeto);
- anedotas (utilizar esquetes concisos e relacionados ao tema da apresentação, ampliando o interesse do público);
- citações (citar outras pessoas, quer sejam especialistas, quer apenas leigas);

---

[11] Freeman Tilden, *Interpreting our Heritage*, cit., p. 31.
[12] Larry Beck & Ted Cable, *Interpretation for the 21st Century: Fifteen Guiding Principles for Interpreting Nature and Culture* (Champaign: Sagamore, 1998), p. 40.

- humor (utilizar o humor apropriado para chamar a atenção do público. Os autores defendem que ele pode ser especialmente útil nos estágios iniciais da apresentação para descontrair a audiência);
- repetições (repetir frases-chave para produzir mensagens memorizáveis); e
- eventos atuais (incorporar dados ou eventos atuais à apresentação para tornar determinados pontos mais facilmente relacionáveis com o cotidiano do público).

Sobre as "artes" empregadas a serviço da interpretação, Tilden considera que são fundamentais, à medida que o intérprete lhes dê um tratamento imaginativo, que possa dar vida ao objeto de sua interpretação. Tome-se o exemplo de uma das "artes" citadas por Tilden, a "fantochada", uma espécie de teatro no qual os personagens são bonecos, fantoches, marionetes ou títeres. Regnier[13] defende a utilização desta "arte" como um convite a um mundo de fantasia, no qual "árvores podem falar, espíritos se materializam e animais selvagens podem ser acariciados com segurança". Os autores ressaltam diversas vantagens em trabalhar com bonecos, como, por exemplo, a atração que exercem sobre o público – qualquer que seja a sua idade.

Princípio 4

O quarto princípio de Tilden é considerado por diversos especialistas em interpretação – e por ele mesmo – como o de maior importância dentro de sua filosofia: "O principal objetivo da interpretação não é a instrução, mas a provocação".[14]

A provocação e a instrução são metas bastante distintas.

---

[13] Kathleen Regnier *et al.*, *The Interpreter's Guidebook: Techniques for Programs and Presentations*, Interpreter's Handbook (3ª ed. Stevens Point: UW-SP Foundation, 1994), p. 56.

[14] Freeman Tilden, *Interpreting our Heritage*, cit., p. 32.

A instrução tem lugar quando o objetivo principal do encontro entre o professor e o aluno é a educação. A sala de aula é um exemplo excepcional, mas isso pode também ser aplicado ao trabalho no campo ou nas fábricas. Quando, em 1899, professores começaram a levar seus estudantes para áreas que depois se tornariam parques nacionais, seu objetivo era a instrução. Os estudantes não estavam lá apenas para observar a paisagem, para relaxar ou contemplar.

No campo da interpretação, no National Park Service ou em outras instituições, a atividade não é tanto instrução, mas o que podemos chamar de provocação. É verdade que os visitantes destas reservas frequentemente desejam a informação pura, o que pode ser chamado de instrução, e um bom intérprete vai estar sempre preparado para instruir quando solicitado.

Mas o propósito da interpretação é estimular no leitor ou ouvinte um desejo de alargar seu horizonte de interesses e conhecimentos e obter um conhecimento das grandes verdades que estão por trás de qualquer afirmação dos fatos.

Os parques ou monumentos nacionais, os campos de batalha preservados, os sítios históricos restaurados são exatamente os locais onde a interpretação encontra sua oportunidade ideal, porque são lugares onde pode ser realizada a experiência com os objetos da natureza e os feitos pelo homem.[15]

Para Beck e Cable,[16] a máxima que se configura no quarto princípio de Tilden pode traduzir-se na responsabilidade da interpretação em ampliar os horizontes do visitante e em provocar uma atitude mais solidária e sensível para com os recursos naturais e culturais. Para Tilden, um dos frutos de uma interpretação adequada é a certeza de que ela conduzirá diretamente à preservação do recurso interpretado, por meio da mudança de comportamento garantida pelo aprendizado, num processo em que a interpretação conduz ao entendimento, à apreciação, e, finalmente, à proteção do sítio.

---

[15] *Ibid.*, pp. 32-33.
[16] Larry Beck & Ted Cable, *Interpretation for the 21st Century*, cit., p. 47.

Para o autor, uma das mudanças mais respeitáveis ocasionadas pela interpretação se efetiva nos visitantes que, por ignorância ou egoísmo, poderiam causar prejuízos ao patrimônio: "Se você vandaliza uma coisa bonita, vandaliza a si mesmo. E isso é o que a verdadeira interpretação pode introjetar na consciência".[17] Essa introjeção ocorre como resultado de uma interpretação provocativa, não de um simples recitar de fatos e informações, "não com o nome das coisas, mas expondo a alma das coisas – as verdades que estão por trás daquilo que está sendo mostrado ao visitante".[18]

Também a maioria dos intérpretes acredita que o principal papel da interpretação é provocar mudanças no sistema de crenças dos visitantes.[19] Para tanto, é necessário que o intérprete lhes ofereça a oportunidade de se envolverem em experiências que os levem a alcançar este fim, ou seja, atividades estruturadas para incentivá-los a abraçar ações responsáveis.

Tilden relata a experiência de um intérprete em um parque nacional que, segundo sua análise, obteve êxito total no alcance deste aspecto da interpretação:

> [...] ele contou a sensacional história de como as rochas sob nossos pés foram atacadas por forças físicas e orgânicas; como a vegetação começou; a criação dos pequenos abrigos nas rochas; o aparecimento da relva, dos arbustos, finalmente das árvores [...]. O grupo, cansado, acompanhava com uma atenção embevecida. Então repentinamente, depois de ter ressaltado os séculos e séculos levados para criar tanto verde e beleza, ele concluiu abruptamente, com um gesto e estalando os dedos: "E com um cigarro aceso você pode destruir isso tudo – ASSIM!".[20]

---

[17] Freeman Tilden, *Interpreting our Heritage*, cit., p. 38.
[18] *Ibidem*.
[19] Beck e Cable afirmam que essa maioria alcança porcentuais bastante altos, por volta de 82%, dado obtido por pesquisa realizada por M. Zeufle, em 1994, e demonstrado em sua tese de doutorado *The Interface of Religious Beliefs and Environmental Values with the Interpretive Profession: a Multimethodological Exploratory Study* (*apud* Larry Beck & Ted Cable, *Interpretation for the 21st Century*, cit., p. 51).
[20] Freeman Tilden, *Interpreting our Heritage*, cit., p. 39.

Para Tilden, nenhuma placa de segurança, nenhuma das estatísticas publicadas, nem toda a lógica utilizada teriam o efeito que este guia conseguiu com a interpretação.

Proporcionar oportunidades para a participação ou a interação do visitante em uma experiência interpretativa é considerado por Moscardo[21] como um sinônimo para provocação neste quarto princípio de Tilden. A participação envolve oferecer ao visitante algum controle sobre a atividade interpretativa, o que pode ser resolvido de forma bastante simples (como, por exemplo, quando um intérprete encoraja os visitantes a perguntar e deixa que essas questões dirijam o passeio ou sua exposição, mesmo que em pequeno grau) ou em incursões mais complexas. Aqui pode ser citado o ambiente digital *on-line* TechnoSphere,[22] no qual visitantes de todo o mundo podem criar formas de vida artificiais, governadas pela teoria do caos e outros algoritmos, que determinam um comportamento único para cada criatura, baseado em suas características individuais e interações com outras criaturas e com o ambiente.

Museus canadenses de história natural consideraram a ferramenta importante sob o ponto de vista educativo e a incorporaram em seu rol de atividades interpretativas. Assim, a visão panorâmica deste mundo virtual permite aos visitantes observar ações como carnívoros predadores perseguindo herbívoros, criaturas trocando DNA digital com seus pares e produzindo grupos de descendentes, ou jovens criaturas seguindo seus pais até estarem suficientemente crescidas para se movimentarem independentemente. Quando terminam a visita, os visitantes recebem um cartão colorido com a imagem da sua criatura, identificada por seu endereço postal, no qual receberá notícias sobre sua vida no ambiente virtual. A interatividade pode ser mantida pelo contato com a criatura por cartas ou por mensagens eletrônicas, dependendo da disponibilidade do visitante. Todas as criaturas e seus ambientes, criados pelos grupos em visita aos museus, são transportados para o *site* do projeto na rede mundial

---

[21] Gianna Moscardo, "Interpretation and Sustainable Tourism: Functions, Examples and Principles", em *The Journal of Tourism Studies*, 9 (1), Townsville, 13-5-1998, p. 9.

[22] Disponível em http://www.technosphere.game-host.org.

de computadores e integrados aos ambientes lá existentes por meio de abalos sísmicos, o que adiciona novas criaturas ao projeto e contribui com novos genes digitais para a evolução do mundo virtual.[23] Intérpretes canadenses têm utilizado o projeto não somente para diminuir sensações de tecnofobia (principalmente entre os visitantes não familiarizados com informática ou outros meios tecnológicos), como também para desenvolver conteúdos relacionados à ecologia, à biologia e à teoria da evolução das espécies.

Princípio 5

Segundo Tilden,[24] "a interpretação deve objetivar a apresentação do todo ao invés das partes e deve estar endereçada ao homem todo mais do que a qualquer fase". O conceito contido neste quinto princípio proposto também pode ser denominado de "interpretação holística"[25] e caminha por dois sentidos básicos: as atividades devem apresentar uma descrição do todo, ou interpretar para o visitante como um todo.

A apresentação do todo deve ser privilegiada, não importando quão interessante a parte específica possa ser,[26] selecionando conceitos relacionados às características especiais do sítio que se queiram destacar, estreitamente ligados aos interesses dos visitantes e selecionados para permitir visão global do objeto ou fenômeno interpretado.

A chave para elaborar esta difícil seleção dos conceitos é a interpretação temática. Beck e Cable defendem que qualquer interpretação, seja escrita, seja falada, deve ter um tema, uma mensagem específica a ser comunicada, afirmações, muitas vezes expostas em uma única frase, do que o intérprete quer que o público entenda. A vantagem da interpretação temática estaria comprovada por pesquisas que demonstram que as pessoas tendem a se lembrar de temas,

---

[23] Jane Prophet, "TechnoSphere", *Interpretation*, 2 (1), Londres, agosto de 1996, disponível em http://www.scotinterpnet.org.uk. Acesso em junho de 2001.
[24] Freeman Tilden, *Interpreting our Heritage*, cit., p. 40.
[25] Larry Beck & Ted Cable, *Interpretation for the 21st Century*, cit., p. 57.
[26] Freeman Tilden, *Interpreting our Heritage*, cit., p. 40.

mas a se esquecer de fatos. Quando tomam contato com o tema no início da atividade interpretativa, os visitantes passam a prestar mais atenção no intérprete, o que resulta em melhor compreensão e retenção das informações recebidas.[27]

A interpretação temática, dependendo da abordagem definida pelo intérprete, pode transformar-se em uma interpretação baseada numa tese. Para Beck e Cable,[28] a tese é oposta ao tema e aparece subjacente ao conteúdo do roteiro interpretativo para desafiar as atitudes e perspectivas dos visitantes. A tese é a expressão de uma opinião do intérprete, ou da própria administração do sítio, e, como tal, é passível de discordância por parte dos visitantes. A inclusão de um ponto de vista na afirmação de uma tese agrega uma dinâmica de tensão ao discurso interpretativo, um elemento que leva os visitantes a quererem saber como o intérprete irá provar o ponto de vista apresentado e a escolher se concordam ou não com ele.

Lundberg oferece alguns modelos para transformar um tema numa tese interpretativa. O autor tomou como exemplo o Old Faithful, um dos mais conhecidos e visitados gêiseres do Parque Nacional de Yellowstone, nos Estados Unidos. O gêiser é famoso pela regularidade (e não previsibilidade) de suas erupções, o que lhe valeu sua denominação (*old faithful* poderia ser traduzido como "velho confiável").[29] Para uma atividade temática, o roteiro poderia estar baseado na seguinte afirmação: "O funcionamento de um gêiser depende de, pelo menos, três variáveis". No caso de uma atividade interpretativa baseada numa tese, o intérprete poderia trabalhar com a seguinte afirmação: "Mudanças nas três variáveis que determinam o funcionamento de um gêiser sugerem que o Old Faithful pode não ser 'confiável' por muito tempo". A utilização do trocadilho bem-humorado com o nome do gêiser oferece ao visitante uma

---

[27] Essas afirmações baseiam-se nos estudos desenvolvidos por Thorndyke (descritos no artigo "Cognitive Structures in Comprehension and Memory of Narrative Discourse", publicado pelo periódico *Cognitive Psychology* em 1977) e adotadas por Beck e Cable (Larry Beck & Ted Cable, *Interpretation for the 21st Century*, cit., p. 58).

[28] Larry Beck & Ted Cable, *Interpretation for the 21st Century*, cit., p. 62.

[29] National Geographic Society, *National Geographic's Guide to the National Parks of the United States* (Washington, D.C.: National Geographic Book Service, 1997), pp. 328-329.

ideia do conteúdo que será desenvolvido durante a atividade interpretativa. Lundberg acredita que a utilização de uma tese muitas vezes incomoda e perturba o público, o que pode levá-lo da complacência à responsabilidade e, desta, à ação.[30]

É importante destacar, entretanto, que nem todos os temas interpretativos levam, necessariamente, a uma tese. As diferentes circunstâncias que envolvem a interpretação é que influenciarão o tipo de aproximação a ser escolhido, o que pode tornar um programa provocativo sem a discussão de uma tese, ou com a apresentação de vários pontos de vista e de suas fundamentações.

O segundo aspecto abordado por Tilden neste quinto princípio levou-o a afirmar que na interpretação se deve considerar a totalidade do homem: se o visitante é visto somente pela ótica de alguém que busca informações sobre o assunto que é a especialidade do intérprete, ele é tomado somente por uma parte, e essa "parte", naquele momento, pode não estar interessada na informação a ser transmitida. Se, ao contrário, o intérprete vê o visitante em sua totalidade, como um homem que procura novas experiências, relaxamento, aventura, curiosidade, informação ou imitar os amigos que lhe disseram "Você não pode perder isso", entre centenas de outras motivações, a interpretação não falhará. Para Tilden, os intérpretes tendem a subestimar a inteligência do visitante e, paradoxalmente, a superestimar os conhecimentos anteriores que eles possuem.

Para que o intérprete encontre as necessidades do homem todo, deve respeitar o homem como um todo, incluindo suas fraquezas e sua ignorância, não apenas as tolerando, mas aceitando-as, já que a interpretação poderá conduzir à substituição do engano e da ignorância pelo entendimento e conhecimento.[31]

Dentro de uma tendência mais atual, este quinto princípio pode ser aplicado também com relação ao próprio sítio, partindo-se para o que Beck e Ca-

---

[30] Lundberg oferece diversos outros exemplos no artigo *Towards a Thesis-Based Interpretation*, publicado pelo periódico *Legacy* em 1997 e citado por Beck e Cable – ver Larry Beck & Ted Cable, *Interpretation for the 21st Century*, cit., p. 62.

[31] Larry Beck & Ted Cable, *Interpretation for the 21st Century*, cit., p. 65.

ble chamam de "todo regional" e "todo global".³² Por trás desse enfoque está a visão de que ações individuais tendem a se acumular em uma ação regional e estas em ações globais, numa das possíveis traduções da máxima ambientalista "pensar globalmente, agir localmente".

Para dar a ideia do "todo" da marcha dos pioneiros em direção ao oeste norte-americano, por exemplo, pode-se oferecer uma visão resumida de toda trilha percorrida, como no Oregon Trail Center. A marcha, empreendida entre 1840 e 1870, levou quase meio milhão de pessoas a migrar voluntariamente, partindo da cidade de Independence (Missouri) e atravessando o deserto americano em busca da terra prometida. Flagstaff Hill, local onde se encontra o centro de interpretação, marcou a mudança do ambiente desértico do centro dos Estados Unidos, que haviam atravessado em carroças por quatro meses, para o vale verdejante do Oregon, o paraíso que buscavam. "Cento e cinquenta anos depois, traços das rodas das carroças originais permanecem aqui. Catorze milhas da Oregon Trail são visíveis a partir do centro de interpretação [...]. As rotas foram preservadas e sinalizadas através dos anos para comemorar o épico humano [...]."³³

O centro de interpretação está localizado em uma área de 500 acres, pouco alterada desde o século XIX, e pretende ser um "túnel do tempo", que leve os visitantes de volta à Grande Migração por meio da recriação da vida dos pioneiros durante o período. Para tanto, o centro lança mão de diversas técnicas interpretativas, como trilhas naturais, pontos de observação panorâmicos, atividades de história viva (encenada e/ou reconstituída por modelos humanos em tamanho natural, dentro do centro de visitantes ou nos acampamentos recriados), palestras, demonstrações, mostras de objetos, visitas monitoradas à mina de ouro, mapas de relevo e maquetes.

Para que a interpretação seja mais eficaz no plano regional e global, Beck e Cable sugerem que os sítios patrimoniais de uma mesma área geográfica

---

[32] Ibid., pp. 66-68.
[33] Mary L. Van Camp (org.), *Oregon Trail Center: the Story behind the Scenery* (Las Vegas: KC Publications, 1995), p. 7.

coordenem esforços quando interpretarem tópicos similares regionalmente, evitando interpretações redundantes. Intérpretes que atuam em uma mesma região também podem coordenar intervenções em sítios com temas similares – nesse sentido, os intérpretes da Associação dos Vigias dos Faróis dos Grandes Lagos (Great Lakes Ligthhouse Keepers Association), em conjunto com a Universidade de Michigan, criaram um programa de interpretação para diversos faróis localizados por todo o estado norte-americano.

Murta e Goodey resumem este quinto princípio à afirmação de que a interpretação deve "adotar uma abordagem abrangente, ligando os temas do passado, do presente e do futuro, realçando a dimensão socioeconômica, ao lado das dimensões histórica, ecológica e arquitetônica".[34]

Princípio 6

O sexto e último princípio proposto por Tilden defende que "a interpretação voltada para crianças (maiores de 12 anos) não deve ser uma diluição da apresentação planejada para os adultos, mas deve seguir uma abordagem fundamentalmente diferente. Para ser ótima, vai exigir um programa em separado".[35]

Embora aborde especificamente a questão da criança, de maneira geral este princípio explicita a necessidade de criação de programas de interpretação diferenciados para os diversos segmentos de público. Esta segmentação pode ser realizada por faixas etárias – fundamentada em vasto tratamento bibliográfico – ou em outras características especiais do público-alvo, como deficiências físicas ou mentais, numa abordagem mais contemporânea das questões de inclusão (e, consequentemente, do turismo inclusivo).

Apesar de os sítios naturais e culturais estarem recebendo público cada vez mais diversificado,[36] a maioria dos programas e atividades interpretativas ain-

---

[34] Stela Maris Murta & Brian Goodey, *Interpretação do patrimônio para o turismo sustentado: um guia* (Belo Horizonte: Sebrae-MG, 1995), p. 23.
[35] Freeman Tilden, *Interpreting our Heritage*, cit., p. 47.
[36] Essa diversificação pode ser notada em múltiplos aspectos, como idade, nível cultural, social ou econômico, etnias, motivações, experiências anteriores e grau de familiaridade com sítios naturais e culturais.

da é planejada para um lendário "visitante médio".[37] Esse foco padronizado resulta, surpreendentemente, numa interpretação massificada, contrariando, em tese, diversos pressupostos da interpretação, como princípios dos modelos comportamentais e cognitivos e os próprios princípios que norteiam a interpretação. Trabalhando em prol de uma linha mediana que supostamente atenda a todos os visitantes, os intérpretes que se lançam a desenvolver atividades que abarcam as especificidades das diversas audiências possíveis em um sítio ainda têm dificuldades em combinar o público-alvo com o conteúdo e as atividades interpretativas apropriadas.[38]

A interpretação dirigida a crianças maiores de 12 anos proposta por Tilden é o principal alvo de estudos da interpretação segmentada, conceitualmente ou como atividade. A criação de programas interpretativos para crianças é especialmente importante, já que elas formam o principal público de sítios naturais e culturais em todo o mundo, incentivadas, principalmente, pelas instituições de ensino formal, que veem nos sítios um parceiro no desenvolvimento de trabalhos educativos. Outra justificativa importante para o direcionamento de programas específicos para crianças consolida-se no fato de que as atividades podem influenciar seus direcionamentos e interesses quando adultos.[39] Assim, os programas devem contemplar atividades de caráter formativo e outras de caráter corretivo, já que muitos comportamentos considerados inadequados (como medos ou preconceitos de toda ordem) são forjados e solidificados a partir de experiências vivenciadas na infância.

Beck e Cable[40] consideram que a melhor ação para assegurar que os programas de interpretação para crianças sejam bem-sucedidos em sua finalidade educativa é começar a engajar este público desde muito cedo por meio do que

---

[37] Gordon Bultena et al., "Interpretation for the Elderly", em Gary E. Machlis & Donald R. Field (orgs.) *On Interpretation: Sociology for Interpreters of Natural and Cultural History* (ed. rev. Corvallis: Oregon State University, 1992), p. 89.
[38] Gary E. Machlis & Donald R. Field, "Getting Connected: an Approach to Children's Interpretation", em Gary E. Machlis & Donald R. Field (orgs.), *On Interpretation*. cit., p. 66.
[39] Kathleen Regnier et al., *The Interpreter's Guidebook*, cit., p. 81.
[40] Larry Beck & Ted Cable, *Interpretation for the 21st Century*, cit., p. 74.

chamam "inoculação prematura".[41] Nessas experiências inoculadoras, as crianças podem aprender a se relacionar de maneira saudável com o ambiente (natural e cultural) antes mesmo de adquirirem qualquer tipo de preconcepções (negativas ou positivas) sobre ele.

Apesar de Tilden e outros intérpretes endereçarem suas preocupações para crianças com mais de 12 anos, muitas instituições têm provado ser possível direcionar, com êxito, atividades interpretativas para faixas etárias mais baixas. Um exemplo interessante é oferecido pelo texano Centro da Natureza de Austin (Austin Nature Center), que criou o programa interpretativo Os Bebês e as Feras,[42] voltado para crianças com idades entre 1 ano e meio e 2 anos e meio. Em três intervenções distintas, os bebês aprendem sobre eles mesmos em comparação com outros animais: similaridades existentes entre todos os mamíferos; comparações entre algumas características de humanos e aves, como bicos e bocas, braços e asas, e penas e cabelos; com os répteis, as crianças são incentivadas a aceitar estes animais mais naturalmente, sem desenvolver ideias preconcebidas como a de que "os répteis são feios e pegajosos". Outras instituições, como o Departamento de Preservação do Missouri (Missouri Department of Conservation), desenvolvem atividades conjuntas para pais e filhos, procurando familiarizá-los com seu entorno natural.[43]

De maneira geral, qualquer que seja a faixa etária do grupo de crianças a ser atendido, o planejamento de atividades deve estar pautado em dois pressupostos-chave: o primeiro é conhecer o perfil do grupo (fase de desenvolvimento cognitivo em que os indivíduos se encontram e contexto social do grupo, buscando informações para variáveis como tamanho e composição do grupo, objetivo da visita, nível educacional dos componentes, vivendo em áreas urbanas ou rurais, etc.).

O segundo pressuposto é basear a atividade na aproximação adequada para o público infantil por meio de seus três modos básicos de expressão: ação, fan-

---

[41] *Early innoculation*, no original.
[42] No original em inglês, *Babies and Beasties*.
[43] Larry Beck & Ted Cable, *Interpretation for the 21st Century*, cit., p. 74.

tasia e informação,⁴⁴ que permitirão que as crianças se envolvam efetivamente na atividade. As crianças aprendem melhor por meio da ação e da participação adequada. A ação deve combinar-se com elementos da fantasia, encorajando as crianças a participarem de dramatizações para reproduzir eventos históricos e proporcionar a noção de como e por que as pessoas reagem a esses eventos. Como no caso dos adultos, o sucesso da interpretação para crianças também está relacionado ao grau de significação e utilidade que o conteúdo interpretado possui.

É interessante destacar que experiências sensoriais são bastante eficazes como estratégia para atividades interpretativas com crianças de qualquer idade. A Área de Preservação do Condado de Jasper (Jasper County Conservation Area, Iowa, Estados Unidos) elaborou uma experiência sensorial que pode ser desenvolvida com crianças de 2 a 7 anos: as crianças deveriam encontrar elementos naturais que combinassem com as cores dos papéis previamente distribuídos. A experiência foi depois aperfeiçoada e mostrou-se mais estimulante quando os papéis coloridos foram trocados por lápis de cera de 64 cores diferentes, já que unia um objeto cotidianamente utilizado por elas ao desafio de encontrar diferentes elementos com matizes de cores bastante próximas.⁴⁵

Se há interesse e prazer especial de muitos intérpretes, e da própria administração do sítio, em desenvolver atividades específicas para crianças, as atividades para adolescentes são sempre cercadas por uma aura de cautela. A preocupação dos intérpretes em trabalhar com o público a partir dos 12 anos está fundamentada na crença de que indivíduos nesta faixa etária são agressivos, egoístas, irresponsáveis, beligerantes e tendem a criar um mundo próprio onde se relacionam somente com seus pares.⁴⁶ Por trás desse estereótipo estão, na verdade, indivíduos com características peculiares à idade (como em qual-

---

⁴⁴ Gary E. Machlis & Donald R. Field, "Getting Connected: an Approach to Children's Interpretation", em Gary E. Machlis & Donald R. Field (orgs.), *On Interpretation*. cit., p. 66.
⁴⁵ Kathleen Regnier et al., *The Interpreter's Guidebook*, cit., pp. 83-84.
⁴⁶ Larry Beck & Ted Cable, *Interpretation for the 21st Century*, cit., p. 78.

quer outra faixa etária), mas com desenvolvimento cognitivo, moral e simbólico já muito semelhante ao dos adultos.[47]

Para o desenvolvimento eficaz de atividades interpretativas para adolescentes, os intérpretes devem imaginá-los como jovens adultos, incentivando-os a expressar suas opiniões por meio de discussões e debates, explorações, simulações e envolvimento direto em atividades e projetos (grande parte do trabalho voluntário desenvolvido em diversos sítios no mundo todo é realizada por adolescentes). Como preferem estar com seus pares, as atividades devem privilegiar trabalhos em grupo e, como estão mais focados no futuro, devem relacionar eventos passados com suas consequências atuais e futuras.

A população idosa é também um público importante para a segmentação das atividades interpretativas. O envelhecimento populacional, há algumas décadas restrito apenas a países desenvolvidos, adquiriu na atualidade caráter mais universal, consequência de rápidas e diversas transformações vividas pela sociedade contemporânea. Os estudos referentes à população idosa estão cada vez mais especializados e muitos conceitos têm sido reformulados. Hoje, não se considera mais o envelhecimento como "[...] um processo de desorganização crescente, em que as potencialidades para o desenvolvimento desaparecem para dar lugar a limitações e disfuncionalidade".[48] Embora aumentem as limitações biológicas e a probabilidade do aparecimento de doenças, é possível ao idoso manter e aprimorar a funcionalidade nas áreas física, cognitiva e afetiva. A questão essencial quanto ao desenvolvimento integral na velhice passa, então, a ser a busca do equilíbrio entre as potencialidades e as limitações dos indivíduos dessa faixa etária.

Dentro dessa perspectiva, há que se considerar a população idosa como um segmento de público crescente e importante para os sítios naturais e culturais. Como para as outras categorias etárias, o planejamento de programas interpretativos para idosos deve considerar algumas características marcantes desse

---

[47] Kathleen Regnier *et al.*, *The Interpreter's Guidebook*, cit., p. 82.
[48] Anita Liberalesso Neto Neri. "O desenvolvimento integral do homem", em *A Terceira Idade*, nº 10, São Paulo, julho de 1995, pp. 4-15.

grupo. Do ponto de vista de suas limitações físicas, elas podem ser suavizadas pela adaptação das atividades interpretativas e da infraestrutura oferecida pelo sítio para atender às suas singularidades. Sua visão adapta-se mais vagarosamente da luminosidade para o escuro, gerando a necessidade de movimentação mais lenta e gradual, de áreas muito iluminadas para as pouco iluminadas e de ambientes fechados para o ar livre. Como uma grande diversidade de sons interfere em sua capacidade auditiva, os intérpretes devem optar por exposições em áreas mais silenciosas e devem falar mais alto. Idosos não devem ter de ficar longos períodos em pé ou realizar longas caminhadas.[49]

Por outro lado, indivíduos idosos têm maior interesse em conteúdos ligados ao passado; seu conhecimento e experiência permitem que façam conexões entre diferentes conceitos; possuem sofisticada compreensão temporal, o que leva a bons resultados em experiências interpretativas de ciclos de vida e processos de longa duração (anéis evolutivos em árvores de 60 anos ou construções centenárias podem ter significado maior para idosos do que para crianças e adolescentes, por exemplo). Tendem a ter entendimento mais profundo dos recursos e a fazer mais perguntas. Por sua maior disponibilidade de tempo, o público idoso tende a permanecer mais tempo nos sítios visitados e prefere a baixa estação, quando os fluxos de visitantes são menores. Como os adolescentes, os idosos apreciam programas que facilitem a integração social com seus pares.[50] Saindo da esfera da segmentação por faixas etárias, o público formado por pessoas portadoras de necessidades especiais merece atenção. Esses indivíduos fazem parte de um grupo que se convencionou chamar de "público especial".[51] Uma pessoa é deficiente quando possui sua capacidade física ou mental prejudicada, limitando substancialmente uma ou mais atividades vitais – funções como cuidar de si mesmo, desenvolver tarefas manuais, andar, ver, ouvir, falar, respirar, aprender ou falar. Legislações específicas têm sido

---

[49] Alison L. Grinder & Sue E. McCoy, *The Good Guide: a Sourcebook for Interpreters, Docents and Tour Guides* (15ª ed. Scottsdale: Ironwood, 1998), pp. 106-108.
[50] Larry Beck & Ted Cable, *Interpretation for the 21st Century*, cit., pp. 83-84.
[51] Maria Helena Pires Martins, "Público especial", cit., p. 328.

criadas em todo o mundo para assegurar o acesso físico e cognitivo aos bens culturais e naturais. Assim, os intérpretes devem estar preparados para atender às necessidades especiais desse público que, apesar de estar agrupado em uma única categoria, possui características bastante diversas.

Há que se destacar que muitas informações sobre as deficiências físicas e mentais estão hoje disponíveis e podem fundamentar os intérpretes interessados em elaborar programas interpretativos para esse público.

Muitas vezes, a disponibilização de atividades adequadas para esse público especial depende apenas do bom senso e de conhecimentos básicos do próprio intérprete. Observe-se o caso descrito por Tilden em sua obra *The National Parks* e citado por Beck e Cable. Tilden descreve uma experiência realizada por um intérprete no Parque Nacional do Lago da Cratera (Crater Lake National Park, Oregon, Estados Unidos), criado em 1902 para proteção do grande lago localizado na cratera de um vulcão e de seu entorno. Após sua última erupção, por volta de 5.700 a.C., a água da chuva e a neve derretida acumularam-se ao redor da elevação e deram origem a um lago de azul tão intenso que, conta a lenda indígena local, tingiu as penas de um pássaro cinza que nele mergulhava para caçar (o pássaro é chamado de "azulão da montanha" – *mountain bluebird*).[52] Para facilitar o entendimento do que deu origem ao processo de formação da cratera, de suas características e de seu entorno, o Centro de Visitantes Rim Village (Rim Village Visitor Center) foi construído na beira do lago e equipado com mostras fotográficas, amplas janelas de vidro que permitem a visão de algumas áreas destacadas e uma grande maquete do cone vulcânico. O intérprete responsável pelo centro recebeu uma solicitação para auxiliar um deficiente visual em visita ao local. Embora houvesse pedido apenas uma descrição do local, o intérprete sabia que o visitante gostaria de "ver" o lago da cratera. O intérprete levou o visitante até a maquete e estimulou-o a tocá-la, realizando a seguinte experiência:

---

[52] National Geographic Society, *National Geographic's Guide to the National Parks*, cit., p. 340.

Eu peguei suas mãos e as movi em torno do modelo da cratera na maquete, tentando exprimir, através de suas sensíveis pontas de dedos e de sua percepção mental vivaz, a forma geral da cratera e as variações de suas bordas. Colocando as pontas de seus polegares juntas, com as mãos estendidas, os dedos alcançaram o diâmetro do lago. Eu perguntei a ele se ele tinha ideia de distâncias. Ele disse que podia relacionar as distâncias com a que ele havia experimentado na caminhada. É óbvio que, quando ele soube a escala medida pelas palmas de suas mãos, ele pôde sentir a grande superfície coberta pela cratera e por seu lago. Então nós movemos suas pontas dos dedos sobre a face modelada da Llao Rock, os 5 centímetros do modelo representando a face completa de quase 7.200 metros de queda. Ele entendeu que havia mais 66 mil metros de cratera abaixo da superfície da água. Seus dedos mostraram-lhe a forma cônica da Ilha de Wisard. A minúscula depressão no cume do cone mostrou-lhe não somente essa característica especial, mas o tipo de muitas outras crateras também. Ele pôde ver através de seus dedos os fluxos da lava que se estendem na base do cone na ilha. E então nós seguimos para fora dos vales glaciais em forma de U e os comparamos com os vales de rios em forma de V em outras partes do parque [...]. Ele partiu com um sorriso no rosto. E eu nunca me esquecerei daquele sorriso. Ele tinha visto não somente o lago da cratera. Ele ampliou sua capacidade de ver – o que foi uma realização de valor incalculável.[53]

Além dos indivíduos portadores de necessidades especiais, as minorias raciais, étnicas e religiosas são também outros tipos de público que devem ser considerados no planejamento de programas e atividades interpretativas e têm recebido atenção especial em países europeus e nos Estados Unidos, onde são numerosos em quantidade e diversidade.

Dois caminhos são citados na ainda pequena bibliografia destinada a fundamentar o planejamento de atividades para esse público. No primeiro deles, os intérpretes podem planejar atividades específicas para grupos minoritários

---

[53] Larry Beck & Ted Cable, *Interpretation for the 21st Century*, cit., p. 4.

de acordo com seus interesses especiais (por exemplo, um grupo de índios em visita a uma exposição que trate das expedições coloniais denominadas de "bandeiras", cujo objetivo maior era apresar índios para os utilizar como mão de obra escrava, pode ter interesse especial não na contribuição histórica desse movimento para o alargamento das fronteiras brasileiras, mas, sim, no resultado dessas expedições sobre as populações indígenas e suas consequências até a atualidade – o que, para esse grupo, pode ser o "todo" proposto por Tilden).

Outro caminho a ser considerado é que a minoria, seja ela étnica, seja racial, seja religiosa, não deve ser encarada como um fator que determinará o tipo de atividade interpretativa a ser oferecida, mas indicará um cuidado especial com os conteúdos e as abordagens, o que exige sensibilidade do intérprete para a pluralidade cultural do público.

Já nos Estados Unidos da década de 1940, o Monumento Nacional do Campo de Batalha de Custer (Custer Battlefield National Monument, em Montana, Estados Unidos) representou um desafio especial quando foi transferido para a jurisdição do Serviço Nacional de Parques (National Park Service – NPS). A interpretação oferecida até então pelo Departamento de Guerra tendia explicitamente a realçar (na verdade, quase a glorificar) a participação do general Custer às custas de seus adversários, índios sioux e cheyenne. Nos anos 1960 e 1970, quando o ponto de vista indígena passou a ser expresso com maior ênfase por grupos de militantes de minorias étnicas, os intérpretes do NPS foram obrigados a procurar uma apresentação interpretativa mais balanceada.

Finalmente, a denominação do parque foi alterada para Monumento Nacional da Batalha de Little Bighorn (Little Bighorn National Battlefield), mudando, então, o foco comemorativo, de enaltação de um dos participantes para homenagem ao local da batalha. É interessante notar, entretanto, uma descrição atual do monumento nacional:

> O coronel George A. Custer e mais de duzentos homens da Sétima Cavalaria morreram aqui, em 25 de junho de 1876, durante o que acreditavam ser um ataque surpresa ao grande acampamento lakota (sioux) e cheyenne. As

exposições incluem armas e outros artefatos da batalha, assim como objetos pertencentes a Custer. Filmes, palestras e passeios acontecem durante todo o verão.[54]

Apesar de a reordenação do direcionamento interpretativo já ter aproximadamente 30 anos, mesmo o material informativo produzido por uma instituição imparcial como a National Geographic Society[55] deixa claro que o tratamento dispensado às minorias ainda deve receber cuidado especial.

Em complementação à proposta de Beck e Cable de se realizar uma abordagem mais ampla para este princípio de Tilden, Murta e Goodey defendem que a interpretação não deve "tentar vender uma verdade universal, mas destacar a diversidade e a pluralidade culturais. Como atividade educativa, a interpretação deve fomentar a aceitação e a tolerância, como valores democráticos".[56]

Os princípios propostos por Beck e Cable

Princípio 7

O sétimo princípio interpretativo fundamenta-se na ideia de que "todo lugar tem uma história. Os intérpretes podem dar vida ao passado para tornar o presente mais agradável e o futuro mais significativo".[57]

Na verdade, a interpretação realizada em sítios históricos ou em recursos naturais é semelhante, já que parte dos mesmos princípios e técnicas, sendo somente adaptada às características específicas de cada um dos recursos. É importante ressaltar também que, assim como existe uma tendência a considerar o patrimônio natural e o cultural como intrinsecamente relacionados e formando o patrimônio ambiental, não é possível falar indistintamente em interpretação patrimonial (para elementos da cultura) ou interpretação am-

---

[54] Barry Mackintosh, *Interpretation in the National Park Service*, cit.
[55] National Geographic Society, *National Geographic Guide to America's Historic Places*, cit., p. 326.
[56] Stela Maris Murta & Brian Goodey, *Interpretação do patrimônio para o turismo sustentado*, cit., p. 326.
[57] Larry Beck & Ted Cable, *Interpretation for the 21st Century*, cit., p. 85.

biental (para recursos naturais): "toda área natural possui uma história para ser interpretada e todo sítio histórico está ligado a um recurso natural que pode ser frutiferamente interpretado".[58]

Tilden afirma que na interpretação de sítios patrimoniais as propostas originalmente dedicadas por ele aos recursos naturais continuam com valor, sempre com o objetivo de "trazer aos olhos e conhecimento do visitante não somente uma casa, uma ruína ou um campo de batalha, mas uma casa habitada por pessoas, uma ruína pré-histórica com um povo real, um campo de batalha onde os homens estavam apenas incidentalmente [...] vestindo uniformes".[59] Para o autor, três artifícios são importantes para o alcance desse objetivo (que, em outras palavras, o autor expande para a recriação do passado e a revelação de seu "parentesco" com o visitante): demonstração, participação e animação.

Tilden acredita que o intérprete possa "escrever páginas e páginas ou falar interminavelmente sobre o processo de moer farinha entre pedras revolvidas por uma roda acionada por uma corrente de vapor e eu posso estar ainda muito pouco ciente do que acontece".[60] Para suprir esta lacuna, os intérpretes podem contar com a demonstração, a técnica interpretativa pela qual o intérprete demonstra a confecção ou funcionamento de um objeto, por exemplo. Essa técnica será mais efetiva se o intérprete permitir a participação do visitante na demonstração. Não só deve implicar um ato físico, mas representar para o visitante uma experiência nova, especial e importante.

Por animação, Tilden entendia dar vida ao local, o que Merriam[61] denominou "passado vivo" e atualmente é conhecido como história viva. Uma pesquisa realizada em 1990 por Wander e Joulie em 122 sítios históricos norte-americanos[62] apurou que 95% utilizavam-se da interpretação pessoal,[63] sendo

---

[58] *Ibid.*, p. 86.
[59] Freeman Tilden, *Interpreting our Heritage*, cit., p. 70.
[60] *Ibid.*, p. 71.
[61] Cf. Merriam, *apud* Freeman Tilden, *Interpreting our Heritage*, cit., p. 77.
[62] Larry Beck & Ted Cable, *Interpretation for the 21st Century*, cit., p. 86.
[63] No original em inglês, *personal interpretation*.

sua técnica mais diferenciada que a história viva,[64] atividade que recria períodos ou eventos históricos específicos utilizando-se de intérpretes geralmente vestidos em trajes de época e portando-se de acordo com os padrões sociais e culturais então vigentes.

Assim como no caso de outras mídias interpretativas, as técnicas da história viva possuem desvantagens e aplicação limitada a certos sítios e fenômenos históricos. Entretanto, sua aplicação é muito frequente em diversos sítios históricos nos Estados Unidos e, assim como possui muitos defensores, é bastante criticada por seus oposicionistas. Peterson, por exemplo, apesar de reconhecer que a história viva é uma técnica popular e eficaz e que realmente "dá vida ao passado", alerta que as "recriações históricas são interpretações imperfeitas do passado, não o próprio passado".[65] Essa crítica foi enfatizada pelos antropólogos Handler e Gable,[66] que ouviram a maioria de seus entrevistados responder que visitavam o museu vivo de Colonial Williamsburg para ver como a "vida realmente era", quando a cidade era a capital do estado norte-americano da Virgínia, no século XVIII. Atualmente, a recriação colonial conta com 88 estruturas originais e centenas de reconstruções em sua área de 173 acres, além de um dos maiores programas de história viva dos Estados Unidos.

Como já anteriormente tratado nos terceiro e quinto princípios de Tilden, o roteiro interpretativo da história viva pode estar baseado não em um momento ou fenômeno histórico, mas num mito, numa lenda, numa história fictícia. Na cidade paulista de Taubaté, a casa onde nasceu e viveu o escritor Monteiro Lobato é "habitada" pelos personagens de sua obra infantil mais famosa, o *Sítio do Pica-Pau Amarelo*. Nos diversos ambientes que hoje sediam o Museu Histórico e Pedagógico Monteiro Lobato, os intérpretes-personagens falam sobre seu criador, suas obras e sua importância na vida política e cultural brasileira, e apresentam esquetes baseados nas histórias do sítio. Há sempre

---

[64] No original em inglês, *living history*.
[65] David Peterson, "There is No Living History, There are No Time Machines", em *History News*, s/l., set.- out. 1988, p. 28.
[66] Richard Handler & Eric Gable, *The New History in an Old Museum: Creating the Past at Colonial Williamsburg* (2ª ed., Durham: Duke University, 1997), p. 4.

uma proposta de interação com os visitantes, quer durante as explanações, os esquetes ou mesmo nas oficinas culturais também oferecidas pelo museu.

Princípio 8

O oitavo princípio oferecido por Beck e Cable fundamenta-se na ideia de que a "alta tecnologia pode revelar o mundo de novas formas. Entretanto, incorporar essa tecnologia em um programa interpretativo deve ser feito com prudência e cuidado".[67]

Há mais de quarenta anos, quando Tilden escreveu sua principal obra, declarou acreditar que nunca existiria um aparelho de comunicação tão eficaz quanto o contato direto (voz, mãos, olhos, etc.) entre intérprete e visitante. Beck e Cable, entretanto, acreditam que tanto Mills quanto Tilden[68] não poderiam imaginar as possibilidades que as novas tecnologias trariam para a interpretação.

Em muitos sítios históricos e naturais, a tecnologia de ponta tem sido utilizada como auxiliar ou como a própria atividade interpretativa realizada num sítio (como no caso dos museus canadenses, que aplicam atividades interpretativas baseadas no projeto TechnoSphere, citado anteriormente) ou em interpretação a distância, por meio da qual pessoas que não poderiam ter acesso aos seus recursos por viverem em outros países, por exemplo, podem realizar tours virtuais por intermédio de seus *sites*, como a exposição virtual *Revealing Things*, do norte-americano Smithsonian Institution.[69] Algumas observações, entretanto, devem ser consideradas no planejamento da disponibilização de tecnologia de ponta nos sítios. A primeira delas é que muitas pessoas, especial-

---

[67] Larry Beck & Ted Cable, *Interpretation for the 21st Century*, cit., p. 99.
[68] Somente seis anos depois de Mills escrever *Adventures of a Nature Guide and Essays on Interpretation* seria realizada a primeira transmissão de imagens móveis a distância. Somente dezessete anos depois, em 1937, a BBC inglesa lançaria o primeiro serviço público de transmissão televisiva de alta qualidade. Em 1957, Tilden considerava como "alta tecnologia" para a interpretação equipamentos de projeção automáticos, instalações sonoras, gravadores e fitas, equipamentos para serem operados pelos visitantes e filmes.
[69] Disponível em http://www.si.edu/revealingthings. Acesso em junho de 2001.

mente adultos, ainda ficam intimidadas por computadores e outros aparatos tecnológicos. Sem a intervenção de um intérprete-mediador, esses indivíduos podem simplesmente dispensar sua utilização, levando a atividade interpretativa ao fracasso.

Por outro lado, a tecnologia pode permitir ao visitante que ele veja objetos e fenômenos que não veria de outra maneira, levando-o a responder a estímulos que antes não eram sequer percebidos. É isto que Beck e Cable chamam de "tecnologia reveladora".[70] Um dos exemplos mais esclarecedores é a crescente tendência verificada em sítios naturais em todo o mundo para a realização de atividades de interpretação celeste. Essas atividades permitem que o visitante veja, por exemplo, a Terra a partir do espaço, de um ângulo que seria impossível sem o auxílio de telescópios, imagens produzidas por satélites ou simulações por computador. Esse tipo de interpretação celeste tem conquistado cada vez mais espaço não por simplesmente permitir a observação celeste, mas por possibilitar a abordagem de questões diretamente ligadas à vida na Terra, como a origem geológica do planeta, como os humanos utilizavam a leitura do céu para a orientação em diversos campos de atividades, ou mesmo como a poluição urbana intervém na observação de fenômenos celestes.[71] Esse item está diretamente ligado à leitura do "todo" que Tilden propôs no princípio cinco.

Deve observar-se também que os aparatos tecnológicos utilizados para a interpretação devem ser atrativos e confiáveis, questões diretamente relacionadas ao resultado que se espera obter de sua utilização. Para serem atrativos, a atividade interpretativa que se vale da tecnologia deve ser avaliada pelos visitantes como divertida e recompensatória; deve ser desafiadora o bastante para ser interessante sem ser tão difícil a ponto de frustrar os participantes. Quanto à sua confiabilidade, os equipamentos devem funcionar bem, prevendo-se manutenção regular e rápida em caso de problemas de funcionamento, especialmente em atividades interpretativas fundamentadas em sua utilização.

---

[70] Larry Beck & Ted Cable, *Interpretation for the 21st Century*, cit., p. 102.
[71] William J. Lewis, *Interpreting for Park Visitors* (Filadélfia: Eastern Acorn, 1995), p. 90.

Princípio 9

No nono princípio, Beck e Cable afirmam que "os intérpretes devem preocupar-se com a quantidade e a qualidade (seleção e precisão) da informação apresentada. A interpretação focada e bem fundamentada tem mais força que um longo discurso"[72] sem conteúdo. Em outras palavras, os intérpretes devem ensinar muito com base em alguns objetos e fenômenos selecionados.

Oferecer informações ou utilizar objetos em excesso é um dos maiores problemas de muitos intérpretes, que, motivados pelo desejo de obter bons resultados e sem a exatidão do que venha a ser educativo, acabam por prejudicar o resultado final da atividade. Tilden observou que muitos exemplares de um mesmo tipo de objeto (ou, da mesma forma, informações) levam à difusão do interesse do visitante e, consequentemente, ao torpor. Sua afirmação "Você não viu nada porque viu tudo!"[73] materializa-se no resultado de mostras com superabundância de objetos expostos ou palestras muito longas.

A descrição de Finn para sua primeira visita à Galeria Nacional de Arte (National Gallery of Art), em Londres (Inglaterra), é bastante ilustrativa:

> minha aventura começou, como acontece com muitos visitantes, virando à esquerda na entrada principal, andando pelas galerias medievais e seguindo cronologicamente para o restante da coleção do museu. As pinturas nas primeiras galerias foram revelações e eu estava muitíssimo excitado por ver trabalhos de Piero della Francesca, Botticelli e outros que eu conhecia há muito através de reproduções. Olhar de perto os detalhes dessas pinturas era extraordinário. Não era somente maravilhoso poder vê-los "em carne e osso", mas também poder explorar várias partes das telas e descobrir como as figuras foram construídas com tanta beleza. Minhas capacidades foram roubadas através de dúzias de galerias [...]. Então, quando cheguei às obras de Rembrandt, tive que me forçar a andar para ver o que estava lá. Mais tarde, comecei a andar mais rápido porque simplesmente não podia mais focar

---

[72] Larry Beck & Ted Cable, *Interpretation for the 21st Century*, cit., p. 115.
[73] Freeman Tilden, *Interpreting our Heritage*, cit., p. 82.

os olhos. Dei uma olhada rápida nas salas que se sucederam – reconhecendo Velázquez, Goya, Murillo – mas sem ter energia estética suficiente para ficar diante de cada obra por mais que alguns segundos. Quando cheguei às últimas galerias, não conseguia pensar em mais nada. Não tinha nada além de um conhecimento passageiro, quase preguiçoso, de quem pintou o quê.[74]

É a "fadiga museal", já abordada anteriormente, que, apesar de ter seu maior expoente nos museus, pode ocorrer em diferentes sítios, até mesmo em zoológicos. A seu lado aparece também a sobrecarga de informações. Nesse momento, o público começa a falhar no processamento de informações porque recebe quantidade excessiva de estímulos simultâneos.

A solução proposta por Beck e Cable para a interpretação de mostras com muitos objetos iguais é enfatizar as diferenças existentes entre eles e explicar o significado e o contexto que os envolve. Os autores lembram ainda que o excesso pode estar também na arquitetura, nos suportes dos objetos expostos ou mesmo na quantidade de equipamentos disponíveis, o que levará os visitantes a ignorar as mensagens interpretativas para prestar atenção aos detalhes do edifício, dos painéis expositivos ou dos aparelhos. É o que acontece quando, em um parque natural, os intérpretes disponibilizam um sem-número de equipamentos de visão aproximada, como telescópios, que "minimizam ou frustram a oportunidade de ter aquela sensação generalizada da magnificência que apenas o olho humano, com seu alcance normal e recuado pela imaginação, pode conseguir".[75]

O segundo fator abordado por esse princípio é a qualidade da informação oferecida por meio da interpretação, que se traduz basicamente em sua origem e na sua precisão. Por isso, é fundamental que o intérprete conheça a fonte consultada e que saiba exatamente a abordagem que o autor dá àquele determinado assunto.

---

[74] David Finn, *How to Visit a Museum* (Nova York: Harry. N. Abrams, Inc., 1985), p. 21.
[75] Freeman Tilden, *Interpreting our Heritage*, cit., p. 82.

Essa preocupação é ainda mais crítica quando o assunto tratado é de natureza histórica – quando o intérprete vai fundamentar a sua interpretação em um autor (ou autores) que realizou uma interpretação de um fato – ou diz respeito a personagens, eventos, mitos ou crenças históricas já arraigadas, principalmente se perpetuados por filmes ou pinturas.

É exatamente esse o caso da obra *Independência ou Morte*, grande destaque do Museu Paulista da Universidade de São Paulo (USP), também conhecido como Museu do Ipiranga e dedicado à história brasileira, principalmente ao processo que levou à independência de Portugal. A obra de Pedro Américo ilustra a maioria dos livros didáticos de história do Brasil, mas foi pintada somente em 1888, 66 anos após o evento histórico. Para a execução da pintura, Pedro Américo esteve diversas vezes no local, pediu retratos de família e depoimentos e analisou as cores do ambiente, a luminosidade, o tipo de vegetação e os uniformes da época. O resultado final é, assim, uma releitura com diversas licenças artísticas, como as representações idealizadas de Dom Pedro e de suas tropas.[76]

Das muitas exposições orais que se realizam para visitantes de grupos pré-agendados e que primam por reforçar a idealização do evento, uma merece destaque especial pela criatividade da abordagem, que partiu da estrofe inicial do hino nacional brasileiro e discutiu com um grupo de escolares a representação do riacho do Ipiranga e das outras figuras componentes da obra (Dom Pedro, as tropas e as demais figuras populares). Essa experiência, talvez intuitivamente, seguia as recomendações endereçadas a intérpretes oferecidas por Dillon no artigo "Interpreting Myths and Misconceptions of U. S. History":[77] conheça os mitos; não tenha uma atitude superior para com os visitantes que acreditam no mito (acreditar em um mito é mais que pura ingenuidade, indica interesse pela história, o que pode ser tomado como uma vantagem inicial para o intérprete); utilize o mito como um ponto introdutório para o assun-

---

[76] Museu Paulista da USP. *O Museu Paulista da Universidade de São Paulo* (São Paulo: Banco Safra/Melhoramentos, 1984).

[77] Em *Legacy*, *apud* Larry Beck & Ted Cable, *Interpretation for the 21st Century*, cit., p. 125.

to que deseja abordar; aborde as razões e origens da visão contida no mito; conheça fontes de referência confiáveis e realize uma pesquisa esclarecedora sobre o mito; prepare uma atividade interpretativa tão boa quanto a história que fundamenta o mito e tenha em mente que o trabalho do intérprete não é destruir mitos ou lendas, mas tornar a realidade disponível e precisa.

Princípio 10

O décimo princípio proposto por Beck e Cable direciona-se à formação do profissional da interpretação e acrescenta um pressuposto importante ao terceiro princípio de Tilden. Os autores consideram que, antes de aplicar as "artes" e diversas linguagens artísticas disponíveis para a interpretação, como propõe Tilden, "o intérprete deve estar familiarizado com as técnicas básicas de comunicação. Uma interpretação de qualidade depende do conhecimento e da habilidade do intérprete, que devem ser desenvolvidos continuamente".[78] Os intérpretes devem incorporar em suas atividades as diversas "artes" interpretativas somente quando dominarem os princípios básicos da comunicação, ou seja, utilizar o nervosismo que antecede a exposição como uma fonte de energia benéfica, possuir linguagem corporal expressiva e habilidade para falar e aprender a organizar o fluxo de informações a serem transmitidas.

O domínio dos princípios fundamentais da comunicação é pré-requisito essencial na formação de um profissional qualificado para a realização das atividades interpretativas. Entretanto, como se espera, a formação do intérprete deve ser mais abrangente, abarcando desde aprofundado conhecimento do sítio até sólida cultura geral, com noções de informática e idiomas, para melhor atendimento ao visitante e diminuir o risco que um estreitamento de foco pode causar à própria interpretação. Para tanto, é importante que o intérprete se mantenha sempre atualizado, participe de eventos científicos e acadêmicos

---

[78] Larry Beck & Ted Cable, *Interpretation for the 21ˢᵗ Century*, cit., p. 127.

em sua área de especialização e seja membro e participante ativo de sua organização profissional.

Preocupadas com a formação global de seus membros e com o aperfeiçoamento da profissão, grande parte das organizações profissionais de interpretação oferece cursos de atualização, publica periódicos especializados, organiza encontros e mantém *sites* na internet, em que podem ser encontrados fóruns de debates, indicações bibliográficas, relatos de experiências e versões *on-line* de seus periódicos e outros artigos importantes.

Princípio 11

Apesar de abordar a questão da interpretação escrita em todo um capítulo de sua obra,[79] Tilden não dedicou a esta questão um princípio específico. Para suprir o que consideravam uma lacuna, Beck e Cable estabeleceram como seu décimo primeiro princípio a ideia de que "a redação interpretativa deve dirigir-se ao que os visitantes gostariam de saber, com a autoridade da sabedoria e a humildade e cuidado que provêm dela".[80]

O foco de Tilden esteve voltado para a produção de textos específicos para a sinalização e legendas interpretativas. Ele justificava esta atenção específica pelo fato de estes textos serem provavelmente o primeiro e único contato para milhões de visitantes em visita aos sítios patrimoniais. Assim, a criação de um trabalho interpretativo escrito deve receber atenção especial e passar por duas fases principais, que denominou de "conteúdo e composição".

O conteúdo de um texto interpretativo baseia-se na ideia de oferecer ao visitante aquilo que ele deseja saber, não no sentido de restringir as possibilidades do sítio unicamente ao interesse do visitante, mas, sim, relacionando o conteúdo e significado do local às suas experiências e interesses mais gerais, conceito que é base do primeiro princípio interpretativo. Assim, para que seja revelador, o autor defende que o texto interpretativo deve ser conciso, focado,

---

[79] Freeman Tilden, *Interpreting our Heritage*, cit., pp. 57-67.
[80] Larry Beck & Ted Cable, *Interpretation for the 21st Century*, cit., p. 137.

inspirador e atrativo. Para alcançar esse produto final, Tilden sugere que o intérprete se deixe nortear por duas perguntas – "Qual é a ideia fundamental deste local?" e "Qual é o maior motivo para sua preservação?" – e tente visualizar o encontro entre a mensagem e seu receptor.

Definido o conteúdo a ser interpretado, o intérprete deve passar à fase da composição, cujo componente principal é a brevidade e seu foco direcionado precisamente ao significado do conteúdo. Essa brevidade não deve, entretanto, ser conseguida em detrimento de um bom texto.

Buscando ser diretos, muitos intérpretes cometem três erros básicos. O primeiro é a redação de texto telegráfico, no qual artigos e palavras são omitidos. O segundo erro aparece quando o texto falha em transmitir a informação desejada. O último caso é a omissão do conteúdo. Tilden oferece o exemplo da placa comemorativa da realização da Convenção Whig e, com uma melhor construção das frases e a inclusão de uma citação, deixa claro como esses erros podem afetar a transmissão da mensagem. Na mensagem original,[81] transcrita literalmente, lia-se:

> *Esta pedra*
> *marca o local*
> *onde*
> *Daniel Webster*
> *falou*
> *para aproximadamente 15 mil pessoas*
> *na*
> *Convenção Whig*
> *7 e 8 de julho de 1840*
> *Placa erigida pelo Station Mountain Club*

E a sugestão de Tilden:[82]

---

[81] Freeman Tilden, *Interpreting our Heritage*, cit., p. 64.
[82] *Ibidem.*

"Por cima das nuvens eu discurso para vocês..."
Daniel Webster,
estadista e orador,
falou aqui
para 15 mil pessoas
que vieram em carroças
e a pé
para o comício
de "Tippecanoe" Harrison
para presidente
em julho de 1840

Neste exemplo, Tilden imaginou que a ideia de ação poderia ser oferecida pela menção das 15 mil pessoas chegando em carroças para um comício ao pé de uma montanha. O autor defende, entretanto, que essa ideia pode ser conseguida de diversas outras formas, como a inclusão de ilustrações ou o uso de verbos no gerúndio, por exemplo.

Beck e Cable defendem o uso de citações como forma de criar um tipo de ambientação, estimular uma reflexão sobre sua origem ou levar os visitantes a pensar em ideias oferecidas por outras pessoas.[83] Serrell considera que as citações oferecem forte conteúdo emocional para o texto e, consequentemente, para o objeto ou fenômeno a que ele se refere. Ao contrário, citações desnecessárias, irrelevantes ou obscuras não somente ocupam espaço desnecessário como provavelmente vão levar o visitante a habituar-se a não prestar atenção nelas. Como exemplo de citação adequada, a autora oferece a legenda utilizada pelo Museu Provincial da Colúmbia Britânica (British Columbia Provincial Museum) para uma exposição sobre o contato entre descobridores e nativos norte-americanos. Ao lado de uma máscara indígena queimada, a legenda revelava o discurso de uma mulher kitamaat: "Minha avó me contou

---

[83] Larry Beck & Ted Cable, *Interpretation for the 21st Century*, cit., p. 142.

que, quando o cristianismo chegou, seu tio foi até a praia e queimou tudo o que possuía. Ele ouvira dizer que o Senhor não o receberia se ainda olhasse para seus tesouros".[84]

A utilização do humor em textos interpretativos é considerada por Beck e Cable[85] como uma importante ferramenta para intensificar a eficácia da interpretação escrita, já que prende a atenção do leitor, torna a leitura mais agradável e, ligada a um determinado contexto, auxilia na retenção da informação. Os autores alertam que sua utilização, entretanto, deve ser bem dosada, para não correr o risco de se tornar inoportuna ou de mau gosto. Serrell[86] alerta que o humor é subjetivo e, por isso, é muito difícil achar padrões universais.

Princípio 12

Em seu décimo segundo princípio, Beck e Cable defendem que o "programa interpretativo global deve ser capaz de atrair suporte – financeiro, voluntário, político, administrativo –, qualquer que seja o suporte necessário para que o programa prospere",[87] questão fundamental num momento em que a interpretação começa a ser gerencialmente analisada por seus custos. Nesse momento, os intérpretes enfrentam o desafio de mostrar aos administradores do sítio que não trabalham com atividades descartáveis, mas com um serviço essencial que produz benefícios mútuos para a sociedade e para as organizações que o mantêm.

Seguindo a linha de atuação do mercado comercial,[88] os sítios patrimoniais tradicionalmente ligados à administração pública estão procurando caminhos

---

[84] Beverly Serell, *Exhibit Labels: an Interpretive Approach* (Walnut Creek: AltaMira, 1996), p. 88.
[85] Larry Beck & Ted Cable, *Interpretation for the 21ˢᵗ Century*, cit., pp. 142-144.
[86] Beverly Serell, *Exhibit Labels: an Interpretive Approach*, cit., p. 87.
[87] Larry Beck & Ted Cable, *Interpretation for the 21ˢᵗ Century*, cit., p. 148.
[88] Por mercado comercial podem ser entendidos tanto os sítios patrimoniais de propriedade particular, como as operadoras de turismo que adotam as técnicas interpretativas em suas atividades ou as consultorias especializadas em interpretação, como a Gestión y Estudios Ambientales, da Espanha (disponível em http://www.geaweb.com) ou a Heritage Interpretation, de John Veverka (disponível em http://www.heritegeinterp.com).

para sua autossustentação, por meio de ingressos, taxas para participação em atividades e outras estratégias para a obtenção de rentabilidade.

Tradicionalmente, a entrada e os programas ou atividades interpretativas eram oferecidos gratuitamente e encarados como serviços públicos prestados aos visitantes. Muitos sítios têm adotado taxas para a entrada e/ou para as atividades, taxas estas que têm sido utilizadas para subsidiar a interpretação. Beck e Cable afirmam que os intérpretes devem encarar a interpretação como um negócio, reconhecendo que existem competidores produzindo experiências que podem substituir a interpretação. Nesse aspecto, torna-se fundamental garantir a excelência na qualidade dos programas e atividades.[89]

Para Beck e Cable,[90] as vantagens da cobrança de taxas são marcantes: a desistência de programas com agendamentos prévios cai acentuadamente; consequentemente, os intérpretes passam a proporcionar aos visitantes uma atividade de alta qualidade, aproximando-se o mais possível de suas expectativas; programas e atividades interpretativas com alta qualidade percebida provavelmente gerarão mais recursos financeiros; programas interpretativos financeiramente bem-sucedidos podem subsidiar outros programas necessários, mas, a princípio, inviáveis do ponto de vista econômico.

Os autores alertam que, como a cobrança de taxas pode intimidar ou impedir totalmente a participação de grupos de visitantes economicamente menos

---

[89] Stela Maris Murta e Brian Goodey – ver *Interpretação do patrimônio para o turismo sustentado*, cit., p. 23 – alertam que deve ser considerado como um dos princípios da interpretação a garantia de bom atendimento ao cliente, a já citada assistência ao visitante, "indicando ou provendo instalações básicas, como sanitários, segurança, pontos de descanso e estacionamento, elementos essenciais a uma experiência prazerosa do lugar". Preocupado com a assistência dada aos turistas em visita ao seu território, o Departamento de Turismo Britânico (English Tourism Board) apresentou o Código Nacional de Procedimentos em Atrações Turísticas (National Code of Practice of Visitor Attractions), um código nacional que indica a qualidade da assistência que as atrações britânicas devem oferecer aos seus visitantes, buscando sempre seus mais altos padrões. Sua adoção foi sugerida aos museus locais pela Comissão de Museus e Galerias (Museums and Galleries Commission), que realizou algumas alterações, de acordo com as especificidades e características particulares da instituição museal – ver Museums & Galleries Commission, *Quality of Service in Museums and Galleries. Customer Care in Museums: Guidelines on Implementation* (Londres: MGC, 1994).

[90] Larry Beck & Ted Cable, *Interpretation for the 21st Century*, cit., p. 149.

favorecidos, devem ser criadas políticas de preços e subsídios para esse segmento, minimizando os efeitos de uma possível barreira econômica.

A alternativa oferecida é o estreitamento de relações com doadores – um relacionamento simbiótico, para Beck e Cable. Para tanto, os sítios devem desenvolver uma política bem traçada de aproximação, conhecendo o perfil de seus doadores – fundações, organizações ou indivíduos – e direcionando da forma mais adequada as solicitações e os projetos. Para obter o êxito esperado, a busca por doações deve ser percebida pelos contribuintes como uma oportunidade de participar num empreendimento importante e bem-sucedido.

Os sítios devem analisar também a possibilidade de realização de eventos especiais, a busca de patrocínios e parcerias. Em todos esses casos, deve-se considerar a formação de grupos de sítios patrimoniais para uma busca conjunta.

Silberberg[91] acredita que existam três tipos de parceria e oportunidades de programação de pacotes. A primeira e mais comum é entre sítios patrimoniais de um mesmo tipo. O autor considera que, ainda que sejam eficazes em alguns casos, esses modelos de parceria apresentam limitações significativas. O conceito de passe ou passaporte (com a cobrança de um preço único, menor que a soma do total, que permite a visitação a vários sítios, geralmente num período de 24 horas) funciona somente para a pequena porcentagem da população interessada em visitar uma grande quantidade de sítios similares num curto período de tempo. Geralmente são aqueles turistas ou visitantes altamente motivados por cultura, mas que respondem apenas por uma pequena parcela dos mercados residente e de turistas de fora da região. A realidade é que a maioria das pessoas busca variedade quando viaja.

De maneira distinta, Beck e Cable[92] citam a experiência bem-sucedida dos dez sítios patrimoniais de Cincinnati (Estados Unidos) que formaram o grupo Casas e Sítios Históricos da Grande Cincinnati. Como benefícios provenientes da iniciativa, os sítios ganharam mais visibilidade e identificação, dividiram a

---

[91] Ted Silberberg, "Cultural Tourism and Business Opportunities for Museums and Heritage Sites", em *Tourism Management*, 16 (5), 1995.
[92] Larry Beck & Ted Cable, *Interpretation for the 21ˢᵗ Century*, cit., p. 152.

assistência técnica, os programas educativos, o fundo de doações e o papel de liderança ante a comunidade.

Uma segunda forma de parceria envolve sítios patrimoniais com produtos culturais de tipos diferentes, como o complexo do Espaço Cultural da Marinha, no Rio de Janeiro (RJ), local que reúne quatro atrações patrimoniais distintas. A primeira delas, e que lhe dá o nome, é um museu que aborda a história da navegação, por meio de objetos originais (como a galeota de d. João VI, de 1808, e objetos retirados de navios naufragados), reproduções e maquetes, todas didaticamente ambientadas. No cais localizado ao lado do Espaço Cultural, em frente à Baía de Guanabara, estão atracados o contratorpedeiro Bauru e o submarino *Riachuelo*, que funcionam como "museus flutuantes", que também lançam mão de ambientações para expor a participação do Brasil em diversos confrontos (como a Segunda Guerra Mundial), seu funcionamento e a vida da tripulação dentro das embarcações. Do mesmo cais partem as embarcações para os passeios panorâmicos pela Baía de Guanabara e monitorado à Ilha Fiscal, famosa por ter sediado o último baile do Império, na semana anterior à proclamação da República, em 1889.

O acesso ao Espaço Cultural e às embarcações é gratuito, mas para os passeios turísticos é necessário o pagamento de uma taxa. Como os passeios e as visitas às embarcações são muito procurados por turistas e pela própria população, o Espaço Cultural se vale desse fluxo para manter a visitação constante da exposição. Os recursos gerados pelos passeios são revertidos para a manutenção das embarcações e do Espaço Cultural.

Como se pode notar, a vantagem dessa abordagem é criar apelo maior para mais pessoas, reduzindo a competição entre um grande número de produtos culturais, incrementando o valor percebido por tempo e dinheiro gasto e ampliando o mercado, tanto geograficamente quanto em termos de segmentação, alcançando os visitantes motivados, em parte, por atrações culturais e adicionando suas visitas ao mercado potencial.

A terceira e, para Silberberg, mais importante forma de parceria é a firmada entre sítios patrimoniais e outros equipamentos não culturais, como hotéis, resorts, comércio, esportes e recreação ao ar livre, passeios de ônibus, entretenimento, etc. Essa forma de parceria oferece a variedade de experiências que a maioria das pessoas está procurando e amplia grandemente o mercado, atraindo outros visitantes com menor interesse por atrações culturais.

Silberberg acredita que parcerias bem-sucedidas entre os recursos culturais e a atividade turística vão requisitar um reposicionamento em suas relações: os recursos terão de abandonar a abordagem "O que você pode fazer por mim?" (que os leva ao patrocínio, programas de filiação e doações), para incluir também "O que eu posso fazer por você?", passando da filantropia ao investimento. A parceria trará bons resultados também para a atividade turística, ajudando a solucionar tradicionais problemas (principalmente em centros urbanos), como a fuga dos turistas de negócios nos fins de semana ou a falta de flexibilidade nos horários de visitação dos recursos.

Para Beck e Cable, há também que se considerar o suporte oferecido pelo trabalho voluntário, uma importante força na área de interpretação. Os autores citam os exemplos norte-americanos do NPS, que em 1993 conseguia arrecadar, diretamente do trabalho voluntário, US$ 32 para cada US$ 1 gasto com recrutamento e seleção. Dois anos antes, no Centro da Natureza e Ciência de Louisiana (Lousiana Nature and Science Center), trezentos voluntários doavam mais de 20 mil horas anuais, o equivalente a dez funcionários contratados em período integral.[93] Os voluntários devem ser convidados a ingressar no corpo de intérpretes do sítio por meio de uma seleção, devem passar por treinamentos e, a partir desse momento, ser tratados como os demais membros do quadro de funcionários, tanto em relação aos seus deveres quanto às cobranças relacionadas ao desempenho de suas funções.

Outro suporte importante que os intérpretes devem buscar é o político, entendido por Beck e Cable como o apoio público à atividade interpretativa. Os autores acreditam que, expandindo a esfera de influência dos programas interpretativos para publicações, mídias comunicativas de massa e para pro-

---

[93] Larry Beck & Ted Cable, *Interpretation for the 21st Century*, cit., pp. 152-161.

PRINCÍPIOS DA FILOSOFIA INTERPRETATIVA

gramas realizados além dos limites físicos do sítio patrimonial, essa sustentação pública pode ser alcançada.

O apoio público pode ser conseguido também com a intensificação dos trabalhos realizados com alguns segmentos de visitantes, como crianças e idosos, e com a atração de aliados organizacionais nas áreas de educação e saúde. Para assegurar esse suporte, os programas devem estar voltados ao cliente e atingir níveis de qualidade que supram as necessidades de seus visitantes e excedam suas expectativas.

O apoio do pessoal administrativo do sítio também é visto como fundamental, principalmente porque uma das principais funções da interpretação é atuar como ferramenta administrativa. Desde a década de 1980, diversos estudos têm quantificado a eficácia da comunicação interpretativa em reduzir o vandalismo e outros impactos negativos decorrentes da presença de visitantes e em redistribuir os fluxos de visitantes para áreas menos frágeis do sítio. Beck e Cable acreditam que

> talvez seja nessa arena da utilização e entendimento da interpretação como uma ferramenta gerencial que a interpretação tenha mostrado maior crescimento e maturidade profissional. A profissão passou da intuição e do folclore para a aplicação prática informal, para a teoria e então para a aplicação prática da teoria.[94]

Princípio 13

O décimo terceiro princípio dirige-se especificamente ao encorajamento de uma atitude mais contemplativa e conservacionista do visitante e do próprio intérprete com relação à beleza: "a interpretação deve instigar nas pessoas a capacidade e o desejo de sentir a beleza a sua volta – para propiciar a elevação do espírito e encorajar a preservação dos recursos".[95]

---

[94] Larry Beck & Ted Cable, *Interpretation for the 21st Century*, cit., p. 157.
[95] *Ibid.*, p. 165.

O segredo em ver a beleza está na forma como ela é revelada para o espectador. "Quando seus olhos estão abertos", acredita a pintora Agnes Martin, "você vê beleza em todas as coisas".[96] O fotógrafo David Finn procura "abrir os olhos" de seus leitores para o mundo da compreensão estética. Cousineau[97] acredita que se existe uma forma de tornar uma viagem significativa é aprendendo a ver por si mesmo, acrescentando qualidade à atenção, como o faz o ensaísta nômade francês Jacques Redá, que circula pela cidade para ver sempre, e não apenas relancear, "alguma coisa nova". Ver o que as pessoas geralmente ignoram, acredita, "é chegar perto do coração secreto do mundo".[98] Nesse sentido, os autores corroboram a ideia de Tilden de que toda e qualquer ação de comunicação interpretativa repousará, em última instância, na esfera da estética do recurso patrimonial que é objeto daquela interpretação. Vale apresentar, como exemplificação deste enfoque, a citação do autor sobre a passagem do cientista Charles Darwin pelo Brasil:

> Darwin esteve no Brasil como um cientista, mas expressou-se como um visitante quando escreveu: "É fácil especificar os objetos individualmente nestes grandes cenários; mas não é possível oferecer uma ideia adequada dos mais altos sentimentos de admiração, espanto e devoção, que preenchem e elevam o espírito". Se um cientista pode perceber tanto, então os melhores usos dos parques nacionais, ou sem dúvida de qualquer reserva que esteja dentro dos limites do trabalho interpretativo, repousam fundamentalmente na elevação espiritual. Esse fim não pode ser obtido exceto por um passeio por algum aspecto da beleza, no qual um intérprete não é primeiramente um professor, mas um companheiro na aventura.[99]

---

[96] Cf. Agnes Martin, *apud* David Finn, *How to Look at Everything* (Nova York: Harry N. Abrams, Inc., 2000), p. 6.
[97] Phil Cousineau, *A arte da peregrinação: para o viajante em busca do que lhe é sagrado* (São Paulo: Ágora, 1999), p. 124.
[98] Phil Cousineau, *A arte da peregrinação: para o viajante em busca do que lhe é sagrado*, cit., pp. 144-145.
[99] Freeman Tilden, *Interpreting our Heritage*, cit., p. 88.

Para Tilden, o "ingrediente inestimável" da interpretação é o amor à beleza em todas as suas formas.

Apesar de a beleza possuir muitos aspectos, Tilden[100] acredita que o intérprete deve estar focado em quatro deles. O primeiro é o aspecto selvagem da natureza. Nesse caso, não há necessidade de uma complexa atividade, já que os sentidos do visitante é que revelarão este significado do belo. É o momento da descoberta individual da beleza natural pelo visitante.

O segundo aspecto, a beleza da ordem da natureza, necessita de uma mediação do intérprete para sua revelação, já que é uma beleza não aparente aos sentidos. Nesse aspecto, a interpretação deve recorrer ao raciocínio, à inteligência do visitante para o entendimento da questão. A interpretação, nesse caso, enfoca tanto a revelação do belo que está na ordenação da natureza como a beleza da capacidade mental humana em entendê-lo.

Quanto à beleza dos artefatos produzidos pelo homem, terceiro aspecto citado por Tilden, o intérprete muitas vezes estará lidando não com a beleza estética propriamente dita, mas com a atitude humana em relação à beleza. "Um artista paleolítico marcou na parede de uma caverna, em Altamira (PA), a figura de um veado correndo. O desenho, resultado de uma perspicaz observação desse homem pré-histórico, é, pelos padrões modernos, uma coisa bela".[101] Entretanto, ressalta Tilden, o artista talvez não tivesse a intenção do belo, mas, sim, a de invocar um artifício mágico para obter caça. Interpretando este aspecto da beleza, o profissional esbarrará no significado cultural impingido aos objetos por cada sociedade e contexto histórico. Este contexto deve ser interpretado.

A beleza da conduta humana, ou do comportamento, seria o quarto aspecto do belo. Aqui, o intérprete terá como base a beleza moral do homem, que não pode ser vista, mas revelada. Nesse sentido, Finn[102] relata a objeção de alguns índios sioux à construção da monumental escultura do chefe e herói

---

[100] *Ibid.*, p. 110.
[101] *Ibid.*, p. 112.
[102] David Finn, *How to Look at Everything*, cit., p. 10.

Crazy Horse, talhada em uma montanha em Black Hills, no estado de Dakota do Sul, Estados Unidos. Os índios justificavam sua oposição afirmando que não precisavam esculpir toda uma montanha para lembrar-se de seus feitos heróicos. Bastava que olhassem o pôr do sol ou um pássaro voando. Essa era a sua forma de ver a beleza moral do chefe reverenciado por todos.

Considerando que a beleza tem caráter individual e subjetivo, Beck e Cable defendem que, na prática, sua interpretação deve estar pautada no segundo princípio de Tilden. Revelando os significados da beleza interpretada (que, neste caso, pode ser a sutileza de uma paisagem, o insólito de um organismo ou a complexidade de objetos, ações humanas ou fenômenos naturais), o intérprete pode auxiliar os visitantes a verem, ouvirem ou sentirem o belo que não está prontamente aparente.

Princípio 14

Em seu décimo quarto princípio, Beck e Cable estabelecem que "os intérpretes devem promover experiências ótimas[103] por meio de um programa deliberado e cuidadoso e um projeto facilitador".[104] Seu conceito está baseado na teoria de Csikszentmihalyi,[105] para quem uma experiência ótima se realiza quando o indivíduo sente uma sensação de euforia, uma sensação profunda de prazer, que aparece quando se exige o máximo de seus limites físicos e mentais num esforço voluntário para realizar alguma coisa difícil e recompensadora. Esses momentos de pico de percepção e aprendizado são chamados de fluxos.

Os locais eficazes para promover aprendizado e experiências ótimas são caracterizados pela ausência de elementos estimuladores de estresse ou ansiedade. É o caso de parques, museus, zoológicos, aquários, sítios históricos e outras áreas interpretadas, locais onde se podem planejar situações quando o fluxo

---

[103] No sentido aqui oferecido, ótima significa a excelência da experiência, ou seja, a melhor experiência possível.
[104] Larry Beck & Ted Cable, *Interpretation for the 21st Century*, cit., p. 177.
[105] A teoria foi exposta pelo autor na obra *Flow: the Psychology of Optimal Experience*, lançada em Nova York (Estados Unidos) em 1990.

está mais propenso a ocorrer. Note-se que esta constatação vai ao encontro da ideia de Schouten,[106] trabalhada no início deste capítulo: quando se comportam como "templos de aprendizagem", os museus e outros sítios patrimoniais tendem a afastar o visitante porque criam situações de estresse. Quando esses locais são interpretados – com a oferta de uma atividade que ensina por meio da revelação e da aproximação com o visitante –, o público sente-se confortável para participar de experiências educativas, sem se sentir em uma posição defensiva ou estressante.

Csikszentmihalyi compilou oito características que definem as experiências ótimas:[107]

1. objetivo definido (o propósito ou objetivo de uma atividade deve estar bem claro e definido para promover experiências de excelência);
2. concentração na tarefa a ser realizada (quando um indivíduo está em fluxo, sua atenção está completamente focada na atividade desenvolvida. Isso só é possível quando o desafio é equivalente à habilidade);
3. desafio (o nível de desafio da atividade deve ser dosado de forma que não seja tão complexo a ponto de criar ansiedade, ou tão simples que leve ao tédio. Em ambos os casos, a consequência direta seria a perda de interesse por parte do visitante);
4. envolvimento (é a fusão da ação e da percepção. Quando em fluxo, o indivíduo está totalmente absorvido pela experiência; o que está fazendo é absolutamente inseparável daquilo que está pensando);
5. retorno imediato (o retorno – ou *feedback* – permite àqueles que estão envolvidos na atividade acompanhar seu progresso, funcionando como um fator de motivação para encorajar as pessoas a buscarem um conhecimento ou habilidade adicional);
6. imersão (esquecendo-se das preocupações consigo mesmo – perda da autopercepção –, o indivíduo atém-se somente à nova aquisição de conhecimentos e habilidades);

---

[106] Frans Schouten, "Improving Visitor Care in Heritage Attractions", cit., p. 259.
[107] Larry Beck & Ted Cable, *Interpretation for the 21st Century*, cit., pp. 178-180.

7. controle (experiências de excelência acontecem quando as pessoas sentem que possuem o controle do ambiente que as rodeia);
8. transformação na percepção de tempo (quando os indivíduos se engajam em uma tarefa desafiadora, sua percepção de tempo é alterada, geralmente com uma sensação de aceleração. Embora não seja um pré-requisito para o divertimento e o prazer, esta é uma das descrições mais facilmente relacionadas à experiência ótima).

Os sítios patrimoniais interpretados podem conduzir os visitantes à obtenção de experiências ótimas durante seus momentos de lazer. Para tanto, os intérpretes devem concentrar-se em oferecer aos visitantes atividades interpretativas direcionadas ao alcance dessas experiências, preocupando-se em delimitar claramente seus objetivos, propondo desafios em nível adequado, oferecendo imediatamente um retorno sobre o desempenho do visitante e propiciando oportunidades para que ele tenha o controle da atividade.

Com o entendimento do significado da teoria das experiências ótimas, os intérpretes poderão oferecer melhores serviços interpretativos aos visitantes, levando-os a buscar mais profundamente divertimento, aprendizado e inspiração.

Princípio 15

No décimo quinto e último princípio que compõe a adaptação da filosofia interpretativa para a realidade atual, Beck e Cable defendem que a "paixão é o ingrediente essencial para a interpretação eficaz – paixão pelo recurso e pelas pessoas que vêm para serem inspiradas por ele".[108]

A paixão tem o papel de influenciar as pessoas. Por meio da paixão pelos recursos interpretados, os intérpretes podem fazer aflorar a paixão daqueles para quem interpretam. "Nós apresentamos ao visitante algo que amamos, não algo que possuímos", declaram Beck e Cable.[109] Para os autores, o papel fundamen-

---
[108] Larry Beck & Ted Cable, *Interpretation for the 21st Century*, cit., p. 189.
[109] *Ibid.*, p. 193.

tal dos intérpretes é a educação. Por serem educadores, os intérpretes devem servir como exemplos para o público:

> acreditamos que os educadores têm a responsabilidade especial de servir como bons exemplos. Por causa da natureza de seu trabalho e de sua influência sobre os educandos [...] eles devem ser profissionais, interessados e verdadeiros. Nós acreditamos que os intérpretes são igualmente responsáveis por causa do impacto e da importância de seu trabalho.[110]

---

[110] *Ibid.*, p. 195.

Mídias interpretativas

Se por trás da atividade interpretativa está um processo de comunicação, Schlüter e Winter[1] defendem que os componentes da interpretação são:
- fonte: área protegida;
- emissor: órgão administrador da área protegida;
- mensagem: conteúdos e significados do sítio que levaram à sua proteção;
- canais: mídias interpretativas;
- decodificador: intérprete; e
- receptor: visitante.

Um sítio patrimonial tende a induzir os visitantes a um estilo de comportamento e cognição *mindful* quando coloca ampla variedade de mídias interpretativas à sua disposição. Dessa forma, os visitantes desenvolverão níveis mais altos de aprendizado e sensibilização, alcançarão maior satisfação com a visita e terão melhor entendimento sobre o sítio. É aconselhável, portanto, que no planejamento da in-

---

[1] Regina Schlütter & Gabriel Winter, *El fenómeno turístico: reflexiones desde una perspectiva integradora* (Buenos Aires: Fundación Universidad a Distancia Hernandarias, 1993), p. 377.

terpretação o intérprete selecione para o sítio um conjunto de mídias variadas, como forma de se complementarem umas às outras e proporcionar ao público uma experiência mais variada e enriquecedora.

A seleção da mídia deve basear-se na escolha das formas mais adequadas de enfoque e irá variar de acordo com o tipo de sítio, os objetivos a serem alcançados e a informação que se deseja revelar. Existe uma abundância de mídias disponíveis para essa seleção, tradicionalmente divididas em dois tipos, definidos a partir do envolvimento do intérprete: as mídias impessoais e as mídias pessoais.

Durante o processo de seleção deve ser ainda considerado que, em sua maioria, as mídias interpretativas pessoais ou as impessoais permitem ao intérprete oferecer ao visitante experiências interativas que, por sua constituição, maximizam o potencial educativo da interpretação.

Há uma tendência mundial em se valorizar a utilização de mídias interpretativas pessoais, já que permitem o contato direto entre o visitante e o intérprete e a personalização instantânea da informação segundo o interesse e experiências do visitante. Por outro lado, há uma preconcepção corrente de que grande parte das mídias impessoais deve ser estruturada para atingir todos os visitantes ou um visitante-padrão, que, como já discutido anteriormente, não existe.

Apesar de se caracterizarem por estruturação menos maleável que as mídias pessoais, as mídias impessoais podem, sim, ser direcionadas a especificidades de determinados segmentos de público ou ao enfoque mais detalhado de pontos selecionados pelos intérpretes. É importante se considerar também que, em sítios com volume de visitantes razoável, será bastante dispendioso manter um quadro de profissionais suficientemente grande para atender pessoalmente às diversas necessidades dos diferentes públicos.

Mais uma vez, a solução parece estar fundamentada no balanceamento da oferta de atividades entre mídias pessoais e mídias impessoais, que atenderão às diferentes necessidades do público visitante. As mídias mais comumente encontradas em áreas interpretativas são comentadas a seguir.

Mídias impessoais

Quando a comunicação interpretativa se utiliza de equipamentos e materiais (como painéis, computadores, exposições e material gráfico) e dispensa a presença do intérprete, caracteriza-se como interpretação do tipo impessoal[2] ou não personalizada.[3]

Publicações impressas

Esse tipo de mídia inclui ampla gama de materiais impressos a ser utilizado pelo visitante, como mapas, folhetos, roteiros, brochuras, guias, catálogos, revistas e livros. Além de servirem como suporte para a visita, estas publicações são levadas com o visitante, o que permite consulta após a visita (tanto pelo visitante quanto por outros interessados que não necessariamente tenham visitado o local), estendendo a abrangência temporal da interpretação.

As publicações impressas variam em objetivos e conteúdo, em *design*, na quantidade impressa e nas despesas de produção. Por se basear numa filosofia conservacionista, a produção das publicações interpretativas, principalmente as de caráter mais imediatista e de distribuição em larga escala (como folhetos, brochuras e mapas) deve ser estudada com cautela, dando preferência à utilização de materiais recicláveis e de baixo custo,[4] prática que deve estender-se a todas as mídias interpretativas e para quaisquer materiais utilizados.

Sua distribuição também deve ser racionalizada, já que essas publicações tendem a ser desperdiçadas por visitantes que não se interessam em guardá-las. Nesse sentido, diversos sítios têm cobrado pequenas taxas para a aquisição desse material, como forma de racionalizar sua distribuição aos interessados e

---

[2] Ver Chris Cooper, "The Technique of Interpretation", em S. Medlik, *Managing Tourism* (Oxford: Butterworth-Heinemenn, 1991) e Jesus Delgado, "A interpretação ambiental como instrumento para o ecoturismo", em Célia Serrano (org.), *A educação pelas pedras: ecoturismo e educação ambiental* (São Paulo: Chronos, 2000).
[3] Regina Schlütter & Gabriel Winter, *El fenómeno turístico*, cit.
[4] Stela Maris Murta & Brian Goodey, *Interpretação do patrimônio para o turismo sustentado: um guia* (Belo Horizonte: Sebrae-MG, 1995), p. 28.

auxiliar na obtenção de receitas extras para o sítio (que podem ser reaplicadas, em última instância, na própria confecção desses materiais).

A utilização de elementos que se erguem formando uma ilustração tridimensional (os *pop-ups*) conforme se folheiam as páginas de guias e livros também se tem tornado mais comum pela enorme atração e a facilidade de comunicar as informações de forma mais interessante. A editora francesa Gallimard lançou, em 1992, a Série Guide Gallimard, que enfatiza tanto as ilustrações – em três dimensões e destacáveis – quanto o texto informativo. Em 1999, já estavam disponíveis noventa títulos da série, com traduções para treze idiomas. Na loja de suvenires do Empire State Building (Nova York, Estados Unidos), é possível encontrar o *The New York Pop-Up Book*, que conta a história da cidade por meio de miniaturas de locais simbólicos, como a Ponte do Brooklin, o Empire State Building ou o Museu Guggenheim.

Menos sofisticados, os guias visuais também conseguem resultados positivos em termos de interpretação. Ao lado do texto, estes guias oferecem grande quantidade de fotografias e ilustrações do tipo "conhecer por dentro" – ilustrações bidimensionais realistas e ricas em detalhes que permitem ao leitor "entrar" nos locais tratados por meio de cortes anatômicos do bem em destaque.[5]

Placas, painéis e letreiros

Delgado[6] considera bastante prática a utilização dessa mídia, já que, num pequeno espaço físico, centenas de pessoas podem ser atendidas por meio de seu conteúdo interpretado. Quando utilizados os materiais adequados para sua confecção, tornam-se meios bastante duráveis, mesmo quando localizados em espaços abertos e expostos às intempéries. Como no caso das publicações impressas, existe já todo um arcabouço conceitual produzido por áreas como programação visual, arquitetura, publicidade e jornalismo, que pode ser apli-

---

[5] No Brasil, esse tipo de ilustração pode ser encontrado na série de Guias Visuais da *Folha de S.Paulo*, que já conta com mais de trinta títulos publicados.
[6] Jesus Delgado, "A interpretação ambiental como instrumento para o ecoturismo", cit., p. 166.

cado num esforço conjunto para a obtenção do melhor resultado interpretativo.

Têm sido efetuadas diversas pesquisas para determinar a efetividade dos conteúdos traduzidos pelos textos disponíveis nestes suportes. Thompson e Bitgood[7] realizaram uma detalhada pesquisa quantitativa sobre o efeito das quantidades de texto em placas interpretativas do Zoológico de Birmingham (Alabama, Estados Unidos). Para a pesquisa foram confeccionadas placas visualmente idênticas, exceto pelas diferentes quantidades de texto utilizadas em cada uma – textos de 30, 60, 120 e 240 palavras, divididas em blocos de 30. Foi detectado que, conforme o texto aumentava, menos pessoas se detinham em frente às placas para as ler, com porcentagens decrescentes de 15,2% (30 palavras), 14,9% (60 palavras), 11,3% (120 palavras) e 9,7% (240 palavras). Bitgood realizou diversas outras pesquisas sobre textos interpretativos, concluindo que textos de menor tamanho são mais eficazes na atração e retenção da atenção dos leitores; para conteúdos que necessitam de textos mais longos, sugere que sejam divididos em placas diferentes.[8] Beverly Serrell também realizou um estudo bastante aprofundado sobre textos interpretativos que, embora focalizado em textos para exposições museais, pode ser aplicado em outros ambientes interpretativos.[9]

Resumidamente, Murta e Goodey indicam que o texto interpretativo deve ser "curto, simples e equilibrado com mapas e ilustrações, de forma a facilitar a compreensão do visitante [...]. Atenção especial deve ser dada à altura da montagem, para facilitar o acesso de crianças e deficientes físicos".[10]

As placas e painéis são a base dos chamados museus de rua, geralmente idealizados para informar os visitantes sobre a história do local. Também po-

---

[7] D. Thompson & S. Bitgood, "The Effects of Sign Length, Letter Size and Proximity on Reading", em Annual Visitors Studies Conference, *Proceedings*, vol. 1 (Jacksonville: Jackson State University, 1988), pp. 101-112.

[8] Cf. Bitgood, *apud* Larry Beck & Ted Cable, *Interpretation for the 21st Century: Fifteen Guiding Principles for Interpreting Nature and Culture* (Champaign: Sagamore, 1998), p. 118.

[9] Beverly Serrell, *Exhibit Labels. An Interpretive Approach*, cit.

[10] Stela Maris Murta & Brian Goodey, *Interpretação do patrimônio para o turismo sustentado*, cit., p. 30.

dem conter informações comparativas – do tipo "antes e depois", tanto em se tratando de recursos naturais quanto patrimoniais. O efeito de comparação pode ser conseguido com a utilização de fotografias, ou reproduções de pinturas e ilustrações, por exemplo.

A filosofia interpretativa também deve ser aplicada em placas de sinalização indicativa, cuja finalidade maior é indicar vias, destinos e locais de interesse, orientar condutores de veículos quanto aos percursos, destinos, distâncias e serviços auxiliares. Em 2001, o Ministério do Esporte e Turismo (por meio do Instituto Brasileiro de Turismo – Embratur) lançou, em parceria com o Iphan e o Departamento Nacional de Trânsito (Denatran), o *Guia brasileiro de sinalização turística*, que busca orientar estados e municípios sobre a

> forma adequada de identificar destinos, locais e atrativos de interesse turístico, resguardando-se a diversidade cultural do país. Objetiva também alcançar uma linguagem comum, que retrate o turismo nacional, valorizando a identidade e as peculiaridades das regiões brasileiras, garantindo a unidade da sinalização.[11]

Exposições, mostras e vitrines

Como qualquer outra exposição, as exibições, mostras ou mesmo vitrines individuais interpretativas devem estar baseadas nos conceitos museográficos adequados. Atualmente, diversos museus têm utilizado um enfoque interpretativo em suas exposições, preocupando-se mais diretamente em revelar de forma educativa os conteúdos e significados dos objetos para seus visitantes.

Diversos exemplos de exposições com ambientações educativas podem ser citados, principalmente entre os museus de ciências ou históricos, e o Brasil vem acompanhando essa tendência mundial. Em Joinville (SC), há um exemplo interessante no Museu Arqueológico de Sambaqui, no qual os objetos arqueológicos recolhidos em sambaquis de toda a região não são apenas ex-

---

[11] Ministério do Esporte e Turismo *et al.*, *Guia brasileiro de sinalização turística* (Brasília: Embratur, 2001), p. 15.

postos, mas contextualizados de forma a permitir que o visitante vislumbre o contexto histórico e social de sua formação, e possa também entender melhor o trabalho arqueológico que envolveu sua descoberta.

As exposições que se utilizam de ambientações têm sido alvo de muitas críticas, principalmente porque, em muitos casos, não foram idealizadas como um instrumento educativo projetado para compor um ambiente em que o objeto tenha seu significado mais facilmente apreendido pelo público visitante, mas, sim, como um cenário que se sobrepõe ao próprio objeto e ao seu conteúdo.

Em outros sítios interpretativos nos quais as exposições e mostras não são a mídia interpretativa principal (como é o caso dos museus), as vitrines individuais ou pequenos espaços expositivos são também bastante utilizados e devem seguir as mesmas premissas de exposições em museus. Nesses casos, as exposições podem também ser utilizadas como complemento ou suporte para a interpretação pessoal.

Reconstruções e modelos

As reconstruções têm sido consideradas como mídias interpretativas bastante eficientes, principalmente por serem altamente atrativas e por auxiliarem os visitantes no entendimento de locais ou objetos cuja escala não permite sua visualização geral.

Os modelos humanos têm sido também de utilização bastante frequente, principalmente as cópias em escala natural. Geralmente são empregados em reconstruções de eventos históricos ou na composição de ambientes que se quer interpretar. Geralmente, os modelos humanos compõem a ambientação proposta com base em um diorama, um modelo que recompõe um ambiente ou paisagem em três dimensões, cuja escala diminui gradativamente em direção ao fundo, criando um sentido de perspectiva que deve ser observado apenas por um determinado ângulo, selecionado previamente pelo intérprete. Dioramas em escala reduzida também são bastante utilizados para recompor *habitats* em exposições de animais taxidermizados ou vivos.

Meios animados de exibição

Assim denominadas por Murta e Goodey, estas mídias interpretativas compreendem a utilização de "instrumentos mecânicos, óticos ou elétricos que introduzem som, luz, cheiro e movimento para acrescentar realismo à exibição, para ilustrar ou para melhorar a comunicação com o visitante".[12] Os autores defendem que neste grupo estejam algumas das mídias interpretativas mais indicadas para o trabalho com crianças e adolescentes, "uma geração acostumada com os sofisticados recursos da televisão".

Entre as mídias interpretativas que se utilizam de som, podem ser destacados os guias portáteis sonorizados, os pontos específicos de audição e os repetidores fixos de mensagem. Geralmente associadas a trilhas e roteiros, estas mídias sonoras são importantes meios complementares para experiências interpretativas autoguiadas e podem compreender textos narrativos, comentários, música ou ruídos de forma a ambientar o objeto ou evento interpretado. Muitas vezes, os recursos sonoros têm sido utilizados em conjunto com a iluminação, como no caso dos espetáculos de luz e som.

À primeira vista, menos elaboradas que os espetáculos de luz e som, as apresentações manuais tradicionais de imagens por meio de *slides* evoluíram com a possibilidade de operação automática dos projetores e com o avanço de tecnologias que hoje permitem a dissolução de imagens e apresentações sincronizadas em várias telas, por exemplo. Os *slides* podem ser também operados pelos visitantes, criando um elemento de interatividade e controle sobre o conteúdo interpretativo.

Filmes e vídeos também têm sido importantes mídias interpretativas, podendo até mesmo ser planejados como um elemento de interatividade com o público. Murta e Goodey[13] descrevem a experiência do Museu Verulamium (Saint Albans, Inglaterra), onde um esqueleto datado do período romano, exposto em seu caixão original, pode ser "trazido à vida", como descrevem os

---

[12] Stela Maris Murta & Brian Goodey, *Interpretação do patrimônio para o turismo sustentado*, cit., p. 33.
[13] *Ibid.*, p. 35.

autores, quando um vídeo é acionado pelos visitantes. "No filme", descrevem, "um ator vestido com um traje romano nos conta sobre si e sua época, descrevendo e mostrando os achados arqueológicos que levaram à descoberta de seu túmulo". Murta e Goodey citam também ser possível a utilização de holografias como mídia interpretativa, mas alertam para os altos custos financeiros de sua produção, cujo investimento só se justificaria por intensos e constantes fluxos de visitantes.

Outro meio animado de interpretação que pode ser citado são os modelos que se movimentam, como máquinas originais em funcionamento ou figuras animadas conhecidas como "animatrônicos". Os animatrônicos podem ser definidos como figuras ou modelos humanos animados, com movimentação própria e ativada pelo intérprete ou pelo próprio visitante. São uma mídia bastante dispendiosa que requer tecnologia sofisticada, e está intimamente relacionada aos parques temáticos e outras fontes de entretenimento que se baseiam na história para a criação de seus conteúdos. Esse é o caso do Museu de Cera Madame Tussaud (Londres, Inglaterra), no qual uma de suas áreas temáticas, a exposição *The Spirit of London*, conta mais de quatrocentos anos de história inglesa, utilizando efeitos especiais e modelos humanos animados ultrarrealistas para recriar os aspectos visuais e sonoros e os odores da cidade de Londres através dos tempos. Parece necessário reafirmar aqui que, quando do emprego desta mídia, o intérprete deve fundamentá-la nos princípios que regem a filosofia interpretativa, sob pena de estar oferecendo ao visitante puro entretenimento e não conteúdo educativo.

Multimídias e computadores

Dezenas de utilizações da tecnologia oferecida pelos computadores podem ser aplicadas na comunicação interpretativa, como na já citada experiência dos museus canadenses com o projeto TechnoSphere. A utilização de computadores possui a vantagem de proporcionar ao visitante uma experiência interativa que o aproxima do conteúdo interpretado.

Em 1990, a galeria da IBM nos Estados Unidos apresentava ao público nova-iorquino a mostra *Redescobrindo Pompeia*. Toda a exposição estava baseada no maior projeto tecnológico até então dedicado à arqueologia, o Neapolis Consortium, elaborado pela IBM italiana em parceria com a Fiat e o Ministério da Cultura daquele país. A exposição era aberta por um molde de lava de uma mulher que, ao tentar fugir da erupção do vulcão Vesúvio (em 79 d.C.), fora soterrada juntamente com toda a cidade romana. Os visitantes passavam então a um túnel que simulava as várias camadas de cinza, lama e lava que esconderam Pompeia por mais de dezesseis séculos, antes das escavações arqueológicas, e chegavam às primeiras multimídias disponíveis, que tratavam da erupção do Vesúvio, demonstrando seu alcance e evolução, hora a hora, no dia da erupção. Todas as exibições eram acompanhadas de textos explicativos, enquanto comandos do tipo "toque na tela" permitiam testar dezenas de variações, ler papiros quase destruídos pelas cinzas, remontar edifícios inteiros em imagens tridimensionais ou testar reconstruções de afrescos, ou "andar" pelas ruas da cidade antes da destruição. Um mapa computadorizado levava a uma visita às casas de especial valor artístico: o visitante apontava, na tela, a casa que desejava conhecer, e sua planta aparecia. Um novo toque na tela determinava um quarto específico e outro, uma parede selecionada, que aparecia em uma imagem de alta resolução. Podia-se ver a parede inteira ou detalhes específicos de um afresco. Outro computador concentrava-se nas Termas Estabianas, um dos principais edifícios da cidade. Nele era possível, literalmente, caminhar por uma imagem tridimensional.

Outra parte da mostra destacava uma série de afrescos originais, desmontados, restaurados e remontados em Nova York. Estavam disponíveis tanto os originais, nunca exibidos ao público, como todo o processo de restauração, que podia ser observado numa exposição interativa, na qual o visitante acompanhava a seleção de cores e texturas feita pelos arqueólogos para o preenchimento de cada pedaço ausente do afresco até sua restauração total. A exposição terminava em uma fonte trazida inteira de Pompeia, cujo revestimento em mosaico podia ser examinado ao vivo pelo público. Os visitantes também podiam vê-la em seu ambiente original, por intermédio de imagens tridimensionais disponibilizadas em outra multimídia.[14]

Em Auvers-sur-Oise (França), o Chateau d'Auvers oferece ao público, desde 1994, a exposição multimídia "Viagem ao tempo dos impressionistas", na qual o visitante é "guiado" por gravações em diversos idiomas transmitidas em fones de ouvido sem fio, que indicam os caminhos a ser percorridos, oferecem informações sobre a época e destacam diversos diálogos (como uma conversa entre críticos durante um evento no qual impressionistas se apresentavam pela primeira vez). Em outra sala do castelo, pode-se assistir a um espetáculo de cabaré, na verdade uma colagem animada de obras de Manet e Degas. Pode-se também embarcar virtualmente num trem e observar os campos pintados pelos impressionistas, vistos pelas janelas por projeções de obras de Renoir e Monet.[15]

Demonstrando que a interpretação de temas controversos, apesar de bastante delicada, pode ser realizada com bons resultados, na entrada do Memorial do Holocausto (U.S. Holocaust Memorial Museum, do Smithsonian Institution, Washington, D.C., Estados Unidos), o visitante é convidado a retirar de um computador, uma das mídias impessoais anteriormente citadas, uma "carteira de identidade" de uma das vítimas do Holocausto, que permite que seu portador conheça toda a trajetória real daquela pessoa à medida que visita os cinco andares de exposição do memorial. As descrições são sempre feitas em primeira pessoa, o que aumenta o potencial de relacionamento da mensagem interpretada com as experiências do visitante.[16]

Observe o relato da experiência proporcionada por uma das "carteiras de identidade":

---

[14] Marcelo Calliari, "Mostra revê Pompeia no computador", em *Folha de S.Paulo*, Ciência, São Paulo, 3-8-1990, p. 6.

[15] Ana Astiz, "Multimídia conta a história do impressionismo", em *Folha de S.Paulo*, Turismo, São Paulo, 1-12-1994, p. 7.

[16] J. John Lennon & Malcolm Foley, "Interpretation of the Unimaginable: the U.S. Holocaust Memorial Museum, Washington D.C., and 'Dark Tourism' ", em *Journal of Travel Research*, 38 (1), s/l., agosto de 1999, pp. 46-50.

Eu sou, pelas próximas duas horas, Esther Morgenstern. Nasci em 1927, em Kaluszyn, na Polônia, uma cidade a 60 quilômetros de Varsóvia. Sou a quarta de cinco filhos de pais judeus. Minha mãe e avó trabalham em uma banca de jornais no centro da cidade e meu pai é funcionário da prefeitura. [...] 1939: No próximo ano, eu, transformada em Esther, deveria me formar, mas não vai ser possível. Estamos em guerra com a Alemanha e as escolas tiveram de fechar suas portas. Houve uma grande batalha em Kaluszyn. A cidade foi bombardeada e muitas casas, inclusive o prédio onde morávamos, foram totalmente destruídas. Meus pais decidiram que vamos nos mudar para Minsk Mazowiecki, a 17 quilômetros daqui. Lá, meu pai tem parentes e vamos morar com eles por algum tempo, até as coisas melhorarem. [...] Aqui, eu descubro o destino de Esther. Em 1943, quando tinha 15 anos, sua família tentou evitar o inevitável. Acreditando que podia escapar da deportação, voltou para Kaluszyn. Pouco depois de chegar lá, todos os judeus da cidade foram deportados para o campo de extermínio de Treblinka. Nunca mais se soube de Esther ou de sua família.[17]

Mídias pessoais

As mídias do tipo pessoal[18] são também chamadas de técnicas pessoais, serviços de atendimento pessoais[19] ou de interpretação ao vivo[20] e caracterizam-se pelo envolvimento direto do intérprete na realização da atividade.

PALESTRAS INTERPRETATIVAS

As palestras são uma das principais mídias empregadas pelos intérpretes, tanto em ambientes naturais como em sítios patrimoniais. Embora a denomi-

---

[17] Flávia Sekles, "Feito para perturbar", em *Veja*, São Paulo, 5-5-1993, pp. 42-44.
[18] Regina Schlütter & Gabriel Winter, *El fenómeno turístico*, cit.; e Jesus Delgado, "A interpretação ambiental como instrumento para o ecoturismo", cit.
[19] Chris Cooper, "The Technique of Interpretation", cit.
[20] Stela Maris Murta & Brian Goodey, *Interpretação do patrimônio para o turismo sustentado*, cit.

nação "palestra" possua uma conotação de transmissão de conteúdos acadêmicos, com narrativas de fatos e demonstração de conhecimentos científicos, a palestra interpretativa deve estar pautada nos princípios que regem todas as atividades da comunicação interpretativa. Caso o intérprete julgue necessário, a denominação pode ser alterada para "bate-papo" ou "conversa", que soam mais informais ao público.

Quando realizadas em locais fechados, como salas e auditórios, muitos intérpretes costumam conjugá-las com a projeção de imagens (*slides* ou, mais modernamente, programas do tipo *data show*), como títulos, mapas, tabelas, gráficos e textos escritos, além de imagens fotográficas e filmes. Podem também ser incluídos efeitos sonoros, como músicas, gravações de época e sons relativos ao tema. É importante ressaltar que, neste caso, a utilização de elementos de som e imagem deve ser considerada como um apoio para a narrativa oral, servindo para ilustrar, e não para suplantar, os pensamentos, ideias e sentimentos que se quer revelar para a audiência.

As palestras informativas podem ser oferecidas também em ambientes abertos. Nesse caso, os elementos do próprio sítio podem ser utilizados como suporte para a narrativa oral.

Imaginação guiada, viagens de fantasia ou viagens imaginárias[21]

As viagens imaginárias são utilizadas para transportar os visitantes para lugares ou épocas históricas em que não podem estar fisicamente. É uma técnica de comunicação que leva as pessoas a pensarem criativamente, com o intérprete sugerindo imagens específicas e precisas e deixando que cada um dos visitantes visualize sua própria experiência.

O roteiro a seguir foi proposto para uma viagem imaginária pelo rio Wisconsin, nos Estados Unidos, e precedia uma interpretação do tipo história viva

---

[21] Originalmente, em inglês, *guided imagery* e *fantasy trips*.

sobre a presença dos jesuítas nas comunidades indígenas que viviam nas margens do rio:

> Enquanto você está sentado nestas antigas rochas de granito lustradas pelo gelo e pela água, olhe para a corrente escura e transporte-se para dez mil anos atrás. Ao longo do rio, quase fora de visão, levanta-se uma parede maciça de gelo, mais alta que a árvore mais alta, estendendo-se por milhares de quilômetros desde o Círculo Polar Ártico. A água do rio corre verde-leitosa, salpicada com pedaços da geleira.
>
> Na borda da geleira, você vê pessoas com longos cabelos escuros, vestindo peles e cercando um animal parecido com um elefante. Eles atiram lanças na sua barriga.
>
> O rio corre pelos séculos. O clima esquenta, as grandes camadas de gelo se derretem. O elegante reflexo cônico dos abetos no rio é substituído pelo fulgor brilhante do outono do bordo. Um grupo de índios winnebagos constrói cabanas para seu acampamento de inverno.
>
> Após a estação do nascimento das árvores, o começo da primavera para nós, eles batem nas árvores com brocas de osso e introduzem caules de plantas em seus buracos ocos. As pedras quentes arrumadas em buracos enfileirados exalam o doce aroma do açúcar do bordo. As crianças brincam ruidosamente com "serpentes da neve", pedaços de madeira entalhados que fazem deslizar pelas trincheiras de gelo. Elas conversam felizes em um idioma que vocês não compreendem.
>
> Elas param de repente e correm animadamente para a água. Rio acima, vindo com a correnteza, está um homem vestido de preto em uma canoa de casca de vidoeiro, remada por homens de uma outra tribo.[22]

Nesse momento, um padre jesuíta vestido de preto aparece numa canoa por trás de uma ilha, cantando em francês. A viagem imaginária termina e inicia-se uma interpretação em primeira pessoa da exploração jesuítica no rio Wisconsin.

---

[22] Kathleen Regnier *et al.*, *The Interpreter's Guidebook: Techniques for Programs and Presentations, Interpreter's Handbook* (3ª ed. Stevens Point: UW-SP Foundation, 1994), p. 55.

Fantochada ou titeragem

Especialmente eficazes com o público infantil, os fantoches, marionetes ou títeres têm sido amplamente empregados não somente na montagem de teatros de bonecos, mas evoluíram para personagens em tamanho real e para fantasias utilizadas em atividades em que os intérpretes ou as próprias crianças aparecem fantasiados. Nesse caso, a criança torna-se protagonista da interpretação e não mera espectadora.

Na Chugach National Forest (Alasca, Estados Unidos), há um intérprete, vestido como o personagem do urso guarda-florestal Smokey, que auxilia outros profissionais em palestras sobre cuidados que se devem ter com ursos durante a estada na área da reserva.[23] No Zoológico de Minnesota (Estados Unidos), os intérpretes criaram diversos personagens em forração de carpete, material barato e flexível, como as "árvores falantes" – que desenvolvem atividades interpretativas, incluindo palestras, em datas especiais como o Dia da Árvore –, o alce que discorre sobre o trabalho do zoológico no cuidado com os animais ou a estrela-do-mar que discute sobre seu comportamento alimentar na exposição sobre a barreira de corais.[24]

Caminhadas e passeios orientados

As caminhadas envolvem geralmente uma atividade de deslocamento físico em áreas naturais, a pé, durante a qual um acompanhante realiza a interpretação de temas ou pontos selecionados do entorno. De estruturação similar às caminhadas, os passeios são realizados em sítios patrimoniais.[25]

Conduzindo o deslocamento dos visitantes de um ponto para outro, a interpretação deve ocorrer por todo o caminho. Como atua em ambientes mutantes, o intérprete envolvido em caminhadas ou passeios orientados deve

---

[23] *Ibid.*, p. 22.
[24] *Ibid.*, p. 57.
[25] William J. Lewis, *Interpreting for Park Visitors* (Filadélfia: Easten Acorn, 1995), p. 92.

estar sempre atento ao ambiente no qual realiza sua atividade, e estar pronto para incluir ou excluir informações.

Mais notavelmente que em outros tipos de interpretação, nas caminhadas e passeios monitorados o intérprete deve atentar para o risco de tornar a interpretação um roteiro fechado e altamente estruturado. Tim Merriman descreve sua experiência na condução de grupos pelos cânions da Giant City Nature Trail, em Illinois (Estados Unidos). Num certo momento da atividade, o enfoque da interpretação voltava-se para uma inscrição rupestre – o rosto de um índio – desenhada no paredão de arenito. Uma das crianças que estava no grupo perguntou onde estavam as outras faces desenhadas, ao que o intérprete respondeu que, nos seus cinco anos percorrendo a trilha, nunca havia visto outros desenhos. A menina, desafiada pela afirmação categórica do intérprete, encontrou outras quatro figuras. Nos três anos que se seguiram, o intérprete encontrou outras três faces desenhadas.[26]

Trilha interpretativa

Para Delgado,[27] a utilização de trilhas interpretativas é uma das mais conhecidas mídias de interpretação em áreas naturais. Embora possa ser confundida com as caminhadas ou passeios monitorados, a trilha interpretativa baseia-se na utilização de um trajeto predeterminado, de curta distância, para o qual foi identificado um tema central e foram previstas paradas planejadas para o desenvolvimento da interpretação.

Pode ser citado o exemplo da "Trilha de Interpretação Ecológico-Cultural de São João Batista (RS)", uma trilha que objetiva facilitar o "entendimento do processo de ocupação, apropriação e transformação do espaço pelos jesuítas e guaranis" da região onde se instalaram as missões jesuíticas.

---

[26] Cf. Tim Merriman, *apud* Larry Beck & Ted Cable, *Interpretation for the 21st Century*, cit., p. viii.
[27] Ver Jesus Delgado, "A interpretação ambiental como instrumento para o ecoturismo", cit., p. 164.

Seguindo um percurso marcado no terreno pela deposição de pedra itacuru moída, com o auxílio de um mapa, de um monitor local e de placas indicativas, o visitante conhece o conjunto missioneiro, seus espaços e usos. Através da trilha, o visitante percorre a praça, as casas dos índios, a igreja, o cemitério, o colégio, a casa dos padres, as oficinas e a quinta (horta e pomar). Pode observar pássaros, buracos feitos por caçadores de tesouros, antigos caminhos missioneiros, ruínas de casas e poços construídos com reutilização de materiais da redução e, à distância, o local da antiga redução de Santo Ângelo Custódio.[28]

Interpretação espontânea

A interpretação espontânea é um tipo de mídia que prescinde de local e horário marcado para acontecer. Regnier[29] defende que este tipo de atividade é uma decorrência natural da conversação com os visitantes e pode ter lugar num ponto fixo determinado, como os centros de interpretação ou informação turística, ou no próprio sítio. A interpretação espontânea depende de uma aproximação do visitante ou da detecção de uma atitude – geralmente inadequada – do visitante sobre o local onde se encontra.

Um local ideal para a ocorrência deste tipo de interpretação são os centros de apoio ou centros de informações ao visitante, locais aos quais os visitantes se dirigem em busca de informações – geralmente de orientação para deslocamento ou pagamento de taxas – ou para a utilização de infraestruturas de apoio – como banheiros e lanchonetes. Além da interpretação de alguns conceitos e significados do sítio a partir de questionamentos ou da própria abertura do visitante para a informação, o intérprete do centro de informações deve interpretar as normas que regem a visitação do sítio, como, por exemplo,

---

[28] Ministério da Cultura – Instituto do Patrimônio Histórico e Artístico Nacional, *Turismo patrimonial*, disponível em: http://www.iphan.gov.br. Acesso em 22-6-2001.
[29] Kathleen Regnier *et al.*, *The Interpreter's Guidebook*, cit., p. 75.

o porquê da proibição de fotografar com a utilização de *flash* ou, em muitos locais, da proibição mesmo sem uso dele.

A interpretação espontânea no sítio geralmente fica a cargo dos intérpretes responsáveis também pela fiscalização e supervisão do sítio protegido. Além das observações destacadas para a interpretação que ocorre em centros de apoio ao visitante, a interpretação espontânea no próprio sítio geralmente nasce de um comportamento inadequado do visitante. Delgado[30] destaca que essa ação é especialmente importante para a proteção dos recursos contra a ação predatória dos visitantes, como jogar lixo fora das lixeiras, fazer inscrições em troncos de árvores, paredes de edifícios ou equipamentos de apoio, elevar o volume de voz onde é necessário um tom baixo ou incomodar outros visitantes.

Demonstrações

Pelas demonstrações, os intérpretes podem fornecer informações sobre a confecção ou o funcionamento de um objeto. Essa técnica é especialmente utilizada em sítios patrimoniais, como, por exemplo, para a demonstração das técnicas artesanais de extração de ouro (na Chugach National Forest, Alasca, Estados Unidos), defumação de arenque (Isle Royale National Park, Michigan, Estados Unidos) ou a fabricação de motores de automóveis por mulheres durante a Segunda Guerra Mundial (no Museu Industrial de Ironbridge, Inglaterra).

Embora de forma impessoal, é possível encontrar no Sítio Arqueológico Casa dos Pilões (Jardim Botânico, Rio de Janeiro) uma maquete acionada por energia elétrica que demonstra o processo de compactação da pólvora pelo funcionamento do Moinho de Pilões – anteriormente sediado neste sítio arqueológico –, uma das unidades de produção da Real Fábrica de Pólvora da Lagoa Rodrigo de Freitas, complexo manufatureiro criado por d. João VI em 1808.

---

[30] Jesus Delgado, "A interpretação ambiental como instrumento para o ecoturismo", cit., p. 162.

Nessa técnica, o intérprete pode convidar o visitante a apenas observar a demonstração (como nos exemplos anteriores) ou a participar dela ativamente.

Outro interessante exemplo de demonstração tem sido realizado como uma experiência interpretativa interativa, oferecida aos visitantes do Parque Nacional da Serra da Capivara (São Raimundo Nonato, PI). Seguindo a abordagem empregada pelos sítios arqueológicos de Israel, a atividade tem alcançado resultados bastante positivos com relação ao público, permitindo sua participação ativa e não somente como mero espectador. Desde agosto de 1997, o parque oferece aos seus visitantes a oportunidade de participar de escavações arqueológicas, com o acompanhamento direto de arqueólogos profissionais, em alguns dos mais de quatrocentos sítios cadastrados. "É uma experiência que vai fundo na alma. Quem participa não está apenas buscando resquícios do passado, mas investigando as origens do homem. E isso acaba mexendo com aquela velha questão metafísica: 'De onde viemos e para onde vamos?' ", acredita Valdir Zwetsch, editor de São Paulo, que participou de escavações no parque.[31]

História viva

A história viva é uma das mídias mais polêmicas da comunicação interpretativa patrimonial. Aplicada à exaustão em muitos sítios históricos norte-americanos desde a metade da década de 1960, seu objetivo é fazer reviver a história do local, por meio da combinação de demonstrações, palestras, conversações e recriações, teoricamente fundamentadas na interação entre o sítio histórico (muitas vezes ele próprio já uma reconstrução), o intérprete e o visitante.

Para a Associação para a História Viva e Museus Rurais e Agrícolas (Association for Living History, Farm and Agricultural Museums – Alhfam), a história viva pode ser definida como um conjunto de esforços realizados por

---

[31] Cf. Valdir Zwetsch, *apud* Kaíke Nanne, "No reino da pré-história", em *Os caminhos da terra*, nº 8, São Paulo, agosto de 1997, p. 38.

diversos tipos de instituições para estabelecer ligações entre o público visitante e a história. Para a associação, esse objetivo pode ser alcançado por meio da utilização de

> objetos e ambientes históricos e recriações apropriadas para contar a história das pessoas que utilizaram aqueles objetos. No esforço de "contextualizar", alguns sítios tentam recriar um período e lugar particular do passado, ignorando as intrusões do presente. A missão de outros sítios de história viva pode tornar difícil tanta exatidão, mas o esforço para trazer a história à vida talvez se torne evidente pelas plantas e animais vivos, pelos profissionais representando trabalhos ou ofícios históricos e no esforço feito para propiciar um ambiente rico em artefatos que focalizam a atenção na vida em períodos passados.[32]

Na mesma linha da história viva, Pires propõe a utilização da "ambientação de base histórica", uma ferramenta que se utiliza

> dos recursos da ambientação – cenografia, vestuário, iluminação, música, alimentação, dramatização, etc. – para o aproveitamento de bens históricos arquitetônicos, visando a criar uma atmosfera consoante com a época e/ou representatividade que distinguiram essas edificações, a ponto de justificar sua preservação e conservação.[33]

Apesar de se aproximar bastante da história viva, a ambientação de base histórica é mais abrangente, podendo compreender não somente recriações, mas também outros eventos tradicionais ainda mantidos pela população, como liturgias católicas, por exemplo.

Boardman[34] considera que, atualmente, a história viva se fundamenta em uma ampla gama de técnicas interpretativas das quais a mais específica é aque-

---

[32] Alhfam, *Living History Resources*, disponível em http://www.alhfam.org. Acesso em fevereiro de 2009.
[33] Mário Jorge Pires, *Lazer e turismo cultural*, cit., p. 57.
[34] Kathryn Boardman, "Revisiting Living History: a Business, an Art, a Pleasure, an Education", disponível em http://www.alhfam.org. Acesso em junho de 2001.

la na qual os intérpretes se vestem inteiramente com minuciosas reproduções de trajes do período histórico interpretado, falam como um personagem (real ou inventado) do passado – utilizando até mesmo sotaques e termos apropriados – e desenvolvem a interpretação em uma estrutura reconstruída ou restaurada e devidamente mobiliada de acordo com o período. As paisagens do sítio proporcionam os cenários necessários, muitas vezes complementados pela inserção de plantas e animais então ali encontrados.

Essa técnica é aplicada segundo duas grandes correntes.[35] Na primeira e mais comum, a interpretação em primeira pessoa,[36] o intérprete refere-se a eventos do passado sempre no tempo presente e é "proibido" de sair do personagem. A segunda corrente é denominada de interpretação em terceira pessoa[37] e ocorre quando o intérprete pode estar vestido com trajes específicos do período interpretado, mas não assume a postura de um personagem histórico, real ou fictício. Sua atuação baseia-se em palestras e demonstrações interativas.

Antes mesmo de a história viva se ter tornado uma mídia de utilização tão frequente em todo o mundo, alguns sítios ligados ao National Park Service (NPS) dos Estados Unidos realizavam limitadas recriações históricas. Já na metade da década de 1930, um acampamento indígena foi construído no Parque Nacional Yosemite e era diariamente ocupado por uma índia, que cantava canções indígenas e demonstrava a confecção de cestos e a preparação de alimentos.

Em 1967, foi idealizada uma fazenda viva no local de nascimento do educador afro-americano Booker T. Washington, no estado da Virgínia (Estados Unidos), com a intenção de melhorar o apelo do monumento nacional que ali havia sido instituído. Da pequena fazenda de tabaco onde o educador nasceu como escravo, em 1856, não restavam nem mesmo as edificações originais.

---

[35] Stacy F. Roth, *Past into Present*, cit.
[36] Originalmente denominada *first-person interpretation* ou *character interpretation* (denominação especialmente utilizada pelos intérpretes da cidade colonial de Williamsburg).
[37] Originalmente denominada *third-person interpretation*. Para Handler e Gable – ver Richard Handler & Eric Gable, *The New History in an Old Museum*, cit., p. 18 –, a interpretação em terceira pessoa é a normalmente realizada pelos intérpretes históricos.

Para dar vida ao local, os intérpretes do NPS reconstruíram a senzala de pau a pique onde o garoto viveu até se tornar livre, com 9 anos de idade, e recriaram as plantações e celeiros. A estratégia para melhor aproveitamento do sítio era encorajar os visitantes a participar o máximo possível de todas as atividades, partindo da crença de que "podemos entender melhor o passado revivendo-o nós mesmos, mesmo que só por alguns momentos".[38]

O sucesso obtido com o aumento do fluxo de visitantes, após a introdução do conceito de fazenda viva, acelerou o aparecimento de outras atividades de história viva no NPS. Naquele mesmo ano, sua administração central solicitou que todos os parques ligados aos seus escritórios regionais experimentassem trabalhar com intérpretes vestidos em trajes de época relacionada ao sítio.

O entusiasmo inicial com os resultados obtidos com o público em todos os sítios onde a mídia era empregada levou, em pouco tempo, à sua aplicação indiscriminada. Em 1968, apenas um ano após sua instalação no monumento nacional da Virgínia, diversos administradores e intérpretes alertavam para a necessidade de se verificar se a utilização de trajes de época e a realização de demonstrações realmente contribuíam para os objetivos interpretativos das áreas. Apesar dessa constatação inicial, a atividade continuou a expandir-se. Em 1974, 114 áreas ligadas ao NPS realizavam algum tipo de atividade relacionada à interpretação viva.[39]

As restrições à sua realização acompanharam seu crescimento e fundamentavam-se nas mesmas premissas até hoje utilizadas por seus críticos: a afirmação de que os sítios patrimoniais trocaram a interpretação de seus conteúdos e significados por produções que, embora entretenham os visitantes, não se sustentam diretamente nos temas centrais do sítio. Notava-se já uma obsessão em mostrar o que se supunha ser a vida cotidiana do passado, mesmo que muitos dos locais não houvessem sido preservados pelo estilo ou pelas características da vida cotidiana ali existente anteriormente, mas por outros aspectos mais distintivos do sítio.

---

[38] Barry Mackintosh, *Interpretation in the National Park Service*, cit.
[39] A denominação original em inglês, *living interpretation*, passou a ser utilizada em 1969.

Outra questão levantada pelos críticos da história viva refere-se ao recorte do passado enfocado pelos intérpretes na atividade e à base em que esse recorte se fundamenta. Em outros termos, quão real pode ser a "interpretação viva" da escravidão, que está subjacente à biografia de Booker T. Washington, o tema central do monumento nacional em sua homenagem? Quão real pode ser a reconstituição da vida dos soldados nos campos de batalha? Roth[40] argumenta que muitos sítios patrimoniais se preocupam, atualmente, em recriar situações de discórdia, brigas domésticas, confrontos políticos e retratam a escravidão, o fanatismo, a intolerância, a dissidência religiosa e outras questões tradicionalmente proibidas por seu potencial ofensivo. A programação da interpretação que aborda temas controversos deve ser planejada com muito cuidado e seguir os mesmos encaminhamentos de outros enfoques, analisando-se qual a mensagem que se deseja comunicar e qual sua importância, que atitudes do público se deseja alterar com sua transmissão e por quê, e, quais as repercussões sobre o público em geral e os descendentes de pessoas diretamente ligadas àqueles fatos, entre inúmeras outras questões.

Essas questões devem ser a preocupação de todo intérprete quando do planejamento da comunicação para qualquer uma das mídias interpretativas anteriormente citadas. Na realidade, o problema fundamental da história viva está na intenção de se "fazer reviver um passado" selecionado e no convite aos visitantes a uma "volta" irreal "no tempo", quando somente alguns detalhes ou aspectos físicos do passado podem ser representados. Para Sherfy,

> mesmo que nos tenhamos enfronhado na literatura do período, vestido suas roupas e dormido em suas camas, nunca perderemos as perspectivas e valores do presente. E, a partir destas perspectivas e valores, julgamos e interpretamos o passado. Não podemos, simplesmente, ser uma outra pessoa e conhecer sua época como ela a conheceu, nem valorizar o que ela valorizou, por suas próprias razões. O tempo passado, muito simplesmente, passou.[41]

---

[40] Stacy F. Roth, *Past into Present*, cit., p. 161.
[41] *Apud* Barry Mackintosh, *Interpretation in the National Park Service*, cit.

Um dos maiores perigos detectados pelos críticos da história viva é que essa mídia, originalmente idealizada para transmitir mensagens educativas, seja descaracterizada e passe a ser entendida, até mesmo pelos visitantes, como puro entretenimento.

Handler e Gable identificaram esta tendência em sua pesquisa no museu vivo de Colonial Williamsburg durante as entrevistas com visitantes. Em uma dessas ocasiões, quando se perguntou a uma entrevistada (uma professora de pré-escola norte-americana) sua opinião sobre a forma como o museu ao ar livre reconstruía o passado, surpresa, ela respondeu: "Oh, isso é um museu? Eu pensei que fosse uma atração – um parque temático!".[42] Para os autores, esse é o grande pesadelo da fundação que administra o museu vivo, já que, se os visitantes podem confundir o local com um parque temático, eles não foram convencidos de sua autenticidade histórica e não o veem como uma instituição cultural cuja missão é a educação pública e a preservação histórica.

O maior problema de Colonial Williamsburg e de outras instituições que fundamentam sua prática interpretativa e educativa na história viva é que sua imagem, baseada em uma recriação adaptada do passado, está realmente muito próxima da imagem conseguida atualmente pelos parques temáticos, que são baseados na reconstituição da história para o entretenimento (e, geralmente, para a obtenção de alta lucratividade).

Martin e Mason destacam que a "criação de atrações patrimoniais artificiais, baseadas na animação e na simulação, foi criticada por empobrecer a cultura e sufocar a imaginação".[43] Atualmente, o termo "disneyficação" transformou-se num sinônimo de processo pejorativo que, entre outras coisas, reduz a narrativa histórica a mero entretenimento[44] e destrói a história real, transformando-a em uma história sintética e pasteurizada.

Um dos mais ilustrativos casos dessa tendência de disneyficação da história foi a proposta de criação de um novo parque temático da Walt Disney

---

[42] Richard Handler & Eric Gable, *The New History in an Old Museum*, cit., p. 28.
[43] Bill Martin & Sandra Mason, "The Future for Attractions: Meeting the Needs of the New Consumers", em *Tourism Management*, 14 (1), Londres, fevereiro de 1993, pp. 34-40.
[44] Cf. Postman, *apud* Flávia Sekles, "Escolinha do Mickey", em *Veja*, São Paulo, 20-7-1994, p. 49.

Corporation, o Disney's America, anunciado em 1993. A intenção do grupo Disney era construir no estado da Virgínia (Estados Unidos), a apenas 50 km de Washington, D.C., um parque temático baseado nos principais acontecimentos históricos norte-americanos. Para Michael Eisner, presidente do grupo, o parque era uma extensão natural do enfoque da Disney nas crianças e na educação, e teria o potencial de "engajar os jovens na história americana de novas formas. Baseados em nossa eficácia como contadores de histórias, nós poderíamos usar essas habilidades para sermos substantivos sem sermos chatos, para dar vida a eventos históricos e tornar a história da América mais viva e tridimensional".[45]

A ideia surgiu em 1991 durante uma visita ao museu vivo de Colonial Williamsburg e deu origem ao projeto dividido em nove áreas. Na Praça dos Presidentes Americanos, por exemplo, os visitantes poderiam assistir a um *show* de animação, criado por computadores, no qual os primeiros presidentes contariam episódios do processo de independência do país. Cenas da Guerra de Secessão seriam criadas em um forte do século XIX, com a reprodução de uma batalha naval num lago artificial. No Campo da Vitória, os visitantes poderiam mexer em bombas da Segunda Guerra Mundial e participar de simulações de saltos de paraquedas.[46]

Os oponentes da criação do parque temático baseavam suas críticas não somente na trivialização que seria imposta aos eventos históricos, mas também à localização do parque numa área rural do estado (ocupada por grandes fazendas de importantes famílias norte-americanas) e nas proximidades de áreas e sítios (verdadeiramente) históricos, como o Parque Nacional do Campo de Batalha de Manassas (Manassas National Battlefield Park), local da primeira grande batalha campal da Guerra da Secessão. Os críticos consideravam que, em poucos anos, toda a região seria tomada por empreendimentos turísticos dos mais variados portes que, na corrente da criação e do suposto sucesso do

---

[45] Cf. Eisner, *apud* Walt Disney Company, *Plans Unveiled for "Disney's America" Near Washington, D.C.* Release para a imprensa, 11-11-1993, disponível em http://www.disney.com. Acesso em junho de 2001.
[46] Flávia Sekles, "Escolinha do Mickey", cit., pp. 48-49.

parque, se instalariam nos seus arredores, tornando praticamente impossível assegurar a preservação ideal desses locais.

A própria Disney esperava receber 5 milhões de visitantes por ano, o que reitera a opinião de Martin e Mason,[47] para quem o sucesso alcançado por parques baseados em atrações patrimoniais artificiais sugere que uma grande parte do público não compartilha, atualmente, das visões críticas anteriormente citadas. "Entretanto", consideram os autores, "a demanda por mais autenticidade e experiências 'reais' pode levar a um ajuste em função das prioridades do novo 'consumidor pensante'".

Diversos intérpretes têm encontrado algumas soluções, sem ultrapassar o tênue limite que separa a história viva, educativamente concebida, da teatralização que enfoca apenas o entretenimento. Já em 1991, o espetáculo teatral *O tiro que mudou a história* era encenado nos mesmos ambientes do Palácio do Catete (Rio de Janeiro, RJ), onde originalmente se desenvolveu a ação que levou ao suicídio o presidente Getúlio Vargas, em 1954, na antiga sede do governo brasileiro e atualmente Museu da República. As cenas evoluíam pelos cômodos do palácio e eram acompanhadas pelos visitantes. O sucesso com o público foi tão grande que a temporada da peça, originalmente prevista para apenas 9 apresentações, foi estendida para 48, após a entrega de um abaixo-assinado ao Museu.[48]

No Museu Imperial de Petrópolis (RJ), a princesa Isabel e suas amigas recebem convidados especiais – grupos de escolares e turistas – para uma reunião social, embalada por modinhas imperiais cantadas por uma soprano e acompanhadas por uma pianista. Nesse projeto, denominado Um Sarau Imperial, os visitantes contam, ainda, com declamação de poesias e conversas sobre assuntos políticos, sociais e culturais da época, retirados da correspondência particular da família imperial.[49]

---

[47] Bill Martin & Sandra Mason, "The Future for Attractions: Meeting the Needs of the New Consumers", cit., p. 39.
[48] Ver Okky de Souza, "De volta ao Catete", em *Veja*, São Paulo, 23-10-1991, pp. 116-117.
[49] Museu Imperial, *Um sarau imperial*, disponível em: http://www.museuimperial.gov.br. Acesso em junho de 2001.

Considerações finais

Para um novo marco conceitual do turismo cultural

Este estudo sobre as intrínsecas relações entre a comunicação interpretativa e o turismo cultural foi iniciado em 1996, quando o conceito, a filosofia, os princípios e as mídias interpretativas eram praticamente desconhecidos no Brasil. Desde então, muito foi estudado internacionalmente e, mesmo no Brasil, há já um certo caminho percorrido.

Prova maior é a "Carta Icomos para interpretação e apresentação de sítios de patrimônio cultural", ratificada pela XVI Assembleia Geral do Icomos, reunida na Cidade de Québec, Canadá, em 4 de outubro de 2008. A carta deixa explícito o reconhecimento de que cada ato de conservação patrimonial é, por natureza, um ato de comunicação, qualquer que seja a tradição cultural na qual se insere o bem patrimonial ou sua proposta de interpretação. Seu objetivo maior é "definir os princípios básicos da interpretação como elementos essenciais dos esforços de conservação do patrimônio e como ferramenta básica para a apreciação e compreensão pelo público dos sítios culturais patrimoniais". Por sua relevância como documento orientador para a conservação de sítios, e por referendar o conteúdo deste estudo, a carta é reproduzida em sua íntegra no Anexo 4.

Assim, a partir do conjunto de informações exposto anteriormente, e tendo como objetivo unificar e atualizar a compreensão em torno do turismo cultural, propõe-se aqui um novo marco conceitual, fundamentado em aspectos que se referem ao seu objeto, seu sujeito, sua organização e oferta e seus objetivos.

Portanto, o turismo cultural pode ser compreendido como um segmento da atividade turística que, por meio da apreciação, da vivência e da experimentação direta de bens do patrimônio cultural, material e imaterial, e da mediação da comunicação interpretativa, proporciona aos visitantes a participação em um processo ativo de construção de conhecimentos sobre o patrimônio cultural e sobre seu contexto sócio-histórico. Em última escala, esse processo auxiliará a produção de novos conhecimentos e a conservação dos bens visitados.

A linha de desenvolvimento deste estudo pautou-se na demonstração de como a comunicação interpretativa atua na transformação da qualidade da atividade turística cultural: aproximando o visitante do objeto de sua atenção e estabelecendo relações entre o histórico e o permanente, entre o cultural e o cotidiano. Procurou-se demonstrar que a aplicação dos conceitos de interpretação integra a estrutura do que se denominou um novo entendimento para o turismo cultural e, mais do que transformá-lo ou aperfeiçoá-lo, a interpretação deve passar a defini-lo.

Transformar a motivação cultural das viagens, de um cenário onde se realizam visitas de pessoas em busca de alteração temporária em seu espaço e tempo cotidianos para um cenário político-cultural, no qual os visitantes e residentes interagem com sua cultura ou com a de seu semelhante, em que as pessoas apreendem o significado de seu passado: essa é a mudança que se propõe realizar com a instrumentalização da interpretação nas visitas aos sítios patrimoniais por meio do turismo cultural.

CONSIDERAÇÕES FINAIS

Como mencionado anteriormente, essa contextualização proposta leva, ainda, à adoção de uma postura mais consciente com relação àqueles bens e à necessidade de sua proteção. Este discurso não é inédito, pois algumas campanhas educativas ou publicitárias de destinos turísticos já são direcionadas pela ideia do conhecer para preservar, mas, o presente estudo procurou oferecer uma resposta para efetivar este anseio, pautado na aplicação dos conceitos e diretrizes da comunicação interpretativa no turismo.

A comunicação interpretativa foi apresentada de maneira a revelar seus próprios significados e a contribuir para a formatação de uma base conceitual que subsidie a realização de outros estudos sobre a relação entre turismo cultural e comunicação interpretativa. Em seu aprofundamento, o estudo procurou demonstrar que o fenômeno turístico cultural, se for baseado na filosofia interpretativa, pode transformar-se em uma atividade educativa e conservacionista. Sem a aplicação dos princípios interpretativos, as experiências turísticas culturais tendem a resumir-se apenas ao entretenimento ou, quando muito, ao mero recebimento de informações – o que é diametralmente diferente da apreensão de conhecimentos que leva à geração de mudanças comportamentais.

As mudanças aqui propostas encontram subsídio na discussão da problemática sociocultural do turismo de massa, que Jost Krippendorf definia, já no final da década de 1980, como um esforço conjunto para a "humanização das viagens".[1] Uma das teses desenvolvidas pelo autor reside na busca da otimização das experiências dos viajantes, transformando o turista conduzido e manipulado num viajante informado e experiente, num consumidor crítico durante o consumo da viagem, o que incluiria tanto a sua realização propriamente dita quanto os períodos que a antecedem e a sucedem, e também o seu dia a dia.

O comportamento do turista é indissociável de seu comportamento cotidiano como cidadão. "Viajamos sem sair da nossa pele. Não nos tornamos, de repente, uma outra pessoa porque somos turistas."[2] Por essa razão, busca-se

---

[1] Jost Krippendorf, *Sociologia do Turismo: para uma nova compreensão do lazer e das viagens* (Rio de Janeiro: Civilização Brasileira, 1989).
[2] *Ibid.*, p. 65.

um processo educativo que possa ser aplicado para proteção e conservação dos sítios patrimoniais, mas que também contribua para o processo mais amplo de conscientização e apropriação dos espaços patrimoniais pelos cidadãos.

A proposta aqui apresentada procura contribuir teoricamente para que, na prática, as vivências experimentadas no momento da viagem possam transformar-se num campo de aprendizado para a vida cotidiana, incentivando a melhoria da qualidade de vida coletiva e a crescente tomada de consciência e apropriação individual dos preceitos da cidadania. Abre-se também todo um amplo leque de possibilidades de desenvolvimento de ações com as comunidades locais, detentoras do conhecimento acumulado a partir da elaboração e da vivência do bem patrimonial – que poderá ser complementado ou incrementado pelo conhecimento científico de especialistas e acadêmicos. Nesse sentido, os atores da comunidade devem ser ativamente envolvidos em todo o processo de construção da comunicação interpretativa: desde o planejamento, a produção e a gestão, até o próprio usufruto do bem.

Outra característica que se provou indissociável deste trabalho foi a tentativa de apontar os possíveis relacionamentos do turismo cultural e da comunicação interpretativa com outras áreas do conhecimento, como, por exemplo, a arquitetura, a psicologia e a educação. Dessa forma, buscou-se abrir caminho para uma nova abordagem da atividade turística, num campo praticamente inexplorado que intenta sua intersecção com práticas pedagógicas que transcendem a "educação bancária".[3]

A abordagem aqui proposta entende a própria educação como um trabalho criativo, de apropriação e recriação de conteúdos, que transforma o bem e seus significados intrínsecos em algo vivo, propondo a inserção do turismo como um instrumento para um desvelamento de conhecimentos que leve, em conjunto com outras práticas pedagógicas, formais ou informais, a uma postura crítica diante do mundo.

---

[3] A expressão "educação bancária" foi cunhada por Paulo Freire para indicar os processos educativos que concebem os alunos como recipientes vazios, nos quais o professor "deposita" seus próprios conhecimentos – ver Moacir Gadotti, *Convite à leitura de Paulo Freire* (2ª ed. São Paulo: Scipione, 1991), p. 28.

Para tanto, torna-se fundamental a criação de um corpo de conhecimentos que subsidie essa prática, assim como a formação de profissionais de turismo que se considerem educadores e não meros vendedores de sonhos, prontos e acabados, para consumo dos turistas.

Anexos

ANEXO I. "Coisas dignas de serem vistas": as sete maravilhas e os patrimônios da Humanidade

As listas de monumentos dignos de serem vistos nasceram na Grécia clássica e estiveram, a partir de então, presentes em diversos momentos da história mundial, muitas vezes chegando a funcionar como os modernos guias turísticos, fornecendo informações sobre a localização, os itinerários e os próprios bens.

Segundo o livro *The Wonders of the World*, produzido por pesquisadores da National Geographic Society em 1998, o historiador grego Heródoto, incansável viajante, foi o responsável pelo início do modismo de louvar gigantescas estruturas construtivas, já no século 5 a.C. O costume de elaborar inventários de marcos e locais que deveriam ser vistos por todos só apareceu, entretanto, após as conquistas de Alexandre, o Grande: a formação do império grego, que abrangia extensa área da Grécia à Índia, permitiu a emergência de um próspero período para o comércio e para as viagens. Os escritores gregos começaram imediatamente a compilar atrações que nenhum viajante poderia deixar de conhecer. Calímaco de Cirene, notável erudito da Biblioteca de Alexandria, no Egito, que escreveu em 240 a.C. a obra *Uma coleção de maravilhas em todas as terras do mundo*, foi um dos primeiros a publicar as listas.

Embora o original desse trabalho nunca tenha sido encontrado, ele inspirou dezenas de seguidores, incluindo Philos de Bizâncio, cujo inventário enumerava seis das sete obras que se tornaram cânones para os viajantes helênicos (e para seus descendentes): as Pirâmides (planície de Gizé, Egito), os Jardins Suspensos (às margens do rio Eufrates, Babilônia, atual Iraque), o Templo de Artemis (Éfeso, atual Turquia), o Mausoléu de Halicarnasso (Cária, Pérsia, atual Bodrum, Turquia), a Estátua de Zeus (Olímpia, Grécia) e o Colosso de Rodes (na Ilha de Rodes, na atual Turquia). A sétima obra seria a Muralha da Babilônia que, segundo Heródoto, teria mais de 90 km de circunferência. Nas listas de outros autores, entretanto, a muralha cedeu lugar ao Farol de Alexandria (Egito), que se consolidou como a sétima maravilha.

Na elaboração desse conjunto de monumentos foram utilizados como principais critérios a beleza, a grandiosidade e a suntuosidade das obras, batizadas simplesmente como *Ta hepta theamata*, que significa não mais que "as sete coisas dignas de serem vistas". Os visitantes impressionavam-se por seu esplendor estético, pela tecnologia utilizada pelos construtores e pela completa ousadia de sua concepção.

Das sete maravilhas selecionadas para representar o mundo antigo, só chegaram aos nossos dias as pirâmides egípcias, obras tão magníficas que continuam a ocupar lugar de destaque no imaginário de turistas contemporâneos, motivando milhares de pessoas a visitarem, todos os anos, os monumentos funerários dos faraós e outros bens patrimoniais egípcios. Para se ter uma ideia do empreendimento realizado, arquitetos espanhóis estimaram que, para construção de réplicas idênticas com tecnologia atual, seriam necessários quinze anos (cinco a menos que originalmente) e investimento de mais de US$ 426,5 milhões – somente a quantia necessária para a reconstrução da pirâmide de Quéfren seria suficiente para construir cem centros esportivos na cidade de Madri.[1]

Quando a civilização clássica declinou, o conceito da lista das sete maravilhas do mundo antigo já estava profundamente enraizado na consciência ocidental e inspirou inúmeros outros inventários, como o medieval. Durante a Idade Média – quando a maioria dos europeus vivia em comunidades pequenas e isoladas, as viagens se tornaram mais difíceis e perigosas e o conhecimento estava confinado e controlado pela Igreja –, eruditos e filósofos dedicaram-se a atualizar a lista de maravilhas do mundo antigo, nelas refletindo suas próprias opiniões sobre as obras que deveriam ser apreciadas. Em algum momento desse período ou logo após seu término, entretanto, surgiu uma lista que se sobrepôs às demais, a de maravilhas do mundo medieval que, apesar da denominação, incluía estruturas mais antigas e representava quase 4.500 anos de história. Era, na verdade, um reflexo do imaginário medieval. Nessa lista figuravam o monumento megalítico de Stonehenge (Inglaterra), o Coliseu romano (Itália), as Catacumbas de Kom el Shoqafa, (Alexandria, Egito), a Grande Muralha da China, a Torre de Porcelana de Nanjing (China), a Hagia Sophia (Istambul, Turquia) e a Torre de Pisa (Itália).[2] Às listas de maravilhas construídas pelo homem foram acrescentadas as maravilhas da natureza, que começaram a merecer maior atenção dos viajantes somente em meados do século XIX, quando se iniciou o "*grand tour* romântico, que presenciou a emergência do turismo voltado para a paisagem e de uma experiência muito mais particular e voltada para o sublime".[3] Nessa lista figuravam elementos naturais como o Monte Everest (Cordilheira do Himalaia, na fronteira entre o Tibet, o Nepal e a China), a Grande Barreira de Corais (Austrália), o Grand Canyon (Estados Unidos), a Victoria Falls (fronteira entre Zimbábue e Zâm-

---

[1] Javier Huerta, "Faraones y contratas. ¿Cuánto costaria construir hoy las grandes joyas de la arquitectura?", *Quo*, Madri, 1996, pp. 82-87.
[2] K. M. Kostyal, "Seven Wonders of the Medieval Mind", em National Geographic Society, *The Wonders of the World* (Washington, D. C.: National Geographic Society, 1998), pp. 60-103.
[3] John Urry, *O olhar do turista: lazer e viagens nas sociedades contemporâneas* (São Paulo: Sesc/Studio Nobel, 1996), pp. 19-20.

bia), a Baía de Guanabara (Rio de Janeiro, Brasil), o vulcão Paricutín (Michoacán, México) e as luzes da aurora boreal (Alasca, Estados Unidos).

Ao contrário do ocorrido com as listas de outros períodos – nos quais foram produzidos diversos inventários que vieram a consolidar-se, finalmente, em uma única listagem – existem inúmeras listas de maravilhas do mundo moderno, algumas com vários itens em duplicidade. No total, os lugares e obras mencionados ultrapassariam o número sete. Entre eles estão a Estátua da Liberdade (Nova York, Estados Unidos), o Canal de Suez (Egito), o Cristo Redentor (Rio de Janeiro), a Cidade Proibida (China), a Capela Sistina (Itália), a Torre de Pisa (Itália), a Cidade Rosa de Petra (Jordânia), a Ayers Rock (Austrália), o Grand Palace (Bangcoc), a Muralha da China, o monumento de Stonehenge (Inglaterra), o Salto Angel (Venezuela), o Buda de Kamakurna (Japão), o Monte Rushmore (Estados Unidos) e a Alaskan Highway (entre Estados Unidos e Canadá).[4]

Se comparadas a outras obras do homem listadas, as obras inventariadas como "as sete maravilhas da engenharia" (também conhecidas como maravilhas do mundo moderno) demonstram uma expressiva mudança no caráter dos itens selecionados. Enquanto as maravilhas do passado expressavam a habilidade de uma humanidade ainda ingênua para idealizar, planejar e realizar em uma escala colossal,[5] a lista moderna – elaborada pela American Society of Civil Engineers com o auxílio de especialistas do mundo todo – contempla o pragmatismo, já que as obras foram projetadas para atender às necessidades do comércio (Empire State Building, em Nova York, Estados Unidos), para melhorar sistemas de transporte e comunicação (Golden Gate em São Francisco, Estados Unidos; CN Tower em Toronto, Canadá; o Canal do Panamá e o Eurotúnel, entre a França e a Inglaterra), para produzir energia (a Hidrelétrica de Itaipu – rio Paraná, fronteira entre Brasil e Paraguai) e até mesmo para salvar um país do mar (estruturas de proteção do Mar do Norte, na Holanda). Em

---

[4] Carolina Tarrío, "Maravilhas do mundo", em *Os caminhos da Terra*, São Paulo, 8 (52), agosto de 1990, pp. 30-35.

[5] Catherine H. Howell, "Seven Wonders of the Modern World", em National Geographic Society, *The Wonders of the World* (Washington, D. C.: National Geographic Society, 1998), p. 185.

outras palavras, as maravilhas do mundo moderno são "um tributo ao desejo universal do homem de triunfar sobre o impossível".[6]

Mais recentemente, um outro tipo de lista passou a direcionar os olhares daqueles que se interessam por bens excepcionais, quer naturais quer culturais: a Lista do Patrimônio Mundial, da Unesco. O objetivo maior da lista é encorajar em todo o mundo a "identificação, proteção e preservação do patrimônio cultural e natural considerado portador de um valor excepcional para a humanidade".[7] Após os resultados de diversas reuniões internacionais de organismos ligados ao patrimônio natural e cultural, consolidou-se a ideia de conservar conjuntamente sítios naturais e culturais, estimulando a cooperação internacional para a preservação destes bens. Em 1972, durante a XVII Sessão da Conferência Geral da Unesco, reunida em Paris, foi adotada a Convenção sobre a Proteção do Patrimônio Mundial, Cultural e Natural.[8] Assinando a convenção, os Estados-partícipes comprometem-se a contribuir financeira e intelectualmente para a proteção do patrimônio mundial. Um bem selecionado para integrar a lista possui "valor universal excepcional" e, por isso, constitui patrimônio comum a toda a Humanidade, cabendo sua preservação a toda comunidade internacional.[9] Atualmente, a lista conta com a inscrição de 851 sítios – 660 culturais, 166 naturais e 25 mistos –[10] de 141 países.[11] Apesar dos esforços que o Comitê Intergovernamental do Patrimônio Mundial tem empreendido, nota-se ainda amplo predomínio dos sítios monumentais e da arquitetura religiosa europeia na listagem.

O Brasil possui 17 bens inscritos na Lista do Patrimônio Mundial:[12]

---

[6] *Ibidem.*
[7] Unesco, "Que é o patrimônio mundial", em *O Correio da Unesco*, 25 (11), Rio de Janeiro, novembro de 1997, pp. 6-9.
[8] *Apud* Isabelle Cury (org.), *Cartas patrimoniais* (2ª ed. rev. e ampl. Rio de Janeiro: Iphan, 2000), pp. 177-193.
[9] Bernd von Droste, "Há 25 anos...", em *O Correio da Unesco*, 25 (11), Rio de Janeiro, novembro de 1997, p. 9.
[10] Os sítios mistos são assim classificados por combinarem os valores dos sítios naturais com os dos culturais, indicando uma interação significativa entre a comunidade e o meio ambiente natural na qual se insere. Ver Unesco, "Que é o patrimônio mundial", cit., p. 7.
[11] Unesco, World Heritage, disponível em http://www.unesco.org/whc. Acesso em março de 2006.
[12] Organização das Nações Unidas para a Educação, a Ciência e a Cultura: Unesco no Brasil. *Lista do Patrimônio Mundial 2008*, disponível em: http://www.brasilia.unesco.org/areas/cultura/areastematicas/patrimoniomundial/copy6_of_index_html. Acesso em 20-4-2009.

1. o conjunto arquitetônico e urbanístico de Ouro Preto (MG), em 1980;
2. o conjunto arquitetônico, paisagístico e urbanístico de Olinda (PE), em 1982;
3. o Parque Nacional de Iguaçu (PR), em 1984;
4. as ruínas da Igreja de São Miguel das Missões (RS), inscrita juntamente com os remanescentes das missões jesuíticas guaranis da Argentina (San Ignacio Mini, Santa Ana, Nuestra Señora de Loreto e Santa Maria Mayor, na Argentina), em 1984;
5. o conjunto arquitetônico e urbanístico de Salvador (BA), em 1985;
6. o Santuário de São Bom Jesus de Matosinhos, em Congonhas (MG), em 1985;
7. o conjunto urbanístico, arquitetônico e paisagístico de Brasília (DF), em 1987;
8. o Parque Nacional da Serra da Capivara (PI), em 1991;
9. o conjunto arquitetônico e urbanístico do centro histórico de São Luís (MA), em 1997;
10. o conjunto arquitetônico e urbanístico do centro histórico de Diamantina (MG), em 1999;
11. a Reserva de Mata Atlântica da Costa do Descobrimento (BA), em 1999;
12. a Reserva de Mata Atlântica do sudeste (PR e SP), em 1999;
13. o Parque Nacional do Jaú (AM), em 2000;
14. a área de conservação do Pantanal (MT), em 2000;
15. o Centro Histórico da Cidade de Goiás (GO), em 2001;
16. as reservas do Cerrado (Chapada dos Veadeiros e Parque Nacional das Emas, GO), em 2001; e
17. as Ilhas Atlânticas – o Parque Nacional Marinho de Fernando de Noronha (PE) e a Reserva Biológica do Atol das Rocas (RN), em 2001.

Por sua excepcionalidade, os bens inscritos nas diversas listas aqui citadas atraem milhões de visitantes e constituem-se, hoje, em peças fundamentais para a motivação de viajantes do turismo cultural.

ANEXO II. Carta Internacional sobre Turismo Cultural

GESTÃO DO TURISMO EM SÍTIOS COM SIGNIFICADO PATRIMONIAL

Adotada na XII Assembleia Geral do International Council on Monuments and Sites (Icomos), reunida no México em outubro de 1999, em substituição à antiga Carta de Turismo Cultural, vigente desde 1976

> *Organização das Nações Unidas para a Educação, a Ciência e a Cultura (Unesco). Conselho Internacional de Monumentos e Sítios (Icomos). Comitê Científico Internacional de Turismo Cultural*

O CARÁTER FUNDAMENTAL DA CARTA

De uma forma geral, o patrimônio natural e cultural pertence a todas as pessoas. Cada um de nós tem o direito e a responsabilidade de compreender, apreciar e conservar os seus valores universais.

Patrimônio é um conceito amplo e inclui tanto o ambiente natural como o ambiente cultural. Abrange paisagens, locais históricos, sítios e ambientes construídos, bem como biodiversidade, coleções, práticas culturais passadas e presentes, conhecimentos e experiências vividas. Ele registra e exprime o longo processo do desenvolvimento histórico, formando a essência das diversas identidades nacionais, regionais, indígenas e locais, e é uma parte integrante da vida moderna. É um ponto de referência dinâmico e instrumento positivo para o crescimento e o intercâmbio. O patrimônio particular e a memória coletiva de cada localidade, ou de cada comunidade, são insubstituíveis e fundamentos importantes para o desenvolvimento, seja agora, seja no futuro.

Numa época de globalização crescente, a proteção, conservação, interpretação e apresentação do patrimônio e da diversidade cultural de qualquer lugar ou região em particular são um desafio importante para todos os povos e locais do planeta. No entanto, a gestão desse patrimônio, dentro de um enquadramento de normas internacionalmente reconhecidas e apropriadamente aplicadas, é, geralmente, da responsabilidade da comunidade, ou do grupo de custódia, de caráter privado.

O objetivo primário da gestão do patrimônio é a comunicação do seu significado e a necessidade de sua conservação para a comunidade anfitriã e para os visitantes. O acesso ao patrimônio, razoável e bem gerido física, intelectual e emocionalmente, e ao desenvolvimento cultural é tanto um direito como um privilégio. Ele traz consigo o dever de respeitar valores e interesses, de equidade para com a comunidade anfitriã atual, para com os povos indígenas que conservam seu patrimônio e para com os proprietários de locais históricos, assim como para com as paisagens e as culturas a partir das quais esse patrimônio evoluiu.

A interação dinâmica entre turismo e patrimônio cultural

O turismo doméstico e o turismo internacional continuam a estar entre os veículos mais importantes das trocas culturais, proporcionando uma experiência pessoal, não só sobre aquilo que sobreviveu do passado, mas também sobre a vida de outras sociedades contemporâneas. São cada vez mais apreciados como uma força positiva para a conservação natural e cultural. O turismo pode captar as características econômicas do patrimônio e dedicá-las à conservação, gerando fundos, educando a comunidade e influenciando a política. É uma parte essencial de muitas economias nacionais e regionais, e pode ser um importante fator no desenvolvimento, quando administrado adequadamente.

O próprio turismo tornou-se um fenômeno cada vez mais complexo, com dimensões políticas, econômicas, sociais, culturais, educacionais, biofísicas, ecológicas e estéticas. Alcançar uma interação benéfica entre as potencialmente conflituosas expectativas e aspirações dos visitantes e dos residentes, ou das comunidades locais, apresenta desafios e oportunidades.

O patrimônio natural e cultural, a diversidade e as culturas vivas são os maiores atrativos do turismo. O turismo excessivo, ou o turismo mal gerido, bem como o desenvolvimento relacionado com o turismo, podem ameaçar sua natureza física, sua integridade e suas características mais significativas. O entorno ecológico, a cultura e os estilos de vida das comunidades residentes podem degradar-se, assim como a própria experiência que o visitante tem nesse lugar. O turismo deve trazer benefícios às comunidades residentes e proporcionar-lhes meios importantes e motivação para cuidarem e manterem seu patrimônio e suas práticas culturais. É necessário o envolvimento e a cooperação das comunidades locais e/ou indígenas representativas, dos conservacionistas, dos operadores turísticos, dos proprietários, dos autores de políticas públicas, dos responsáveis pela elaboração de planos de desenvolvimento nacional e dos gestores dos sítios para se conseguir uma indústria de turismo sustentável e para se valorizar a proteção dos recursos do patrimônio para as futuras gerações.

O Icomos, como autor dessa carta, outras organizações internacionais e a própria indústria do turismo estão empenhados nesse desafio.

Objetivos da carta

Os objetivos da Carta Internacional do Turismo Cultural são:
- facilitar e incentivar as pessoas envolvidas na conservação e na gestão do patrimônio a tornarem acessível à comunidade anfitriã e aos visitantes o significado desse patrimônio;
- facilitar e incentivar a indústria do turismo a promover e a gerir o turismo de forma a respeitar e valorizar o patrimônio e as culturas vivas das comunidades anfitriãs;
- facilitar e incentivar o diálogo entre os interesses conservacionistas e a indústria do turismo sobre a importância e a natureza vulnerável dos sítios patrimoniais, das coleções e das culturas vivas, e também sobre a necessidade de lhes garantir um futuro sustentável;
- incentivar a formulação de planos e de políticas para o desenvolvimento de objetivos pormenorizados e mensuráveis e de estratégias relacionadas com a apresentação e a interpretação dos sítios patrimoniais e das atividades culturais no contexto da sua preservação e conservação.

Além disso,
- a carta apoia iniciativas mais amplas do Icomos, de outros organismos internacionais e da indústria do turismo na manutenção da integridade da gestão e da conservação do patrimônio;
- a carta encoraja o envolvimento de todas as pessoas com interesses relevantes ou, por vezes, conflitantes, com responsabilidades e com obrigações, para se unirem na realização dos seus objetivos;
- a carta encoraja a formulação de linhas de orientação detalhadas, pelas partes interessadas, facilitando a implementação dos princípios de acordo com as suas circunstâncias específicas ou com os requisitos de organizações ou de comunidades particulares.

Princípios da Carta do Turismo Cultural

Princípio 1

Como o turismo doméstico e o turismo internacional estão entre os principais veículos das trocas culturais, a conservação deve proporcionar oportunidades responsáveis e bem geridas para os membros da comunidade anfitriã, assim como proporcionar aos visitantes a experimentação e compreensão imediatas do patrimônio e da cultura dessa comunidade.

1.1. O patrimônio natural e cultural é, ao mesmo tempo, um recurso material e espiritual, e proporciona uma narrativa do desenvolvimento histórico. Desempenha um papel importante na vida moderna e deve ser tornado física, intelectual e/ou emocionalmente acessível ao público em geral. Os programas estabelecidos para a proteção e conservação dos atributos físicos, dos aspectos intangíveis, das expressões culturais contemporâneas e seus variados contextos devem facilitar a compreensão e a apreciação do significado do patrimônio, pela comunidade anfitriã e pelos visitantes, de uma maneira equitativa e sustentável.

1.2. Os aspectos particulares do patrimônio natural e cultural têm diferentes níveis de significado, alguns com valores universais, outros de importância nacional, regional ou local. Os programas de interpretação estabelecidos devem apresentar esse significado de maneira relevante e acessível à comunidade anfitriã e aos visitantes, com apropriadas, estimulantes e contemporâneas formas de educação, de mídia, de tecnologia e de explicação pessoal da informação histórica, ambiental e cultural.

1.3. Os programas de interpretação e de apresentação estabelecidos devem facilitar e encorajar elevado nível de conhecimento público e o necessário apoio para a sobrevivência a longo prazo do patrimônio natural e cultural.

1.4. Os programas de interpretação estabelecidos devem apresentar o significado dos sítios patrimoniais e das tradições e práticas culturais inseridas tanto na experiência passada quanto nas diversidades atuais do sítio e da comunidade anfitriã, nestas se incluindo também as pertencentes a grupos culturais ou linguísticos minoritários. O visitante deve ser sempre informado sobre os diferentes valores culturais que podem estar associados a um recurso patrimonial em particular.

Princípio 2

O relacionamento entre os sítios patrimoniais e o turismo é dinâmico e pode envolver valores conflitantes. Ele deve ser gerido de forma sustentada para a atual e as futuras gerações.

2.1. Os sítios com significado cultural têm um valor intrínseco para todas as pessoas e são bases importantes para a diversidade cultural e para o desenvolvimento social. A proteção e a conservação a longo prazo das culturas vivas, dos sítios patrimoniais, das coleções, de sua integridade física e ecológica e de seu contexto ambiental devem ser consideradas no desenvolvimento das políticas sociais, econômicas, legislativas, culturais e turísticas.

2.2. A interação entre os recursos, ou os valores do patrimônio, e o turismo é dinâmica e está em contínua mudança, gerando tanto oportunidades como desafios e potenciais conflitos. Os projetos turísticos, suas atividades e desenvolvimento devem concretizar resultados positivos e minimizar os impactos negativos sobre o patrimônio e sobre os modos de vida da comunidade anfitriã, e ao mesmo tempo responder às necessidades e às expectativas dos visitantes.

2.3. Os programas de conservação, interpretação e desenvolvimento do turismo devem basear-se numa compreensão abrangente dos aspectos específicos e significativos do patrimônio em cada sítio em particular, frequentemente complexos ou conflitantes. A investigação e a consulta permanentes são importantes para se alcançar permanente compreensão e apreciação desse significado.

2.4. É importante a conservação da autenticidade dos sítios patrimoniais e das coleções. Ela é um elemento essencial do seu significado cultural, conforme está expresso no material físico, nas memórias recolhidas e nas tradições intangíveis que restam do passado. Os programas estabelecidos devem apresentar e interpretar a autenticidade dos sítios e das experiências culturais, para valorizar a apreciação e a compreensão desse patrimônio cultural.

2.5. As obras de infraestrutura e os projetos para o desenvolvimento turístico devem considerar as características estéticas, as dimensões social e cultural, as paisagens natural e cultural, a biodiversidade e o amplo contexto visual dos sítios patrimoniais. Deve ser dada preferência à utilização de materiais locais e devem ser levados em consideração os estilos arquitetônicos locais ou as tradições vernáculas.

2.6. Antes que se desenvolva ou se promova um turismo crescente nos sítios patrimoniais, devem ser avaliados planos de gestão dos valores naturais e culturais do recurso. Em seguida, devem ser estabelecidos limites apropriados para as alterações aceitáveis, sobretudo em relação ao impacto que o excessivo número de visitantes pode produzir nas características físicas do patrimônio, em sua integridade ecológica, na diversidade do sítio, nos sistemas de transporte e acesso e no bem-estar social, econômico e cultural da comunidade anfitriã. Caso seja possível que o nível de alterações venha a se tornar inaceitável, a proposta de desenvolvimento deve ser modificada.

2.7. Devem existir programas de avaliação contínua dos impactos progressivos das atividades turísticas e dos planos de desenvolvimento sobre um sítio ou sobre uma comunidade em particular.

Princípio 3

A conservação e o planejamento do turismo para sítios patrimoniais devem garantir que a experiência do visitante valha a pena e seja satisfatória e agradável.

3.1. Os programas de conservação e de turismo devem apresentar elevada qualidade de informação para aperfeiçoar a compreensão do visitante sobre as características significativas do patrimônio e sobre a necessidade de sua proteção, permitindo a esse visitante usufruir o sítio de maneira apropriada.

3.2. Os visitantes devem poder usufruir o sítio patrimonial a pé e em seu próprio ritmo, se assim o escolherem. Podem ser necessários itinerários especiais de circulação que minimizem impactos sobre a integridade e a constituição física do sítio, bem como sobre suas características naturais e culturais.

3.3. O respeito pelo caráter sagrado dos sítios espirituais, das práticas e das tradições é um ponto de reflexão importante para os gestores dos sítios, para os visitantes, para os legisladores, para os planejadores e para os operadores turísticos. Os visitantes devem ser encorajados a comportar-se como hóspedes bem-vindos, respeitando os valores e os estilos de vida da comunidade anfitriã, rechaçando o produto de possível roubo ou tráfico ilícito de propriedade cultural e portando-se de maneira respeitosa, para que haja nova acolhida positiva, caso venham a regressar.

3.4. O planejamento de atividades turísticas deve prever instalações apropriadas para o conforto, segurança e bem-estar do visitante, que valorizem a fruição da visita sem impactar negativamente elementos significativos ou características ecológicas importantes.

Princípio 4

As comunidades residentes e os povos indígenas devem ser envolvidos no planejamento para a conservação do sítio e para o turismo.

4.1. Devem ser respeitados os direitos e os interesses da comunidade anfitriã, em nível regional e local, bem como os dos proprietários e dos povos indígenas que exerçam direitos ou responsabilidades tradicionais sobre seu próprio território e sobre os sítios representativos de suas culturas. Eles devem ser envolvidos no estabelecimento de objetivos, estratégias, políticas e protocolos para a identificação, conservação, gestão, apresentação e interpretação dos seus próprios recursos culturais, práticas culturais e expressões culturais contemporâneas, no contexto do turismo.

4.2. Embora o patrimônio específico de qualquer sítio ou região possa ter dimensão universal, devem ser respeitadas as necessidades e os desejos das diversas comunidades e povos indígenas de restringir ou administrar o acesso físico, espiritual ou intelectual a certas práticas culturais, conhecimentos, crenças, atividades, artefatos ou lugares.

Princípio 5
As atividades turísticas e conservacionistas devem beneficiar a comunidade anfitriã.

5.1. Os autores de políticas públicas devem promover medidas para a distribuição equitativa dos benefícios provenientes do turismo de tal maneira que estes sejam repartidos entre os diversos países ou regiões, melhorando os níveis de desenvolvimento socioeconômico e contribuindo, onde necessário, para o alívio da pobreza.

5.2. A gestão da conservação do patrimônio e das atividades turísticas deve proporcionar benefícios econômicos, sociais e culturais equitativos para os habitantes da comunidade anfitriã ou local, em todos os níveis, por meio da educação e formação e da criação de oportunidades de emprego em tempo integral.

5.3. Parcela significativa dos rendimentos, especificamente derivados dos programas de turismo para os sítios culturais, deve ser atribuída à proteção, conservação e apresentação desses sítios, em seus contextos natural e cultural. Sempre que possível, os visitantes devem ser informados sobre essa distribuição de recursos.

5.4. Os programas de turismo devem encorajar a formação e o emprego de guias e de intérpretes de sítio provenientes da comunidade anfitriã, para valorizar as competências do povo local na apresentação e na interpretação dos seus valores culturais.

5.5. A interpretação do patrimônio e os programas de educação entre a comunidade residente devem encorajar o envolvimento de intérpretes de sítio locais. Os programas devem promover o conhecimento e o respeito pelo seu próprio patrimônio, encorajando a comunidade local a se interessar diretamente por seu cuidado e conservação.

5.6. Os programas de gestão da conservação e do turismo devem incluir educação e oportunidades de formação para autores de políticas públicas, planejadores, pesquisadores, projetistas, arquitetos, intérpretes, conservacionistas e operadores de turismo. Os participantes devem ser incentivados a buscar compreender e ajudar a resolver as questões conflitantes que seus colegas possam, ocasionalmente, encontrar.

Princípio 6

Os programas de promoção do turismo devem proteger e valorizar as características do patrimônio natural e cultural.

6.1. Os programas de promoção do turismo devem criar expectativas realistas e informar responsavelmente os potenciais visitantes sobre as características do patrimônio específico de um sítio ou de uma comunidade anfitriã, incentivando-os, dessa forma, a se comportarem adequadamente.

6.2. Os sítios e as coleções com significado cultural devem ser promovidos e geridos de forma a proteger sua autenticidade e valorizar a experiência do visitante, pela minimização das flutuações nas chegadas e evitando números excessivos e simultâneos de visitantes.

6.3. Os programas de promoção do turismo devem proporcionar ampla distribuição de benefícios e aliviar as pressões sobre os sítios mais populares, incentivando os visitantes a experimentar características mais amplas do patrimônio natural e cultural da região ou da localidade.

6.4. A promoção, distribuição e venda de artigos locais e de outros produtos devem proporcionar à comunidade anfitriã retorno social e econômico razoáveis e garantir, ao mesmo tempo, que sua integridade cultural não seja degradada.

ANEXO III. Normas de Quito[1]

REUNIÃO SOBRE CONSERVAÇÃO E UTILIZAÇÃO DE MONUMENTOS E SÍTIOS DE INTERESSE HISTÓRICO E ARTÍSTICO

Organização dos Estados Americanos (OEA)
Quito, novembro-dezembro de 1967

INFORME FINAL

Introdução

A inclusão do problema da necessária conservação e utilização do patrimônio monumental na relação dos esforços multinacionais que os governos da América se comprometem a realizar é alentador sob dois pontos de vista. Primeiramente, porque, com isso, os chefes de Estado reco-

---

[1] Reproduzido parcialmente de Isabelle Cury (org.), *Cartas patrimoniais* (2ª ed. rev. e ampl. Rio de Janeiro: Iphan, 2000), pp. 105-122.

nhecem, explicitamente, a existência de uma situação de urgência que exige a cooperação interamericana, e, em segundo lugar, porque, sendo a razão fundamental da reunião de Punta Del Leste o propósito comum de dar novo impulso ao desenvolvimento do continente, se aceita, implicitamente, que esses bens do patrimônio cultural representam um valor econômico e são suscetíveis de se constituir em instrumentos do progresso.

O acelerado processo de empobrecimento que a maioria dos países americanos vem sofrendo, como consequência do estado de abandono e da falta de defesa em que se encontra sua riqueza monumental e artística, demanda a adoção de medidas de emergência, tanto em nível nacional quanto internacional, mas sua eficácia prática dependerá, em último caso, de sua adequada formulação dentro de um plano sistemático de revalorização dos bens patrimoniais em função do desenvolvimento econômico-social.

As recomendações do presente informe são dirigidas nesse sentido e se limitam, especificamente, à adequada conservação e utilização dos monumentos e sítios de interesse arqueológico, histórico e artístico, em conformidade com o que dispõe o Capítulo V, Esforços Multinacionais, letra d, da Declaração dos Presidentes da América.

É preciso reconhecer, entretanto, que, dada a íntima relação entre o continente arquitetônico e o conteúdo artístico, se torna imprescindível estender a devida proteção a outros bens móveis e a objetos valiosos do patrimônio cultural, para evitar sua contínua deterioração e subtração impune e para conseguir que contribuam para a obtenção dos fins pretendidos mediante sua adequada exibição, de acordo com a moderna técnica museográfica. [...]

VII. Os monumentos em função do turismo

1. Os valores propriamente culturais não se desnaturalizam nem se comprometem ao vincular-se aos interesses turísticos; longe disso: a maior atração exercida pelos monumentos e a fluência crescente de visitantes contribuem para afirmar a consciência de sua importância e significação nacionais. Um monumento adequadamente restaurado, um conjunto urbano valorizado constituem não só uma lição viva da história

como uma legítima razão de dignidade nacional. No mais amplo marco das relações internacionais, esses testemunhos do passado estimulam os sentimentos de compreensão, harmonia e comunhão espiritual, mesmo entre povos que mantêm rivalidade política. Tudo quanto contribuir para exaltar os valores do espírito, mesmo que a intenção original nada tenha a ver com a cultura, há de derivar em seu benefício. A Europa deve ao turismo, direta ou indiretamente, a salvaguarda de grande parte de seu patrimônio cultural, condenado à completa e irremediável destruição, e a sensibilidade contemporânea, mais visual que literária, tem oportunidade de se enriquecer com a contemplação de novos exemplos da civilização ocidental, resgatados tecnicamente graças ao poderoso estímulo turístico.

2. Se os bens do patrimônio cultural desempenham papel tão importante na promoção do turismo, é lógico que os investimentos exigidos para sua devida restauração e habilitação específica devem ser feitos simultaneamente aos que reclamam o equipamento turístico e, mais propriamente, integrar-se num só plano econômico de desenvolvimento regional.

3. A Conferência das Nações Unidas sobre Viagens Internacionais e Turismo (Roma, 1963) não somente recomendou que se desse alta prioridade aos investimentos em turismo dentro dos planos nacionais como ressaltou que, "do ponto de vista turístico, o patrimônio cultural, histórico e natural das nações constitui um valor substancialmente importante"; e, em consequência, seria urgente "a adoção de medidas adequadas dirigidas a assegurar a conservação e proteção desse patrimônio". (Informe Final, Doc. 4). Por sua vez, a Conferência das Nações Unidas sobre Comércio e Desenvolvimento (Genebra, Suíça, 1964) recomendou às agências e aos organismos de financiamento, tanto governamentais como privados, "oferecer assistência, na forma mais apropriada, para obras de conservação, restauração e utilização vantajosa de sítios arqueológicos, históricos e de beleza natural". (Resolução, Anexo A, IV. 24). Ultimamente, o Conselho Econômico e Social do citado organismo mundial,

depois de recomendar à Assembleia Geral designar o ano de 1967 como "Ano do Turismo Internacional", resolveu solicitar aos organismos das Nações Unidas e às agências especializadas que dessem "parecer favorável às solicitações de assistência técnica e financeira dos países em desenvolvimento, a fim de acelerar a melhoria dos seus recursos turísticos" (Resolução 1109, XL).

4. Em relação a esse tema, que vem sendo objeto de especial atenção por parte da Secretaria Geral da Unesco, empreendeu-se um exaustivo estudo, com a colaboração de um organismo não governamental de grande prestígio, a União Internacional de Organizações Oficiais de Turismo. Esse estudo confirma os critérios expostos e, depois de analisar as razões culturais, educativas e sociais que justificam o uso da riqueza monumental em função do turismo, insiste nos benefícios econômicos que derivam dessa política para as áreas territoriais correspondentes. Dois pontos de particular interesse merecem ser destacados: a) a afluência turística determinada pela revalorização adequada de um monumento assegura a rápida recuperação do capital investido nesse fim; b) a atividade turística que se origina da adequada apresentação de um monumento e que, abandonada, determinaria sua extinção, traz consigo uma profunda transformação econômica da região em que esse monumento se acha inserido.

5. Dentro do sistema interamericano, além das numerosas recomendações e acordos que enfatizam a importância a ser concedida, tanto em nível nacional como regional, ao problema do abandono em que se encontra boa parte do patrimônio cultural dos países do continente, recentes reuniões especializadas têm abordado o tema específico da função que os monumentos de interesse artístico e histórico representam no desenvolvimento da indústria turística. A Comissão Técnica de Fomento do Turismo, na sua quarta reunião (julho-agosto de 1967), resolveu solidarizar-se com as conclusões adotadas pela correspondente Comissão de Equipamento Turístico, entre as quais figuram as seguintes:

Que os monumentos e outros bens de natureza arqueológica, histórica e artística podem e devem ser devidamente preservados e utilizados em função do desenvolvimento, como principais incentivos à afluência turística.

Que, nos países de grande riqueza patrimonial de bens de interesse arqueológico, histórico e artístico, este patrimônio constitui um fator decisivo em seu equipamento turístico e, em consequência, deve ser levado em conta na formalização dos planos correspondentes.

Que os interesses propriamente culturais e os de índole turística se conjugam no que diz respeito à devida preservação e utilização do patrimônio monumental e artístico dos povos da América, pelo que se faz aconselhável que os organismos e unidades técnicas de uma e outra área da atividade interamericana trabalhem nesse sentido de forma coordenada.

6. Do ponto de vista exclusivamente turístico, os monumentos são parte do equipamento de que se dispõe para operar essa indústria numa região determinada, mas, à medida que o monumento possa servir ao uso a que se destina, já não dependerá apenas de seu valor intrínseco, quer dizer, da sua significação ou interesse arqueológico, histórico ou artístico, mas também das circunstâncias adjetivas que concorram para ele e facilitem sua adequada utilização. Daí que as obras de restauração nem sempre são suficientes, por si sós, para que um monumento possa ser explorado e passe a fazer parte do equipamento turístico de uma região. Podem ser necessárias outras obras de infraestrutura, tais como um caminho que facilite o acesso ao monumento ou um albergue que aloje os visitantes ao término de uma jornada de viagem. Tudo isso, mantido o caráter ambiental da região.

7. As vantagens econômicas e sociais do turismo monumental figuram nas mais modernas estatísticas, especialmente nas dos países europeus, que devem sua presente prosperidade ao turismo internacional e que contam, entre suas principais fontes de riqueza, com a reserva de bens culturais. [...]

ANEXO 4. Carta Icomos para interpretação e apresentação de sítios de patrimônio cultural

Preparada sob os auspícios do Comitê Científico Internacional do Icomos para a Interpretação e Apresentação de Sítios de Patrimônio Cultural.

Ratificada pela XVI Assembleia Geral do Icomos, Québec (Canadá), em 4 de outubro de 2008

Preâmbulo

Desde sua fundação em 1965, como organização internacional de profissionais do setor patrimonial dedicada ao estudo, à documentação e à proteção de sítios patrimoniais, o Icomos tem se esforçado em promover a ética da conservação em todas suas atividades, assim como em contribuir para promover a apreciação pública do patrimônio material da humanidade em todas as suas formas e diversidade.

Segundo citação da Carta de Veneza (1964), "é essencial que os princípios que dirigem a conservação e a restauração dos monumentos sejam consensados e formulados em uma dimensão internacional, sendo cada nação responsável por aplicar o planejamento dentro do marco de sua própria cultura e de suas tradições". Com base nisso, as cartas do Icomos assumiram esta missão, estabelecendo as linhas profissionais para os desafios específicos da conservação e impulsionando a comunicação eficaz sobre a importância da conservação do patrimônio em cada região do mundo.

Essas primeiras cartas do Icomos destacam a importância da comunicação pública como parte primordial de um processo de conservação mais amplo (descrevendo-o como "difusão", "divulgação", "apresentação e "interpretação"). Reconhecem, de forma implícita, que cada ato de conservação do patrimônio – dentro de todas as tradições culturais do mundo – é, por sua natureza, um ato comunicativo.

Da extensa gama de evidências materiais e valores intangíveis de povos e civilizações passadas que perduram, a eleição do que preservar, de como o preservar e de como se vai apresentá-lo ao público são todos elementos da interpretação do sítio. Representam a visão de cada geração sobre o que é significativo, o que é importante e por que os materiais que perduram do passado devem ser passados às gerações vindouras.

É evidente a necessidade de se estabelecerem as bases conceituais, uma terminologia padronizada e princípios profissionais em consenso sobre a interpretação e a apresentação do patrimônio. Nos últimos anos, o amplo desenvolvimento de atividades interpretativas em muitos sítios patrimoniais e a introdução de elaboradas tecnologias de interpretação, assim como novas estratégias econômicas em matéria de *marketing* e gestão de sítios patrimoniais, criaram novas problemáticas e geraram interrogações fundamentais em relação às finalidades da conservação e da valorização pública dos sítios patrimoniais em todo o mundo:

- Quais são os objetivos aceitáveis e aceitos para a interpretação e a apresentação dos sítios patrimoniais?

- Que princípios deveriam ajudar a determinar que meios técnicos e que métodos são apropriados em contextos culturais e patrimoniais particulares?
- Que considerações éticas e profissionais deveriam contribuir para dar forma à interpretação e apresentação, dentre a ampla variedade de formas e técnicas específicas?

O objetivo dessa carta é, portanto, estabelecer os princípios básicos da interpretação e da apresentação como elementos essenciais dos esforços de conservação do patrimônio e como ferramenta básica para a apreciação e compreensão pelo público dos sítios culturais patrimoniais.[1]

Definições

Para os propósitos desta carta,

Interpretação: refere-se a todas as atividades potenciais realizadas para incrementar a conscientização pública e propiciar maior conhecimento sobre o sítio de patrimônio cultural. Neste sentido, incluem-se as publicações impressas e eletrônicas, as conferências, as instalações sobre o sítio, os programas educativos, as atividades comunitárias, assim como a pesquisa, os programas de formação e os sistemas e métodos de avaliação permanente do processo de interpretação em si.

Apresentação: centra-se, de forma mais específica, na comunicação planificada do conteúdo interpretativo ajustada para a informação interpretativa, para a acessibilidade física e para a infraestrutura interpretativa em sítios patrimoniais. Pode ser transmitida por meio de vários meios técnicos que incluem (mas não requerem) elementos, tais como painéis, exposições museais, trilhas sinalizadas, conferências, visitas guiadas, multimídias e páginas da web.

Infraestrutura interpretativa: refere-se às instalações físicas, aos equipamentos e aos espaços patrimoniais ou a eles relacionados, que podem ser utilizados

---

[1] Ainda que os princípios dessa carta possam ser igualmente aplicados à interpretação *ex situ*, seu enfoque principal é a interpretação e a apresentação de sítios patrimoniais.

especificamente para os propósitos de interpretação e apresentação, incluindo as novas estratégias de interpretação e a tecnologia existente.

Intérpretes do patrimônio: refere-se aos profissionais ou voluntários dos sítios patrimoniais que se encarregam de forma permanente ou temporária de comunicar ao público a informação concernente ao valor e à significação do patrimônio cultural.

Sítio de patrimônio cultural: refere-se a um lugar, uma paisagem cultural, um complexo arquitetônico, um depósito arqueológico, ou uma estrutura existente, reconhecido como sítio histórico e cultural e, geralmente, com proteção legal.

Objetivos

Assumindo que a interpretação e a apresentação são parte do processo global de conservação e gestão do patrimônio cultural, esta carta estabelece sete princípios fundamentais, nos quais a interpretação e a apresentação dos sítios de patrimônio cultural devem basear-se, em qualquer meio ou forma considerada apropriada de acordo com as circunstâncias:

- Princípio 1. Acesso e compreensão.
- Princípio 2. Fontes de informação.
- Princípio 3. Atenção ao entorno e ao contexto.
- Princípio 4. Preservação da autenticidade.
- Princípio 5. Plano de sustentabilidade.
- Princípio 6. Preocupação com a inclusão e com a participação.
- Princípio 7. Importância da pesquisa, da formação e da avaliação.

Partindo desses sete princípios, os objetivos dessa carta são os seguintes:

1. *Facilitar a compreensão e a valorização* dos sítios patrimoniais e fomentar a conscientização pública e o compromisso com a necessidade de sua proteção e conservação.
2. *Comunicar o significado* dos sítios patrimoniais a diferentes públicos por meio do reconhecimento de sua significação, produto da documenta-

ção cuidadosa do patrimônio e das tradições culturais que permanecem além dos métodos científicos.
3. *Salvaguardar os valores tangíveis e intangíveis* dos sítios patrimoniais em seu entorno natural e cultural e seu contexto social.
4. *Respeitar a autenticidade* do patrimônio cultural, comunicando a importância histórica e seu valor cultural e protegendo-o do impacto adverso de infraestruturas interpretativas intrusivas, da pressão dos visitantes e de interpretações inexatas ou inapropriadas.
5. *Contribuir para a conservação sustentável* do patrimônio cultural, mediante a promoção da compreensão do público e de sua participação, que envolve continuar com os esforços de conservação, assegurando a manutenção a longo prazo da infraestrutura interpretativa e da revisão regular de seus conteúdos interpretativos.
6. *Facilitar a participação e a inclusão social* na interpretação do patrimônio cultural, tornando possível o compromisso dos agentes implicados e das comunidades associadas ao desenvolvimento e à implementação de programas interpretativos.
7. *Desenvolver diretrizes técnicas e profissionais* para a interpretação e a apresentação do patrimônio cultural, incluindo as tecnologias, a pesquisa e a formação. Tais diretrizes devem ser apropriadas e sustentáveis em seu contexto social.

Princípio 1. Acesso e compreensão

Os programas de interpretação e apresentação devem facilitar o acesso físico e intelectual do público ao patrimônio cultural.
1. A interpretação e a apresentação devem ser efetivas e realçar a experiência pessoal, incrementar o respeito e o conhecimento do público e comunicar a importância da conservação do patrimônio cultural.
2. A interpretação e a apresentação têm que incentivar as pessoas e as comunidades a refletir sobre sua própria percepção do sítio patrimonial e

sua relação com ele. Pretende-se estimular um maior interesse futuro, a aprendizagem, a experiência e a exploração.
3. Os programas de interpretação e apresentação devem identificar e analisar seu público. Todos os esforços devem ser realizados para comunicar o valor do sítio patrimonial e seu significado a todos os públicos.
4. Na infraestrutura interpretativa, deve ser levada em conta a diversidade de idiomas dos visitantes e das comunidades associadas.
5. As atividades de interpretação e apresentação devem ser fisicamente acessíveis ao público em toda sua variedade.
6. Nos casos em que o acesso físico seja restrito devido a questões de conservação, sensibilidades culturais, reutilização ou questões de segurança, a interpretação e a apresentação devem ser garantidas em outro espaço.

Princípio 2. Fontes de informação

A interpretação deve basear-se em evidências obtidas a partir de métodos científicos aceitáveis e aceitos, e nas tradições culturais vivas.
1. A interpretação deve mostrar o leque de informações existentes, orais e escritas, baseadas em evidências materiais, tradições e significados atribuídos ao sítio patrimonial. As fontes de informação devem documentar, arquivar e fazer-se acessíveis ao público.
2. A interpretação deve fundamentar-se em pesquisas bem documentadas de tipo multidisciplinar do sítio patrimonial e de seu entorno. Também deve reconhecer que a interpretação significativa inclui necessariamente a reflexão sobre hipóteses históricas alternativas, tradições e histórias locais.
3. Em sítios patrimoniais onde a tradição oral ou as recordações de personagens históricos sejam uma importante fonte de informação sobre o sítio, os programas interpretativos devem incorporar estes testemunhos orais, seja de forma indireta, por intermédio das facilidades dos equipamentos e serviços interpretativos, seja de forma direta, pela participação

ativa dos membros da comunidade local, assim como dos intérpretes do sítio.
4. As reconstruções visuais, sejam realizadas por artistas, por arquitetos, ou por computador, devem basear-se numa análise detalhada e sistemática dos dados ambientais, arqueológicos, arquitetônicos e históricos, incluindo o estudo das fontes escritas, orais e iconográficas, assim como a fotografia. As fontes de informação em que tais reproduções se baseiem devem ser documentadas de forma clara e, quando possível, é preciso facilitar reconstruções alternativas, pautadas nas mesmas evidências, para fins de comparação.
5. Os programas e atividades de interpretação e apresentação devem também ser documentados e arquivados para futuras reflexões e referências.

Princípio 3. Atenção ao entorno e ao contexto

A interpretação e a apresentação do patrimônio cultural devem ser realizadas em relação ao seu entorno e contexto social, cultural e histórico mais amplo.
1. A interpretação deve explorar a importância de um sítio em suas múltiplas facetas e contextos, histórico, político, espiritual e artístico. Deve considerar todos os aspectos importantes e os valores culturais, sociais e ambientais do sítio.
2. A interpretação pública de um sítio de patrimônio cultural deve distinguir e datar claramente as sucessivas fases e influências em sua evolução. Deve-se respeitar o aporte de todos os períodos de relevância para o sítio.
3. A interpretação também deve levar em conta todos os grupos que tenham contribuído para a importância histórica e cultural do sítio patrimonial.
4. A paisagem circundante, o ambiente natural e a localização geográfica são partes integrantes da relevância histórica e cultural de um sítio e, como tal, devem ser consideradas na sua interpretação.

5. Os elementos tangíveis de um sítio patrimonial, tais como as tradições culturais e espirituais, a história, a música, a dança, o teatro, a literatura, as artes visuais, os costumes locais e o legado culinário devem ser considerados em sua interpretação.
6. A relevância transcultural dos sítios de patrimônio cultural, assim como a gama de perspectivas sobre eles em pesquisas, documentação histórica e tradições vivas, devem ser consideradas na formulação de programas interpretativos.

Princípio 4. Preservação da autenticidade

A interpretação e a apresentação de sítios de patrimônio cultural devem respeitar os princípios básicos de autenticidade, seguindo o espírito do documento Nara (1994).

1. A autenticidade é uma questão relacionada às comunidades humanas, assim como a suas evidências materiais. O projeto dos programas de interpretação deve respeitar as funções sociais tradicionais do lugar, as práticas culturais e a dignidade dos residentes e das comunidades associadas.
2. A interpretação e a apresentação devem contribuir para a conservação da autenticidade de um sítio patrimonial, apresentando sua importância sem provocar impacto adverso em seus valores culturais, ou alterando irreversivelmente sua estrutura.
3. Todas as infraestruturas interpretativas visíveis (tais como centros de informação, trilhas e painéis de informação) devem ser sensíveis ao caráter, à situação e à relevância cultural do lugar, além de serem facilmente identificáveis.
4. Os concertos, as teatralizações e outros programas interpretativos no sítio devem ser cuidadosamente planejados para proteger a relevância e os arredores do lugar e minimizar os incômodos aos moradores locais.

Princípio 5. Plano de sustentabilidade

O plano de interpretação para um sítio patrimonial deve ser sensível ao seu entorno natural e cultural e ter entre suas metas a sustentabilidade social, financeira e ambiental.

1. O desenvolvimento e início de programas de interpretação e apresentação devem ser partes integrantes do processo geral de planejamento, orçamento e gestão de sítios de patrimônio cultural.
2. Nos estudos de valoração do impacto sobre o patrimônio deve-se considerar o efeito potencial das infraestruturas interpretativas e do número de visitantes em relação ao valor cultural, às características físicas, à integridade e ao entorno natural do sítio.
3. A interpretação e a apresentação devem proporcionar amplo espectro de objetivos de conservação, educacionais e culturais. O sucesso de um programa interpretativo não pode ser avaliado com base somente no número de visitantes ou na sua média.
4. A interpretação e a apresentação devem fazer parte integralmente do processo de conservação, enfatizando a preocupação do público por problemas específicos de conservação encontrados no sítio e explicando os esforços que têm sido realizados para proteger a integridade física e a autenticidade do sítio.
5. Qualquer elemento técnico ou tecnológico selecionado para ser uma parte permanente da infraestrutura interpretativa do sítio deve ser projetado e construído de maneira a assegurar manutenção efetiva e regular.
6. Os programas interpretativos têm que contribuir para benefícios equitativos e sustentáveis a todos os agentes relacionados por meio da educação, da formação e da criação de empregos nos programas de interpretação de sítios patrimoniais.

Princípio 6. Preocupação com a inclusão e com a participação

A interpretação e a apresentação do patrimônio cultural devem ser o resultado de uma colaboração eficaz entre os profissionais do patrimônio e a comunidade local associada, assim como todos os agentes implicados.

1. Na formulação dos programas de interpretação e apresentação devem ser integradas a experiência multidisciplinar de especialistas, membros da comunidade local, especialistas em conservação, autoridades governamentais, intérpretes e gestores do sítio patrimonial, operadores turísticos e outros profissionais.
2. Os direitos tradicionais, as responsabilidades e os interesses dos proprietários e comunidades associadas deverão ser levados em consideração e respeitados no processo de elaboração dos programas de interpretação e apresentação dos sítios de patrimônio cultural.
3. Os projetos de ampliação ou revisão dos programas de interpretação e apresentação do patrimônio devem estar abertos à opinião e à participação do público. Cada um tem o direito e a responsabilidade de apresentar suas opiniões e perspectivas.
4. Devido à importância da propriedade intelectual e dos direitos culturais tradicionais no processo de interpretação e do uso de diferentes meios (tais como apresentações multimídia *in situ*, mídia digital e materiais impressos), a propriedade legal e o direito de utilização das imagens, dos textos e de outros materiais interpretativos deve ser discutida, aclarada e em consenso no processo de planejamento.

Princípio 7. Importância da pesquisa, da formação e da avaliação

A interpretação de sítios patrimoniais é um empreendimento progressivo e evolutivo de compreensão e explicação que requer atividades contínuas de pesquisa, formação e avaliação.

ANEXOS

1. A interpretação de um sítio patrimonial não deve ser considerada finalizada com o início do funcionamento do equipamento e dos serviços de interpretação específicos. É importante continuar pesquisando para ampliar a compreensão e a apreciação da relevância do sítio patrimonial. A revisão contínua deve ser uma atividade básica em todos os programas de interpretação do patrimônio.
2. O programa interpretativo e a infraestrutura devem ser projetadas e construídas de maneira que se facilite sua revisão e/ou ampliação de conteúdos.
3. É preciso realizar controle permanente e avaliação contínua dos programas de interpretação e apresentação e de seu impacto físico em um sítio, com base em análise científica e nas reações do público. Nesse processo de avaliação contínua devem estar envolvidos tanto os visitantes e os membros das comunidades associadas como os profissionais do patrimônio.
4. Cada programa de interpretação e apresentação deve ser considerado como um recurso educativo para pessoas de todas as idades. Seu projeto deve levar em consideração sua utilização em programas escolares, em programas de educação não formal e de formação contínua, assim como em meios de comunicação e de informação (incluindo a internet), em atividades especiais, em eventos e em programas pontuais de voluntariado.
5. Um objetivo fundamental é a formação de profissionais qualificados em áreas especializadas da interpretação e da apresentação do patrimônio, tais como criação de conteúdos, gestão, tecnologia, guias e educação. Além disso, os programas acadêmicos básicos em matéria de conservação deveriam incluir módulos de formação sobre interpretação e apresentação do patrimônio.
6. Os programas de formação e cursos sobre o sítio devem ser desenvolvidos com o objetivo de aperfeiçoar o pessoal encarregado da gestão do sítio e de sua interpretação, assim como as comunidades associadas e

locais, de forma contínua, com a finalidade de consolidar os progressos e as melhorias realizadas.

7. A cooperação internacional e o intercâmbio de experiências são essenciais para desenvolver e manter métodos e técnicas de interpretação padronizados. Com esse intuito, deve ser promovida a organização de congressos internacionais, oficinas e intercâmbios profissionais, assim como encontros nacionais e regionais. Tudo isso permitirá oferecer a oportunidade de compartilhar informações de forma regular sobre a diversidade de aproximações e experiências de interpretação em diversas regiões e culturas do mundo.

Bibliografia

"A CULTURA e o patrimônio cultural nos textos constitucionais brasileiros". Em *Revista de Museologia*, 1 (1), São Paulo, 1989.

"A ONDA restauradora". Em *Veja*, São Paulo, 9-2-1994.

AGYEMAN, Julian. "Environment, Heritage & Multiculturalism". Em *Interpretation*, 1 (1), Londres, maio de 1995. Disponível em http://www.scotinterpnet.org.uk. Acesso em junho de 2001.

ALDERSON, Willian T. & LOW, Shirley Payne. *Interpretation of Historic Sites*. 2ª ed. Walnut Creek: AltaMira Press/American Association for State and Local History, 1999.

ALEXANDER, Edward P. *Museums in Motion: an Introduction to the History and Functions of Museums*. 8ª ed. Nashville: American Association for State and Local History, 1993.

ALLEN, Leslie. "Seven Natural Wonders of the World". Em NATIONAL GEOGRAPHIC SOCIETY. *The Wonders of the World*. Washington, D.C.: National Geographic Society, 1998.

ALZUA, Aurkene *et al.* "Cultural and Heritage Tourism: Identifying Niches for International Travelers". Em *The Journal of Tourism Studies*, 9 (2), Townsville, dezembro de 1998.

AMES, Kenneth L. *et al.* (orgs.). *Ideas and Images: developing Interpretive History Exhibits*. Walnut Creek: AltaMira, 1997.

AMES, Michael M. *Cannibal Tours and Glass Boxes. The Anthropology of Museums*. Vancouver: UBC, 1992.

ANDRADE, José Vicente de. *Turismo: fundamentos e dimensões*. Coleção Fundamentos, nº 98. São Paulo: Ática, 1992.

ANDRADE, Rodrigo Melo Franco de. *Rodrigo e o Sphan*. Coletânea de textos sobre o patrimônio cultural. Rio de Janeiro: Fundação Nacional Pró-Memória, 1987.

ARANTES, Antônio Augusto. "Documentos históricos, documentos de cultura". Em *Revista do Patrimônio Histórico e Artístico Nacional*, nº 22, Rio de Janeiro, 1987.

_____. *Produzindo o passado: estratégias de construção do patrimônio cultural*. São Paulo: Brasiliense, 1984.
ASHWORTH, Gregory. "The Historic Cities of Groningen: Which is Sold to Whom?". Em ASHWORTH, Gregory & GOODALL, Brian. *Marketing Tourism Places*. Nova York: Routledge, 1990.
_____ & TUNBRIDGE, J. E. *The Tourist-Historic City*. Londres: Belhaven, 1990.
ASOCIATION PARA LA INTERPRETACIÓN DEL PATRIMONIO. Disponível em http://mediamweb.uib.es. Acesso em junho de 2001 e fevereiro de 2009.
ASSOCIAÇÃO BRASILEIRA DE PRESERVAÇÃO FERROVIÁRIA. *Turismo ferroviário*. Disponível em http://www.abpf.org.br/. Acesso em janeiro de 2009.
ASSOCIAÇÃO NACIONAL DE PRESERVAÇÃO FERROVIÁRIA. *Turismo ferroviário*. Disponível em http://www.anpf.com.br/turismo_ferroviario_int.htm. Acesso em janeiro de 2009.
ASSOCIATION FOR HERITAGE INTERPRETATION. Disponível em http://www.heritageinterpretation.org.uk. Acesso em janeiro de 2009.
ASSOCIATION FOR LIVING HISTORY, FARM AND AGRICULTURAL MUSEUMS. Disponível em http://www.alhfam.org. Acesso em fevereiro de 2009.
ASTIZ, Ana. "Multimídia conta a história do impressionismo". Em *Folha de S.Paulo*, Turismo, São Paulo, 1º-12-1994.
ATKINSON, Carl. "Evaluación de la interpretación o como adaptar a la interpretación a nuestras necesidades". Em CROSBY, Arturo (org.). *Interpretación ambiental y turismo rural*. Madri: Centro Europeo de Formación Ambiental y Turística, 1994.
_____ & BARROW, Graham. "Participación de la comunidad local en la planificación interpretativa". Em CROSBY, Arturo (org.). *Interpretación ambiental y turismo rural*. Madri: Centro Europeo de Formación Ambiental y Turística, 1994.
AVIGHI, Carlos. "Turismo e comunicação: estudo do turismo na história da comunicação do século XIX". Em *Turismo em análise*, 3 (2), São Paulo: ECA-USP, novembro de 1992.
_____. "Turismo, globalização e cultura". Em LAGE, Beatriz & MILONE, Paulo. *Turismo: teoria e prática*. São Paulo: Atlas, 2000.
AYAD, Christophe. "Petra e os novos invasores". Em *O Correio da Unesco*, 27 (9-10). Rio de Janeiro, set.-out. de 1999.
AZEVEDO, Júlia. "Turismo, cultura, patrimônio". Em CORIOLANO, Luzia Neide (org.). *Turismo com ética*. Fortaleza: UFCE, 1998.
BAKER, Priscilla. *Touring Historic Places: a Manual for Group Tour Operators and Managers of Historic and Cultural Attractions*. Washington, D.C.: National Trust for Historic Preservation, 1995.
BALL, Patricia Bovers. *Cultural Tourism in New Zealand: the Maori Perspective*. Disponível em http://www.icomos.org/usicomos/news/usicomos696.html. Acesso em 27-3-2001.
BALLANTYNE, R. et al. *Interpretive Signage Principles and Practice*. 2002. Disponível em http://www.interpretivesigns.qut.edu.au. Acesso em janeiro de 2009.
_____ et al. "Targeted Interpretation: Exploring Relationships among Visitors' Motivations, Activities, Attitudes, Information Needs and Preferences". Em *The Journal of Tourism Studies*, 9 (2), Townsville, dezembro de 1998.
BARBOSA, Ana Mae. *A imagem no ensino da arte: anos oitenta e novos tempos*. Coleção Estudos. São Paulo: Perspectiva/Fundação Iochpe, 1991.
BARRETTO, Margarita. "História, educação e cidadania". Em *Turismo em Análise*, 3 (2), São Paulo: ECA-USP, novembro de 1992.

_____. *Manual de iniciação ao estudo do turismo*. Coleção Turismo. Campinas: Papirus, 1995.

_____. "O *grand tour* revisitado". Em CORIOLANO, Luzia Neide (org.). *Turismo com ética*. Fortaleza: UFCE, 1998.

_____. "O trabalho científico por trás de um guia de turismo histórico". Em *Boletim do Centro de Memória Unicamp*, 6 (12). Campinas, jul.-dez. de 1994.

_____. *Planejamento e organização em turismo*. Coleção Turismo. Campinas: Papirus, 1991.

_____. *Turismo e legado cultural*. Coleção Turismo. Campinas: Papirus, 2003.

BARROW, Graham. "Visitor Centres: Financial Planning and Management Issues". Em *Interpretation*, 1 (3), Londres, julho de 1996. Disponível em http://www.scotinterpnet.org.uk. Acesso em junho de 2001.

BATH, Brian. "Centres Fit for Visitors". Em *Interpretation*, 1 (3), Londres, julho de 1996. Disponível em http://www.scotinterpnet.org.uk. Acesso em junho de 2001.

_____. "The Digital Landscape". Em *Interpretation*, 2 (1), Londres, agosto de 1996. Disponível em http://www.scotinterpnet.org.uk. Acesso em junho de 2001.

BAUDRIHAYE, Jaime-Axel Ruiz. "El turismo cultural: luces y sombras". Em *Estudios Turísticos*, nº 134, Madri, 1997.

BAUDRILLARD, Jean. "O sistema marginal: a coleção". Em *O sistema dos objetos*. Coleção Debates – Semiologia. São Paulo: Perspectiva, 1973.

BAUER, Leticia Brandt & CUSTODIO, L. A. B. *Projeto de interpretação e sinalização do sítio arqueológico de São João Batista e São Nicolau*. S/l.: s/ed., 2002.

BECK, Larry & CABLE, Ted. *Interpretation for the 21st Century: Fifteen Guiding Principles for Interpreting Nature and Culture*. Champaign: Sagamore, 1998.

BENCKENDORFF, P. *et al.* "High Tech versus High Touch: Visitor Responses to the Use of Technology in Tourist Attractions". Em *Tourism Recreation Research*, 30 (3), Lucknow, 2005.

BENDER, Barbara & EDMONDS, Mark. Stonehenge. "Whose Past? What Past?". Em *Tourism Management*, 13 (4), Londres, 1992.

BENI, Mario Carlos. *Análise estrutural do turismo*. 2ª ed. São Paulo: Editora Senac São Paulo, 1998.

BENNETT, Gordon & LOPUKHIN, Nikita. "Canadá: por uma gestão ética dos sítios históricos". Em *O Correio da Unesco*, 26 (7), Rio de Janeiro, julho de 1998.

BERGALLO, Ana María Boschi de. "Los centros de interpretación en áreas protegidas". Em *Estudios y Perspectivas en Turismo*, nº 6, Buenos Aires, 1997.

BERX, Arnold. "Urbane Renewal". Em *Historic Preservation*, 4 (4), Washington, D.C., jul.-ago. de 1995.

BIESEK, Ana Solange. *Turismo e interpretação do patrimônio cultural: São Miguel das Missões, Rio Grande do Sul, Brasil*. Dissertação de mestrado. Caxias do Sul: Universidade de Caxias do Sul, 2004.

BINKS, Gillian & BARROW, Graham. "Prioridades de investigación en la interpretación". Em CROSBY, Arturo (org.). *Interpretación ambiental y turismo rural*. Madri: Centro Europeo de Formación Ambiental y Turística, 1994.

_____ & HULL, Lynne. "El arte en la interpretación medioambiental". Em CROSBY, Arturo (org.). *Interpretación ambiental y turismo rural*. Madri: Centro Europeo de Formación Ambiental y Turística, 1994.

BISWELL, Sally. "Worcester Access to Archaeology Programme". Em *Interpretation*, 2 (1), Londres, agosto de 1996. Disponível em http://www.scotinterpnet.org.uk. Acesso em junho de 2001.

BLANGY, Sylvie. "Ameríndios optam pelo ecoturismo". Em *O Correio da Unesco*, 27 (9-10), Rio de Janeiro, set.-out. de 1999.
BLOCKLEY, Marion. "Multimedia for the Terrified Luddite". Em *Interpretation*, 2 (1), Londres, agosto de 1996. Disponível em http://www.scotinterpnet.org.uk. Acesso em junho de 2001.
BOARDMAN, Kathryn. "Revisiting Living History: a Business, an Art, a Pleasure, an Education". Disponível em http://www.alhfam.org. Acesso em junho de 2001.
BOLLE, Willi. "A cidade como escrita". Em SECRETARIA MUNICIPAL DE CULTURA – Departamento do Patrimônio Histórico. *O direito à memória: patrimônio histórico e cidadania*. São Paulo: DPH/SMC, 1992.
BONIFACE, P. & FOWLER, P. J. *Heritage and Tourism in the Global Village*. Londres: Routledge, 1993.
BOORSTEIN, Daniel. *The Image: a Guide to Pseudo-Events in America*. Nova York: Harper and Row, 1964.
BORG, Jan van der *et al*. "Tourism in European Heritage Cities". Em *Annals of Tourism Research*, 23 (2), Oxford, 1996.
BOUHDIBA, Abdelwahab. "Turismo de massa e tradições culturais". Em *O Correio da Unesco*, 9 (4), Rio de Janeiro, abril de 1981.
BOUKHARI, Sophie. "Uma vida virtual para o patrimônio mundial". Em *O Correio da Unesco*, s/nº, Rio de Janeiro, maio de 2000.
BOULLÓN, Roberto. *Las actividades turísticas y recreacionales: el hombre como protagonista*. Coleção Trillas Turismo. 3ª ed. Cidade do México: Trillas, 1990.
BRANDÃO, Carlos Rodrigues. *O que é método Paulo Freire*. Coleção Primeiros Passos, nº 38. São Paulo: Brasiliense, 1981.
BRES, Karen De. "Defining Vernacular Tourism". Em *Annals of Tourism Research*, 23 (4), Oxford, outubro de 1996.
BRESCIANI, Maria Stella M. "Cidades: espaço e memória". Em SECRETARIA MUNICIPAL DE CULTURA – Departamento do Patrimônio Histórico. *O direito à memória: patrimônio histórico e cidadania*. São Paulo: DPH/SMC, 1992.
BROAD, Sue & WEILER, Betty. "Captive Animals and Interpretation: a Tale of Two Tiger Exhibits". Em *The Journal of Tourism Studies*, 9 (1), Townsville, maio de 1998.
BRUHNS, Heloisa Turini. "Turismo e lazer: viajando com personagens". Em SERRANO, Célia *et al* (orgs.). *Olhares contemporâneos sobre o turismo*. Coleção Turismo. Campinas: Papirus, 2000.
BRUNO, Maria Cristina Oliveira. *Museologia e turismo: os caminhos para a educação patrimonial*. São Paulo: Centro Estadual de Educação Tecnológica Paula Souza/Coordenadoria de Ensino Técnico, 1998.
BUENO, Francisco da Silveira. "Interpretação". Em GRANDE DICIONÁRIO ETIMOLÓGICO--PROSÓDICO DA LÍNGUA PORTUGUESA. Santos: Brasília, 1974.
BULTENA, Gordon *et al*. "Interpretation for the Elderly". Em MACHLIS, Gary E. & FIELD, Donald R. (orgs.). *On Interpretation: Sociology for Interpreters of Natural and Cultural History*. Ed. rev. Corvallis: Oregon State University, 1992.
BUSHELL, Robyn & JAFARI, Jafar. "Developing Cultural Tourism Opportunities". Em *Annals of Tourism Research*, 23 (4), Oxford, outubro de 1996.
CALLIARI, Marcelo. "Mostra revê Pompeia no computador". Em *Folha de S.Paulo*, Ciência, São Paulo, 3-8-1990.

CAMARGO, Haroldo Leitão. "Memória e preservação: algumas reflexões revisitadas". Em *Boletim de Turismo e de Administração Hoteleira*, 6 (2), São Paulo, outubro de 1997.
CAMARGO, Paulo F. Bava de. "O aproveitamento dos vestígios arqueológicos para o turismo: potencialidades de Iguape, SP". Em *Boletim de Turismo e de Administração Hoteleira*, 7 (1), São Paulo, maio de 1998.
CAMP, Mary L. Van (org.). *Oregon Trail Center: the Story behind the Scenery*. Las Vegas: KC Publications, 1995.
PARKS CANADA. "Canadian Heritage". Disponível em http://parkscanada.ca. Acesso em fevereiro de 2001.
CANTEIRO de obras. Em *Veja*, São Paulo, c.1995.
CARLSEN, Jack & JAFARI, Jafar. "Cultural and International Tourism". Em *Annals of Tourism Research*, 23 (4), Oxford, outubro de 1996.
CARTER, James (org.). *A Sense of Place: an Interpretive Planning Handbook*. 2ª ed. Disponível em http://www.scotinterpnet.org.uk. Acesso em junho de 2001.
_____. "Where Does this Adventure Go to?". Em *Interpretation*, 3 (3), Londres, abril de 1999. Disponível em http://www.scotinterpnet.org.uk. Acesso em junho de 2001.
CARVALHO, Mario Cesar. "Falta de política arrasa patrimônio histórico". Em *Folha de S.Paulo*, Ilustrada, São Paulo, 3-10-1994.
CARVALHO, Pompeu Figueiredo de. "A natureza como patrimônio cultural em áreas urbanas; por uma convergência dos paradigmas do desenvolvimento e do turismo". Em CORIOLANO, Luzia Neide (org.). *Turismo com ética*. Fortaleza: UFCE, 1998.
_____. "Patrimônio cultural e artístico nas cidades paulistas: a construção do lugar". Em YÁZIGI, Eduardo *et al.* (orgs.). *Turismo: espaço, paisagem e cultura*. Coleção Geografia: Teoria e Realidade, nº 30. 2ª ed. São Paulo: Hucitec, 1999.
CASTROGIOVANNI, Antonio Carlos (org.). *Turismo urbano*. Coleção Turismo Contexto. São Paulo: Contexto, 2000.
_____. & GASTAL, Susana (orgs.). *Turismo urbano: cidades, sites de excitação turística*. Porto Alegre: Edição dos Autores, 1999.
CHANG, T. C. *et al.* "Urban Heritage Tourism: the Global-Local Nexus". Em *Annals of Tourism Research*, 23 (2), Oxford, 1996.
CLEWS, Stephen. "From Museum to Mental Massage: a Response to Tony Walter". Em *Tourism Management*, 17 (6), Londres, 1996.
COELHO, Teixeira. *Dicionário crítico de política cultural: cultura e imaginário*. São Paulo: Iluminuras, 1997.
COHN, Gabriel. "Concepção oficial de cultura e processo cultural". Em *Revista do Patrimônio Histórico e Artístico Nacional*, nº 22, Rio de Janeiro, 1987.
COLONIAL WILLIAMSBURG FOUNDATION. *Colonial Williamsburg*. Disponível em http://www.history.org. Acesso em junho de 2001.
COLQUHOUN, Fiona (org.). "Interpretation Handbook and Standard: Distilling the Essence". Wellington: Department of Conservation, s/ed., 2005.
COOPER, Chris. "The Technique of Interpretation". Em MEDLIK, S. *Managing Tourism*. Oxford: Butterworth-Heinemenn, 1991.
COPELAND, Tim. *A Teacher's Guide to Geography and the Historic Environment*. Education on Site. Londres: English Heritage, 1993.
_____. *A Teacher's Guide to Maths and the Historic Environment*. Education on Site. Londres: English Heritage, 1991.

_____. *A Teacher's Guide to Using Castles*. Education on Site. Londres: English Heritage, 1994.
CORTÉS, Joaquín Traverso. "Comunicación interpretativa: variable clave en el marketing mix de las empresas de turismo rural". Em *Estudios Turísticos*, nº 130, Madri, 1996.
COSTA, Flávia Roberta. "A história pintada nas paredes de São Paulo". Em *Revista E*, 5 (7), São Paulo, janeiro de 1999.
_____. *O lazer turístico como ferramenta de inclusão: DiverSãoPaulo, DiverCidades, FériaSESC e Passeio Cultural Caminho das Artes*. Comunicação apresentada no V Congresso Mundial do Lazer, São Paulo, 26 a 30 de outubro de 1998. Disponível em CD. São Paulo: SESC, 1998.
_____. *O processo de recuperação do centro de São Paulo e sua importância para o turismo na capital paulista*. Trabalho de conclusão de curso. São Paulo: ECA-USP, 1994.
_____. *Visitantes: quem se preocupa com eles? A assistência ao visitante nos museus de arte da cidade de São Paulo*. Trabalho de conclusão de curso. São Paulo: MAC-USP, 1996.
COUSINEAU, Phil. *A arte da peregrinação: para o viajante em busca do que lhe é sagrado*. São Paulo: Ágora, 1999.
CRAIK, John. "The culture of Tourism". Em URRY, John. *Touring Cultures*. Londres: Routledge, 1997.
CRANG, Mike. "Magic Kingdom or a Quixotic Quest for Authenticity?". Em *Annals of Tourism Research*, 23 (2), Oxford, 1996.
CROSBY, Arturo (org.). *Interpretación ambiental y turismo rural*. Madri: Centro Europeo de Formación Ambiental y Turística, 1994.
_____. "Diseño del producto y la oferta turística de un espacio natural". Em *Interpretación ambiental y turismo rural*. Madri: Centro Europeo de Formación Ambiental y Turística, 1994.
CROSS, Susan. "The Tip of the Iceberg". Em *Interpretation*, 3 (1), Londres, janeiro de 1999. Disponível em http://www.scotinterpnet.org.uk. Acesso em junho de 2001.
CUNHA, Maria Clementina Pereira. "Patrimônio histórico e cidadania: uma discussão necessária". Em SECRETARIA MUNICIPAL DE CULTURA – Departamento do Patrimônio Histórico. *O direito à memória: patrimônio histórico e cidadania*. São Paulo: DPH/SMC, 1992.
CURY, Isabelle (org.). *Cartas patrimoniais*. 2ª ed. rev. e ampl. Rio de Janeiro: Iphan, 2000.
CUSTÓDIO, Luiz Antônio Bolcato. *Interpretação de sítios como uma ferramenta para o turismo*. Porto Alegre: Iphan, 2003.
D'ANTONA, Alvaro de Oliveira. "Turismo em parques nacionais". Em FUNARI, Pedro Paulo & PINSKY, Jaime (orgs.). *Turismo e patrimônio cultural*. Coleção Turismo Contexto. São Paulo: Contexto, 2001.
DANKS, Michael. "Sussex Heritage Coast Interactive Project". Em *Interpretation*, 2 (1), Londres, agosto de 1996. Disponível em http://www.scotinterpnet.org.uk. Acesso em junho de 2001.
DARIES, Jorge O. "Turismo e interpretación. El elemento natural y patrimonial: motivación del viajero". Em CROSBY, Arturo (org.). *Interpretación ambiental y turismo rural*. Madri: Centro Europeo de Formación Ambiental y Turística, 1994.
DAVIES, Andrea & PRENTICE, Richard. "Conceptualizing the Latent Visitor to Heritage Attractions". Em *Tourism Management*, 16 (7), Londres, 1995.
DELGADO, Jesus. "A interpretação ambiental como instrumento para o ecoturismo". Em SERRANO, Célia (org.). *A educação pelas pedras: ecoturismo e educação ambiental*. São Paulo: Chronos, 2000.
_____. *Princípios de interpretação ambiental*. Coleção Manuais para capacitação em manejo de unidades de conservação, nº 9. Bauru: Gaia, 1997.

DENCKER, Ada de Freitas Maneti. *Métodos e técnicas de pesquisa em turismo*. São Paulo: Futura, 1998.

DEWEY, John. *A arte como experiência*. São Paulo: Abril, 1974.

DIAS, Reinaldo. *Turismo e patrimônio cultural: recursos que acompanham o crescimento das cidades*. São Paulo: Saraiva, 2006.

DIMENT, Neil. "Not Another Boring Panel!". Em *Interpretation*, 3 (1), Londres, janeiro de 1999. Disponível em http://www.scotinterpnet.org.uk. Acesso em junho de 2001.

DOBBS, Stephen Mark. *The DBAE Handbook: an overview of Discipline-Based Art Education*. Santa Monica: The Getty Center for Education in the Arts, 1992.

DOBERSTEIN, Arnoldo. "Monumentos públicos, turismo e pós-modernidade". Em CASTROGIOVANNI, Antonio Carlos (org.). *Turismo urbano*. Coleção Turismo Contexto. São Paulo: Contexto, 2000.

DRICOLL, A. *et al*. "Measuring Tourists' Destination Perception". Em *Annals of Tourism Research*, 21 (3), Oxford, 1994.

DROST, Anne. "Developing Sustainable Tourism for World Heritage Sites". Em *Annals of Tourism Research*, 23 (2), Oxford, 1996.

DRUMMOND, Siobhan & YEOMAN, Ian (orgs.). *Questões de qualidade nas atrações de visitação a patrimônio*. São Paulo: Roca, 2004.

DUARTE, Ana. *Educação patrimonial: guia para professores, educadores e monitores de museus e tempos livres*. Coleção Educação Hoje. 2ª ed. Lisboa: Texto, 1994.

DUARTE, Dina. "Bonito e sem vida". Em *Veja*, São Paulo, 16-12-1998.

DURBIN, Gail *et al*. *A Teacher's Guide to Learning from Objects*. Education on Site. Londres: English Heritage, 1990.

ECHTNER, Charlotte M. The Semiotic Paradigm: Implications for Tourism Research. Em *Tourism Management*, nº 20, Londres, 1999.

ECKSTEIN, Jeremy. "Heritage under Threat". Em *Leisure Management*, 13 (5), Hertfordshire, maio de 1993.

EDGELL, David L. *International Tourism Policy*. VNR Tourism and Commercial Recreation. Nova York: Van Nostrand Reinhold, 1990.

EDWARDS, J. Arwel *et al*. Mines and Quarries. Industrial Heritage Tourism. Em *Annals of Tourism Research*, 23 (2), Oxford, 1996.

ENGELMANN, Francis. "O despertar cultural de Luang Prabang". Em *O Correio da Unesco*, 27 (9-10), Rio de Janeiro, set.-out. de 1999.

ERSKINE, David. "Where Marvelous Things Happen". Em *Interpretation*, 4, Londres, fevereiro de 1999. Disponível em http://www.scotinterpnet.org.uk. Acesso em junho de 2001.

EUROPEAN INTERPRETATION NETWORK. Disponível em http://www.interpret-europe.net. Acesso em janeiro de 2009.

EXPEDIÇÕES. Disponível em http:www.mundus.com.br/expedicao/expedicoes.htm. Acesso em abril de 2001.

FABRIZIO, Claude. "Elogio da diversidade". Em *O Correio da Unesco*, Rio de Janeiro, novembro de 1997.

FACHE, W. "Short Break Holidays". Em: SEATON, V. *et al*. (orgs.). *Tourism: the State of the Art*. Londres: Wiley, 1994.

FEARNS, Dennis. "Planning for Accessibility". Em *Interpretation*, 1 (2), Londres, fevereiro de 1996. Disponível em http://www.scotinterpnet.org.uk. Acesso em junho de 2001.

FEATHERSTONE, Mike. *O desmanche da cultura: globalização, pós-modernismo e identidade*. Coleção Megalópolis. São Paulo: Nobel/Sesc, 1997.

FERRAZ, Joandre Antonio. "Legislação e proteção do patrimônio turístico". Em *Regime jurídico do turismo*. Coleção Turismo. Campinas: Papirus, 1992.

FERRAZ, Marcelo. "O Pelourinho no pelourinho: 1º ato". Em *Metrópole*, nº 5, Salvador, outubro de 2007. Disponível em http://www.revistametropole.com.br. Acesso em janeiro de 2009.

_____. "O Pelourinho no pelourinho: 2º ato". Em *Metrópole*, nº 5, Salvador, novembro de 2007. Disponível em http://www.revistametropole.com.br. Acesso em janeiro de 2009.

FERREIRA, Luiz Fernando & COUTINHO, Maria do Carmo Barêa. "Educação ambiental em estudos do meio: a experiência da Bioma Educação Ambiental". Em SERRANO, Célia (org.). *A educação pelas pedras: ecoturismo e educação ambiental*. São Paulo: Chronos, 2000.

FINN, David. *How to Look at Everything*. Nova York: Harry N. Abrams, Inc., 2000.

_____. *How to Visit a Museum*. Nova York: Harry N. Abrams, Inc., 1985.

FONSECA, Maria Cecília Londres. "Da modernização à participação: a política federal de preservação nos anos 70 e 80". Em *Revista do Patrimônio Histórico e Artístico Nacional*, nº 24, Rio de Janeiro, 1996.

_____. *Patrimônio em processo: trajetória da política federal de preservação no Brasil*. Coleção Risco Original. Rio de Janeiro: Iphan/UFRJ, 1996.

FONTES, Lúcia Helena et al. "Preservação e desenvolvimento: as duas faces da moeda urbana". Em *Revista do Patrimônio Histórico e Artístico Nacional*, nº 21, Rio de Janeiro, , 1986.

FREIRE, Paulo. *A importância do ato de ler: em três artigos que se completam*. 41ª ed. São Paulo: Cortez, 2001.

_____. *Pedagogia do oprimido*. Coleção O Mundo, Hoje, nº 21. 8ª ed. Rio de Janeiro: Paz e Terra, 1980.

_____. *Professora sim, tia não: cartas a quem ousa ensinar*. São Paulo: Olho d'Água, 1993.

FUNARI, Pedro Paulo & PINSKY, Jaime (orgs.). *Turismo e patrimônio cultural*. Introdução. Coleção Turismo Contexto. São Paulo: Contexto, 2001.

GADOTTI, Moacir. *Convite à leitura de Paulo Freire*. Coleção Pensamento e Ação no Magistério. 2ª ed. São Paulo: Scipione, 1991.

GARCIA, Pedro. "Los centros de interpretación ambiental para visitantes". Em CROSBY, Arturo (org.). *Interpretación ambiental y turismo rural*. Madri: Centro Europeo de Formación Ambiental y Turística, 1994.

GARROD, Brian & FYALL, Allan. "Managing Heritage Tourism". Em *Annals of Tourism Research*, 27 (3), Oxford, julho de 2000.

GASTAL, Susana. "O produto cidade: caminhos de cultura, caminhos de turismo". Em CASTROGIOVANNI, Antonio Carlos (org.). *Turismo urbano*. Coleção Turismo Contexto. São Paulo: Contexto, 2000.

GEIGER, Debbie. *Public Relations Strategies for Historic Sites and Communities: Offering a Media Tour*. Historic Preservation Information Booklets. Washington, D.C.: National Trust for Historic Preservation, 1998.

GERMAN COMMISSION FOR UNESCO. *Protection and Cultural Animation of Monuments, Sites and Historic Towns in Europe*. Bonn: Unesco, 1980.

GIBBONS, Robin. "Tourist or Pilgrim?". Em *Interpretation*, 4 (1-2), Londres, maio de 1999. Disponível em http://www.scotinterpnet.org.uk. Acesso em junho de 2001.

GIRAUDY, D. & BOUILHET, H. *O museu e a vida*. Rio de Janeiro: Fundação Nacional Pró-Memória, 1990.

GLASSON, J. *et al.* "Visitors Management in Heritage Cities". Em *Tourism Management*, 15 (5), Londres, 1994.
GÖETHE, J. W. *Viagem à Itália: 1786-1788*. São Paulo: Companhia das Letras, 1999.
GOMES, Denise Maria Cavalcanti. "Turismo e museus: um potencial a explorar". Em FUNARI, Pedro Paulo & PINSKY, Jaime (orgs.). *Turismo e patrimônio cultural*. Coleção Turismo Contexto. São Paulo: Contexto, 2001.
GÖÖCK, Roland. *Maravillas del mundo*. Barcelona: Nauta, 1968.
GOODALL, Maggie. "Breaking the Mould?". Em *Interpretation*, 2 (3), Londres, julho de 1999. Disponível em http://www.scotinterpnet.org.uk. Acesso em junho de 2001.
GOULART, Marilandi & SANTOS, Roselys Izabel dos. "Uma abordagem histórico-cultural do turismo". Em *Turismo – Visão e Ação*, 1 (1), s/l., jan.-jun. de 1998.
GRAMANN, James H. *et al.* "Interpretation and Hispanic American Ethnicity". Em MACHLIS, Gary E. & FIELD, Donald R. (orgs.). *On Interpretation: Sociology for Interpreters of Natural and Cultural History*. Ed. rev. Corvallis: Oregon State University, 1992.
GRATTON, C. "Consumer Behavior in Tourism: a Psycho-Economic Approach". Comunicação apresentada na I Tourism Research into the 1990s Conference, Durham, 1990.
GRAY, Julian. "Access to the Sussex Downs". Em *Interpretation*, 3 (2), Londres, maio de 1999. Disponível em http://www.scotinterpnet.org.uk. Acesso em junho de 2001.
GREEN, Joslyn. *Getting Started: how to Succeed in Heritage Tourism*. 2ª ed. Washington, D.C.: National Trust for Historic Preservation, 1999.
GRINDER, Alison L. & McCOY, E. Sue. *The Good Guide: a Sourcebook for Interpreters, Docents and Tour Guides*. 15ª ed. Scottsdale: Ironwood, 1998.
GUATTARI, Felix. "A restauração da paisagem urbana". Em *Revista do Patrimônio Histórico e Artístico Nacional*, nº 24, Rio de Janeiro, 1996.
GUIMARÃES, Oswaldo. "História construída". Em *Urbs*, nº 85, São Paulo, set.-out. de 1998.
GUTIERREZ, Ramón. "História, memória e comunidade: o direito ao patrimônio construído". Em SECRETARIA MUNICIPAL DE CULTURA – Departamento do Patrimônio Histórico. *O direito à memória: patrimônio histórico e cidadania*. São Paulo: DPH/SMC, 1992.
HAEBURN-LITTLE, Mandy. "The Scottish Museum Council Access Roadshows". Em *Interpretation*, 1 (2), Londres, fevereiro de 1996. Disponível em http://www.scotinterpnet.org.uk. Acesso em junho de 2001.
HAM, Sam *et al.*, *Tasmanian Thematic Interpretation Planning Manual*. Hobart: Tourism Tasmania Corporate, 2005.
_____. *Environmental Interpretation: a Practical Guide for People with Big Ideas and Small Budgets*. Moscou: University of Idaho, 1992.
HANDLER, Richard & GABLE, Eric. *The New History in an Old Museum: Creating the Past at Colonial Williamsburg*. 2ª ed. Durham: Duke University, 1998.
HANNA, John W. *Interpretive Skills for Environmental Communicators*. Fort Collins: Red Feather Lakes Tourist Council, 1975.
HARRIS, Stephen. "Seven Wonders of the Ancient World". Em NATIONAL GEOGRAPHIC SOCIETY. *The Wonders of the World*. Washington, D.C.: National Geographic Society, 1998.
HERBERT, T. D. "Artistic and Literary Places in France as Tourist Attractions". Em *Tourism Management*, 17 (2), Londres, 1996.
_____. "Heritage as a Literary Place". Em *Heritage, Tourism and Society*. Londres: Mansell, 1995.
HERITAGE INTERPRETATION INTERNATIONAL. Disponível em http://www.interpret-europe.net. Acesso em junho de 2001.

HOLLINSHEAD, Keith. "Heritage Interpretation". Em *Annals of Tourism Research*, 20 (1), Oxford, 1994.
HOOPER-GREENHILL, Eilean. *Museums and the Shaping of Knowledge*. Londres: Routledge, 1995.
_____. *Museums and Their Visitors*. Londres: Routledge, 1996.
_____. *Notas sobre ensino e aprendizado com objetos*. Rio de Janeiro: Fundação Nacional Pró-Memória, c. 1980.
HORTA, Maria de Lourdes Parreiras. "A relação cultura material e museus". Em *Cadernos Museológicos*, nº 23, Rio de Janeiro, 1990.
_____ et al. *Guia básico de educação patrimonial*. Brasília: Iphan/Museu Imperial, 1999.
HOSKER, Yvonne. "Audit Access and Action: at Once!". Em *Interpretation*, 1 (2), Londres, fevereiro de 1996. Disponível em http://www.scotinterpnet.org.uk. Acesso em junho de 2001.
HOVINEN, Gary R. "Heritage Issues in Urban Tourism: an Assessment of New Trends in Lancaster County". Em *Tourism Management*, 16 (5), Londres, 1995.
HOWELL, Catherine H. "Seven Wonders of the Modern World". Em NATIONAL GEOGRAPHIC SOCIETY. *The Wonders of the World*. Washington, D.C.: National Geographic Society, 1998.
HUDSON, Kenneth. *A Social History of Museums: What the Visitors Thought*. Londres: Macmillam, 1975.
HUGHES, Howard L. "Redefining Cultural Tourism". Em *Annals of Tourism Research*, 23 (3), Oxford, julho de 1996.
HUNSAKER, Joyce B. et al. *National Historic Oregon Trail Center: the History Behind the Scenery*. Nova York: KC Publications, 1995.
IANNI, Octavio. "A metáfora da viagem". Em *Vozes*, 90 (2), São Paulo, mar.-abr. de 1996.
"IDEAS to interpret Navan". Em *Leisure Management*, 13 (3), Hertfordshire, março de 1993.
INTERNATIONAL COUNCIL ON MONUMENTS AND SITES. International Committee on Cultural Issue. *International Cultural Tourism Charter*. Disponível em http://www.icomos.org/tourism. Acesso em junho de 2001.
INTERPRET EUROPE. *Rede Europeia de Interpretação do Patrimônio*. Disponível em http://www.interpret_europe.net. Acesso em janeiro de 2006.
INTERPRET SCOTLAND. Disponível em http://www.interpretscotland.org.uk. Acesso em janeiro de 2009.
INTERPRETATION ASSOCIATION AUSTRALIA. Disponível em http://www.interpretationaustralia.asn.au. Acesso em janeiro de 2009.
INTERPRETATION CANADA. Disponível em http://www.interpcan.ca. Acesso em janeiro de 2009.
JACOT, Martine. "Pompeia põe a casa em ordem". Em *O Correio da Unesco*, 27 (9-10), Rio de Janeiro, set.-out. de 1999.
JANISKEE, Robert L. "Historic Houses and Special Events". Em *Annals of Tourism Research*, 23 (2), Oxford, 1996.
JANSEN-VERBEKE, Myriam & REKOM, Johan van. "Scanning Museum Visitors: urban Tourism Marketing". Em *Annals of Tourism Research*, 23 (2), Oxford, 1996.
JOHNSON, P. & THOMAS, B. "The Comparative Analysis of Tourist Attractions". Em COOPER, C. P. *Progress in Tourism, Recreation and Hospitality Management*. Londres: Belhaven Press, 1989.

JOONES, Bob. "Rules of Engagement: the Forest Experience". Em *Interpretation*, 3 (1), Londres, janeiro de 1999. Disponível em http://www.scotinterpnet.org.uk. Acesso em junho de 2001.

KADT, E. de. *Tourism: passport to Development?* 2ª ed. Washington, D.C.: Unesco/World Bank, 1984.

KEITH, Crispin. *A Teacher's Guide to Using Listed Buildings*. Education on Site. Londres: English Heritage, 1991.

KHAN, Naseem. *Responding to Cultural Diversity: Guidance for Museums and Galleries*. Londres: Museum and Galleries Commission. Disponível em http://www.museums.gov.uk. Acesso em maio de 2001.

KLENOSKY, David B. *et al.* "Nature-Based Tourists' Use of Interpretive Services: a Means-End Investigation". Em *The Journal of Tourism Studies*, 9 (2), Townsville, dezembro de 1998.

KLINGER, Karina. "Turismo diferente vende vivências inesperadas". Em *Folha de S.Paulo*, Equilíbrio, São Paulo, 26-4-2001.

KÖPTCKE, Luciana Sepúlveda. "Observar a experiência museal: uma prática dialógica? Reflexões sobre a interferência das práticas avaliativas na percepção da experiência museal e na (re)composição do papel do visitante". Em *Anais do Workshop Internacional de Educação*. Rio de Janeiro: Vitae/British Council/Museu da Vida, Fiocruz, 2002.

KOSTYAL, K. M. "Seven Wonders of the Medieval Mind". Em NATIONAL GEOGRAPHIC SOCIETY. *The Wonders of the World*. Washington, D.C.: National Geographic Society, 1998.

KRIPPENDORF, Jost. *Sociologia do turismo: para uma nova compreensão do lazer e das viagens*. Rio de Janeiro: Civilização Brasileira, 1989.

LABATE, Beatriz C. "A experiência do 'viajante-turista' na contemporaneidade". Em SERRANO, Célia *et al.* (orgs.). *Olhares contemporâneos sobre o turismo*. Coleção Turismo. Campinas: Papirus, 2000.

LAGE, Beatriz H. G. & MILONE, Paulo C. "Cultura, lazer e turismo". Em *Turismo em Análise*, 6 (2), São Paulo: ECA-USP, novembro de 1995.

LANG, Caroline. *A Common Wealth: Museums in the Learning Age*. Londres: Museum and Galleries Commission, 1999. Disponível em http://www.museums.gov.uk. Acesso em abril de 2001.

_____. *Developing an Access Policy*. Londres: Museum and Galleries Commission, 1999. Disponível em http://www.museums.gov.uk. Acesso em abril de 2001.

LANGER, Ellen. *Mindfulness*. Reading: Addison-Wesley, 1989.

LARAIA, Roque de Barros. *Cultura: um conceito antropológico*. Rio de Janeiro: Jorge Zahar, 2008.

LASH, Scot & URRY, John. *Economies of Signs and Spaces*. Londres: Sage, 1994.

LAWRENCE, Wade. "Preserving the Visitor Experience". Em *Historic Preservation Forum*, 12 (4), Washington, D.C., verão de 1998.

LAWS, Eric. "Conceptualizing Visitor Satisfaction Management in Heritage Settings: an Exploratory Blueprinting Analysis of Leeds Castle, Kent". Em *Tourism Management*, 19 (6), Londres, 1998.

LEA, John. *Tourism and Development in the Third World*. Londres: Routledge, 1988.

LEED, Erik J. *The Mind of the Traveler. From Gilgamesh to the Global Tourism*. Nova York: Basic Books, 1991.

LEMOS, Carlos. *O que é patrimônio histórico*. Coleção Primeiros Passos. São Paulo: Brasiliense, 1981.

LENNON, J. John & FOLEY, Malcolm. "Interpretation of the Unimaginable: the U. S. Holocaust Memorial Museum, Washington, D.C., and 'Dark Tourism' ". Em *Journal of Travel Research*, 38 (1), Thousand Oaks, agosto de 1999.

LEWIS, William J. *Interpreting for Park Visitors*. Ft. Washington: Eastern Acorn, 1995.

LIGHT, Duncan. "Characteristics of the Audience for 'Events' at a Heritage Site". Em *Tourism Management*, 17 (3), Londres, 1996.

LINDSAY, John. "Doing Things the Wrong Way to Get it Right on the Night". Em *Interpretation*, 3 (2), Londres, maio de 1999. Disponível em http://www.scotinterpnet.org.uk. Acesso em junho de 2001.

LOMBARDO, Giorgio. "A cidade histórica como suporte da memória". Em SECRETARIA MUNICIPAL DE CULTURA – Departamento do Patrimônio Histórico. *O direito à memória: patrimônio histórico e cidadania*. São Paulo: DPH/SMC, 1992.

LOMBARDO, Magda Adelaide. "O uso de maquete como recurso didático em turismo". Em RODRIGUES, Adyr Balastreri (org.). *Turismo e desenvolvimento local*. Coleção Geografia: Teoria e Realidade, nº 40. São Paulo: Hucitec, 1997.

LOMÔNACO, José Fernando Bitencourt. "A natureza da aprendizagem". Em WITTER, Geraldina Porto & LOMÔNACO, José Fernando Bitencourt. *Psicologia da Aprendizagem*. Coleção Temas Básicos de Psicologia, nº 9. São Paulo: Pedagógica e Universitária, 1984.

_____. "Modelo cognitivo". Em WITTER, Geraldina Porto. *Psicologia da Aprendizagem*. Coleção Temas Básicos de Psicologia, nº 9. São Paulo: Pedagógica e Universitária, 1984.

LONIE, Nuala. *Pratice and Profile of Interpretation in Scotland*. Disponível em http://www.scotinterpnet.org.uk. Acesso em fevereiro de 2001.

LOVEDAY, Michael. "The Exploratory of the Past and Future City". Em *Interpretation*, 2 (1), Londres, agosto de 1996. Disponível em http://www.scotinterpnet.org.uk. Acesso em junho de 2001.

LUDWIG, Thorsten. *Basic Interpretive Skills*. Werleshausen: s/ed., 2003.

_____. *Wilderness Interpretation: Information and Education in National Parks*. Hannover: World National Park Convention, 2000.

MacCANNELL, D. *Empty Meeting Grounds*. Londres: Routledge, 1993.

_____. *The Tourist: a New Theory of the Leisure Class*. Londres: Macmillan, 1976.

MacDONALD, Sally. "Lifetimes: a Multimedia History". Em *Interpretation*, 2 (1), Londres, agosto de 1996. Disponível em http://www.scotinterpnet.org.uk. Acesso em junho de 2001.

MACHLIS, Gary E. & COSTA, Diana A. "Little Darwins: a Profile of Visitors to the Galapagos Islands". Em MACHLIS, Gary E. & FIELD, Donald R. (orgs.). *On Interpretation: Sociology for Interpreters of Natural and Cultural History*. Ed. rev. Corvallis: Oregon State University, 1992.

_____ & FIELD, Donald R. (orgs.). *On Interpretation: Sociology for Interpreters of Natural and Cultural History*. Ed. rev. Corvallis: Oregon State University, 1992.

_____ & _____. "Getting Connected: an Approach to children's Interpretation". Em *On Interpretation: Sociology for Interpreters of Natural and Cultural History*. Ed. rev. Corvallis: Oregon State University, 1992.

MACKINTOSH, Barry. *Interpretation in the National Park Service: a Historical Perpective*. Washington, D.C., National Park Service, 1986. Disponível em http://www.nps.gov. Acesso em junho de 2001.

MALKIN, Roy. "Do viajante de outrora ao 'novo' turista". Em *O Correio da Unesco*, 27 (9-10). Rio de Janeiro, set.-out. de 1999.

MARTIN, Bill & MASON, Sandra. "The Future for Attractions: Meeting the Needs of the New Consumers". Em *Tourism Management*, 14 (1), Londres, fevereiro de 1993.

MARTINEZ, Manuel P. *The Recovery of Historic Buildings for Tourism: the Spanish Experience*. Madri: Tecniberia/Spanish Association of Consulting Engineers and Consultancy Firms, 1983.

MARTINS, Maria Helena Pires. "Público especial". Em COELHO, Teixeira. *Dicionário crítico de política cultural: cultura e imaginário*. São Paulo: Iluminuras, 1997.

MASBERG, Barbara A. & SILVERMAN, Lois H. "Visitor Experiences at Heritage Sites: a Phenomenological Approach. Em *Journal of Travel Research*, nº 4, Thousand Oaks, 1996.

MASTERS, David & CARTER, James. *Review of Interpretation Teaching and Research in British Isles*. Disponível em http://www.scotinterpnet.org.uk. Acesso em janeiro de 2001.

MATHIESON, Alister & WALL, Geoffrey. *Turismo: repercusiones económicas, físicas y sociales*. Cidade do México: Trillas, 1990.

McCARTHY, Bridget B. *Cultural Tourism: How the Arts Can Help Market Tourism Products, How Tourism Can Help Provide Markets for the Arts*. Portland: Edição da autora, 1992.

McDOWELL, D. & LESLIE, D. (orgs.). *Tourism Resources: Issues, Planning and Development*. Jordanstown: University of Ulster, 1991.

McGINNIS, Rebecca. *The Disability Discrimination Act: 1998 Update*. Londres, Museum and Galleries Commission. Disponível em http://www.museums.gov.uk. Acesso em abril de 2001.

McINTOSH, Alison J. "Into the Tourist's Mind: understanding the Value of the Heritage Experience". Em *Journal of Travel and Tourism Marketing*, 8 (1), s/l., 1999.

McINTOSH, Robert W. & GOELDNER, Charles R. *Tourism: Principles, Pratices, Philosophies*. 6ª ed. Nova York: John Wiley; Sons, Inc., 1992.

McKENZIE, Jamie. "The Disneyfication of History: why Books, Libraries and Librarians Remain Essential". Em *The Educational Technology Journal*, 6 (3), s/l., nov.-dez. de 1996.

McKERCHER, Bob. "Differences Between Tourism and Recreation in Parks". Em *Annals of Tourism Research*, 23 (3), Oxford, 1996.

McMANUS, Paulette M. "Preferred Pedestrian Flow: a Tool for Designing Optimum Interpretive Conditions and Visitor Pressure Management". Em *The Journal of Tourism Studies*, 9 (1), Townsville, maio de 1998.

_____. "Getting to Know Your Visitors". Em *Interpretation*, 4 (3), Londres, novembro de 1999. Disponível em http://www.scotinterpnet.org.uk. Acesso em junho de 2001.

MEEKER, Joseph W. "Red, White and Black in the National Parks". Em MACHLIS, Gary E. & FIELD, Donald R. (orgs.). *On Interpretation: Sociology for Interpreters of Natural and Cultural History*. Ed. rev. Corvallis: Oregon State University, 1992.

MEETHAN, Kevin. "Consuming (in) the Civilized City". Em *Annals of Tourism Research*, 23 (2), Oxford, 1996.

MELO, Eliana Meneses de. "Linguagem, turismo e comunicação". Em LAGE, Beatriz H. G. & MILONE, Paulo C. *Turismo: teoria e prática*. São Paulo: Atlas, 2000.

MENESES, José Newton Coelho. *História e turismo cultural*. Coleção História e reflexões, nº 8. Belo Horizonte: Autêntica, 2004.

MENESES, Ulpiano Bezerra de. "Os 'usos culturais' da cultura. Contribuição para uma abordagem crítica das práticas e políticas culturais". Em YÁZIGI, Eduardo *et al*. (orgs.). *Turismo: espaço, paisagem e cultura*. Coleção Geografia: Teoria e Realidade, nº 30. 2ª ed. São Paulo: Hucitec, 1999.

_____. "A preservação do patrimônio ambiental urbano". Aula proferida no Curso de Planejamento Físico - Territorial do Turismo, do Congresso Internacional de Geografia e Planejamento do Turismo do Departamento de Geografia da Faculdade de Filosofia, Letras e Ciências Humanas (FFLCH-USP), de 24 a 27 de julho de 1995.

MERRIMAN, N. *Beyond the Glass Case: the Past, the Heritage and the Public in Britain*. Leicester: Leicester University Press, 1991.

MILAN, Betty. "Viajar é preciso, para aprender". Entrevista com Michel Serres. Em *Folha de S.Paulo*, Mais!, São Paulo, 11-4-1993.

MILLAR, Sue. "Heritage Management for Heritage Tourism". Em MEDLIK, S. *Managing Tourism*. Oxford: Butterworth-Heinemann, 1992.

MILLS, Enos. *Adventures of a Nature Guide and Essays in Interpretation*. 2ª ed. Longs Peak: Temporal Mechanical Press, 2001.

MINISTÉRIO DA CULTURA – INSTITUTO DE PATRIMÔNIO HISTÓRICO E ARTÍSTICO NACIONAL. *Oficina de interpretação e sinalização de sítio arqueológico*. Disponível em http://www.iphan.gov.br. Acesso em 1999.

_____. *A invenção do patrimônio: continuidade e ruptura na constituição de uma política oficial de preservação no Brasil*. Caderno de Documentos, nº 3. Brasília: Iphan, 1995.)

MINISTÉRIO DA EDUCAÇÃO E CULTURA. *Projeto de revitalização do patrimônio cultural no Brasil: uma trajetória*. Brasília: Sphan/Fundação Nacional Pró-Memória, 1980.

MINISTÉRIO DO ESPORTE E TURISMO et al. *Guia brasileiro de sinalização turística*. Brasília: Embratur, 2001.

MINISTÉRIO DO TURISMO. *Turismo cultural: orientações básicas*. Brasília: Ministério do Turismo, 2008.

MIRANDA, Jorge Morales. *Guia práctica para la interpretación del patrimonio: El arte de acercar el legado natural y cultural al publico visitante*. Sevilha: EPG Junta de Andalucia/Consejeria de Cultura, 1998.

MOESCH, Marutschka Martini. "Animal Kingdom, um estudo preliminar". Em CASTROGIOVANNI, Antonio Carlos & GASTAL, Susana (orgs.). *Turismo urbano: cidades, sites de excitação turística*. Porto Alegre: Edição dos Autores, 1999.

MÔNICA, Laura Della. *Museu: potencialidade turística*. Tese de doutorado. São Paulo: ECA-USP, 1998.

MORAIS, José Luiz de. "A arqueologia e o turismo". Em FUNARI, Pedro Paulo & PINSKY, Jaime (orgs.). *Turismo e patrimônio cultural*. Coleção Turismo Contexto. São Paulo: Contexto, 2001.

MOSCARDO, G. & PEARCE, P. *Interpretation and Sustainable Tourism in the Wet Tropics World Heritage Area: a case Study of Skyrail Visitors*. Townsville: James Cook University, 1997.

_____. "The Heritage Industry: Social Representations of Heritage Interpretation". Em *Annals of Tourism Research*, vol. 18. Oxford, 1991.

_____. "Mindful Visitors: Creating Sustainable Links Between Heritage and Tourism". Em *Annals of Tourism Research*, 23 (2), Oxford, 1996.

_____. "Making Mindful Managers: Evaluating Methods for Teaching Problem Solving Skills for Tourism Management". Em *The Journal of Tourism Studies*, 8 (1),Townsville, 1997.

_____. "Interpretation and Sustainable Tourism: Functions, Examples and Principles". Em *The Journal of Tourism Studies*, 9 (1) Townsville, 1998.

_____. "Communicating with Two Million Tourists: a Formative Evaluation of an Interpretive Brochure". Em *Journal of Interpretation Research*, 4 (1), Arcata, 1999.

_____. "Interpretation: Communicating across Cultures". Em GRIFFIN, T. & HARRIS, R. (orgs.). *Current Research, Future Strategies, Bridging Uncertainty*. Sidney: University of Technology Sydney, 2003.

_____ *et. al.* "Interpretive Signs: Talking to Visitors Through Text". Em GRIFFIN, T. & HARRIS, R. (orgs.). *Current Research, Future Strategies, Bridging Uncertainty*. Sidney: University of Technology Sydney, 2003.

_____. "The Heritage Industry: Social Representations of Heritage Interpretation". Em *Annals of Tourism Research*, vol. 18, Oxford, 1991.

_____. "Interpretation and Sustainable Tourism: Functions, Examples and Principles". Em *The Journal of Tourism Studies*, 9 (1), Townsville, maio de 1998.

_____. "Making Visitors Mindful: Principles for Creating Sustainable Visitor Experiences Through Effective Communication". Série Advances in Tourism Applications, vol. 2. Champaign: Sagamore, 1999.

_____. "Mindful Visitors: Heritage and Tourism". Em *Annals of Tourism Research*, 23 (2), Oxford, 1996.

MOTH, Ken. "Some Observations on the Design of Visitor Centres". *Interpretation*, 1 (3), Londres, julho de 1996. Disponível em http://www.scotinterpnet.org.uk. Acesso em junho de 2001.

MÜLLER, Luis. "Patrimonio arquitectónico y turismo: apuntes para estrategias posibles". Em *Estudios y Perspectivas en Turismo*, 4 (3), Buenos Aires, julho de 1995.

MULLINS, Gary W. & KREMER, Kristin Benne. "Children and Gender-Based Bahavior at a Science Museum". Em MACHLIS, Gary E. & FIELD, Donald R. (orgs.). *On Interpretation: Sociology for Interpreters of Natural and Cultural History*. Ed. rev. Corvallis: Oregon State University, 1992.

MURTA, Stela Maris. *Brasília e Athos Bulcão: a escola vê o artista*. Em VI Fórum Brasília de Artes Visuais, Brasília, 25 a 27 de agosto de 2008. Disponível em: http://www.fundathos.org.br/hotsite/forumartesvisuais/artigos.php. Acesso em fevereiro de 2009.

_____ & ALBANO, Celina. *Interpretar o patrimônio: um exercício do olhar*. Belo Horizonte: UFMG/Terra Brasilis, 2002.

_____ & GOODEY, Brian. *Interpretação do patrimônio para o turismo sustentado: um guia*. Belo Horizonte: SEBRAE-MG, 1995.

_____. "Interpretação do patrimônio para visitantes: um quadro conceitual". Em MURTA, Stela Maris & ALBANO, Celina. *Interpretar o patrimônio: um exercício do olhar*. Belo Horizonte: UFMG/Território Brasilis, 2002.

MUSEU IMPERIAL. *Um sarau imperial*. Disponível em http://www.museuimperial.gov.br. Acesso em junho de 2001.

MUSEUMS & GALLERIES COMMISSION. *Quality of Service in Museums and Galleries. Customer Care in Museums. Guidelines on Implementation*. Londres: MGC, 1994.

MYERSCOUGH, J. *The Economic Importance of the Arts In Britain*. Londres: Policy Studies Institute, 1988.

NANNE, Kaíke. "No reino da Pré-História". Em *Os Caminhos da Terra*, nº 8. São Paulo, agosto de 1997.

NATIONAL ASSOCIATION FOR INTERPRETATION. Disponível em http://www.interpnet.com. Acesso em janeiro de 2009.

NATIONAL GEOGRAPHIC SOCIETY. *National Geographic Guide to America's Historic Places*. Washington, D.C.: National Geographic Book Service, 1996.

NATIONAL GEOGRAPHIC SOCIETY. *National Geographic's Guide to the National Parks of the United States*. Washington, D.C.: National Geographic Book Service, 1997.
NATIONAL HISTORY MUSEUM. Disponível em http://www.nhm.ac.uk. Acesso em junho de 2001.
NATIONAL PARKS SERVICE. Disponível em http://www.nps.gov. Acesso em junho de 2001.
NATIONAL TRUST FOR HISTORIC PRESERVATION. *Study Tours*. Disponível em http://www.nthp.org/studytours/advert.htm. Acesso em 30 abril de 2001.
NERI, Anita Liberalesso Neto. "O desenvolvimento integral do homem". Em *A Terceira Idade*, n° 10, São Paulo, julho de 1995.
NOUSSIA, Antonia. "Framing Experience: Visual Interpretation and Space Open Air Museums". Em *The Journal of Tourism Studies*, 9 (2), Townsville, dezembro de 1998.
NOVELINO, Ricardo. Joia do Norte". Em *Veja*, São Paulo, 26-11-1997.
NURYANTI, Wiendu. "Heritage and Postmodern Tourism". Em *Annals of Tourism Research*, 23 (2), Oxford, 1996.
OLIVEIRA, Fernando Vicente de. *Capacidade de carga nas cidades históricas*. Coleção Turismo. Campinas: Papirus, 2003.
O PATRIMÔNIO mundial. Condições atuais. Em *O Correio da Unesco*, 27 (9-10), Rio de Janeiro, novembro de 1997.
PROJETO BAGAGEM. Disponível em http://www.projetobagagem.org. Acesso em janeiro de 2009.
ORGANIZAÇÃO DAS NAÇÕES UNIDAS. International Council on Monuments and Sites. International Scientific Committee on Cultural Tourism. *International Cultural Tourism Charter*. Disponível em http://www.icomos.org/tourism. Acesso em 2001.
_____. *World Heritage*. Disponível em http://www.unesco.org/whc. Acesso em março de 2006.
OTCHET, Amy. "Um império construído na areia". Em *O Correio da Unesco*, 27 (9-10), Rio de Janeiro, set.-out. de 1999.
PATIN, Valéry. "Cultura e turismo: rumo a uma economia de mercado". Em *O Correio da Unesco*, 27 (9-10), Rio de Janeiro, set.-out. de 1999.
PATTEN, Dave. "Digital Networks at the Science Museum". Em *Interpretation*, 2 (1), Londres, agosto de 1996. Disponível em http://www.scotinterpnet.org.uk. Acesso em junho de 2001.
PEARCE, David. *Conservation Today*. Londres: Routledge, 1989.
PEARCE, Philip L. *The Ulysses Factor: Evaluating Visitors in Tourist Settings*. Nova York: Springer-Verlag, 1988.
PELEGRINI, Sandra C. A. & FUNARI, Pedro Paulo. *O que é patrimônio cultural imaterial*. Coleção Primeiros Passos, n° 331. São Paulo: Brasiliense, 2008.
PELLEGRINI FILHO, Américo. *Dicionário enciclopédico de ecologia e turismo*. São Paulo: Manole, 2000.
_____. *Ecologia, cultura e turismo: potencialidades e limites*. Tese de livre-docência. São Paulo: ECA-USP, 1991.
_____. "Interferências humanas em bens da natureza e da cultura". Em *Turismo em Análise*, 3 (1), São Paulo: ECA (USP), maio de 1992.
_____. *Turismo cultural em Tiradentes: estudo de metodologia aplicada*. São Paulo: Manole, 2000.
PERKINS, Gary. "Museum War Exhibits: Propaganda or Interpretation?". Em *Interpretation*, 4 (1-2), Londres, maio de 1999. Disponível em http://www.scotinterpnet.org.uk. Acesso em junho de 2001.

PETERSON, David. "There Is No Living History, There Are No Time Machines". Em *History News*, s/l., set.-out. de 1988.

PFISTERER, Susan. "Sacred Performances". Em *Interpretation*, 4 (1-2), Londres, maio de 1999. Disponível em http://www.scotinterpnet.org.uk. Acesso em junho de 2001.

PINTO, Ricardo da Costa. "Patrimônio cultural e turismo". Em *Sphan/Pró-Memória*, nº 30, Rio de Janeiro, mai.-jun. de 1984.

PIRES, Mário Jorge. *Lazer e turismo cultural*. São Paulo: Manole, 2001.

_____. "Levantamento de atrativos históricos em turismo: uma proposta metodológica". Em LAGE, Beatriz & MILONE, Paulo. *Turismo: teoria e prática*. São Paulo: Atlas, 2000.

_____. "Por que os museus brasileiros são pouco visitados". Em CORRÊA, Tupã Gomes (org.). *Turismo & lazer. Prospecções da fantasia do ir e vir*. São Paulo: Edicon, 1996.

_____. *Raízes do turismo no Brasil: hóspedes, hospedeiros e viajantes no século XIX*. São Paulo: Manole, 2001.

_____. "Reflexões sobre atrativos turísticos históricos". Em *Aportes y Transferencias*, 4 (1), Mar del Plata, 2000.

_____ & BASSO, Mylene Cyrino. "Ambientação de base histórica: uma expressão de marketing". Em *Turismo em Análise*, 3(2), São Paulo: ECA-USP, novembro de 1992.

_____. "Marketing em localidades históricas e turismo cultural". Em *Turismo em Análise*, 4 (2), São Paulo: ECA-USP, novembro de 1993.

POND, Kathleen Lingle. *Welcoming Visitors to Your Community: Training Tour Guides and Other Hospitality Ambassadors*. Historic Preservation Information Booklets. Washington, D.C.: National Trust for Historic Preservation, 1998.

PORTUGUEZ, Anderson Pereira (org.). *Turismo, memória e patrimônio cultural*. São Paulo: Roca, 2004.

PRENTICE, Richard *et al.* "Visitor Learning at a Heritage Attraction: a Case Study of *Discovery* as a Media Product". Em *Tourism Management*, 19 (1), Londres, 1998.

_____. *Tourism and Heritage Attractions*. Londres: Routledge, 1993.

PRESERVING Our Past, Building Our Future. Produção de A La Carte Productions. Washington, D. C.: National Trust for Historic Preservation, 1999. Fita de vídeo.

PRIDEAUX, Bruce R. & KININMONT, Lee-Jaye. "Tourism and Heritage Are Not Strangers: a Study of Opportunities for Rural Heritage Museums to Maximize Tourism Visitation". Em *Journal of Travel Research*, 37 (3), Thousand Oaks, fevereiro de 1999.

PROPHET, Jane. "TechnoSphere". Em *Interpretation*, 2 (1), Londres, agosto de 1996. Disponível em http://www.scotinterpnet.org.uk. Acesso em junho de 2001.

"QUE É O PATRIMÔNIO mundial?". Em *O Correio da Unesco*, 25 (11), Rio de Janeiro, novembro de 1997.

READ, Stanton E. "A Prime Force in the Expansion of Tourism in the Next Decade: Special Interest Travel". Em HAWKINS, Donald *et al.* (orgs.). *Tourism Marketing and Management Issues*, Washington, D.C.: George Washington University, 1980.

REED, Phil. "The Churchill Exhibition at the Cabinet War Rooms". Em *Interpretation*, 4 (1-2), Londres, maio de 1999. Disponível em http://www.scotinterpnet.org.uk. Acesso em junho de 2001.

REGNIER, Kathleen *et al. The Interpreter's Guidebook. Techniques for Programs and Presentations*. Interpreter's Handbook. 3ª ed. Stevens Point: UW-SP Foundation Press, 1994.

REIS FILHO, Nestor Goulart. "Espaço e memória: conceitos e critérios de intervenção". Em SECRETARIA MUNICIPAL DE CULTURA – Departamento do Patrimônio Histórico. *O direito à memória: patrimônio histórico e cidadania*. São Paulo: DPH/SMC, 1992.

"RESTAURAÇÃO E REVITALIZAÇÃO de núcleos históricos". Brasília: Sphan/Pró-Memória, 1980.

RICHARDS, Greg. "Production and Consumption of European Cultural Tourism". Em *Annals of Tourism Research*, 23 (2), Oxford, 1996.

_____. *¿Nuevos caminos para el turismo cultural?* Barcelona: Diputación de Barcelona/ATLAS/Observatorio Interarts, 2005. Disponível em http://www.diba.es. Acesso em janeiro de 2009.

RITCHIE, J. R. Brent & ZINS, Michel. "Culture as a Determinant of the Attractiveness of a Tourism Region". Em *Annals of Tourism Research*, 5 (2), Oxford, 1978.

RIVARD, René. "A nova paleta dos museus". Em *O Correio da Unesco*, s/nº, Rio de Janeiro, março de 1999.

ROBERTSHAW, Andrew. "A 'Dry Shell of the Past': Living History and the Interpretation of Historic Houses". Em *Interpretation*, 2 (3), Londres, julho de 1999. Disponível em http://www.scotinterpnet.org.uk. Acesso em junho de 2001.

ROBINSON, Mike. "Por um turismo consensual". Em *O Correio da Unesco*, 27 (9-10), Rio de Janeiro, set.-out. de 1999.

RODRIGUES, Marly. "De quem é o patrimônio? Um olhar sobre a prática preservacionista em São Paulo". Em *Revista do Patrimônio Histórico e Artístico Nacional*, nº 24, Rio de Janeiro, 1996.

_____. "Preservar e consumir: o patrimônio histórico e o turismo". Em FUNARI, Pedro Paulo & PINSKY, Jaime (orgs.). *Turismo e patrimônio cultural*. Coleção Turismo Contexto. São Paulo: Contexto, 2001.

ROTH, Stacy F. *Past into Present: Effective Techniques for First-Person Historical Interpretation*. Chapel Hill: the University of North Carolina Press, 1998.

RUBMAN, Kerri. *Heritage Education: an Introduction for Teachers, Group Leaders and Program Planners*. Historic Preservation Information Booklets. Washington, D.C.: National Trust for Historic Preservation, 1998.

RUMBLE, Stephen. "Urban Conservation: Positive Action for a Sustainable Countryside". Em *Interpretation*, 2 (2), Londres, dezembro de 1996. Disponível em http://www.scotinterpnet.org.uk. Acesso em junho de 2001.

RUNYARD, Sue. *Museums and Tourism: Mutual Benefit*. Londres: Museums & Galleries Commission/English Tourist Board, 1993.

RUSCHMANN, Doris. *O planejamento do turismo e a proteção do meio ambiente*. Tese de doutorado. São Paulo: ECA-USP, 1994.

RYAN, Chris & DEWAR, Keith. "Evaluating the Communication Process Between Interpreter and Visitor". Em *Tourism Management*, 16 (4), Londres, 1995.

SALERNO, Marie (org.). *The New York Pop-up Book*. Nova York: Universe, 2000.

SANT'ANNA, Márcia. "O registro do patrimônio imaterial". Em *Notícias do Patrimônio*, nº 13. Brasília, novembro de 1999.

SANTIAGO, Silviano. "A pedagogia do novo museu". Em *Folha de S.Paulo*, Mais!, São Paulo, 30-7-1995.

SANTOS, Angelo Oswaldo de Araújo. "Restaura-se o patrimônio". Em *Revista do Patrimônio Histórico e Artístico Nacional*, nº 22, Rio de Janeiro, 1987.

SAVIGE, Margaret. "Incorporating Ecotourist Needs Data into the Interpretive Planning Process". Em *Journal of Environmental Education*, nº 27, s/l., abril de 1996.

SCHAMA, Simon. *Paisagem e memória*. São Paulo: Companhia das Letras, 1996.

SCHLÜTER, Regina & WINTER, Gabriel. *El fenómeno turístico: Reflexiones desde una perspectiva integradora*. Buenos Aires: Fundación Universidad a Distáncia Hernandarias, 1993.

SCHMIDT, Thomas. *National Geographic's Guide to Lewis & Clark Trail*. Washington, D.C.: National Geographic Society, 1998.

SCHOUTEN, Frans. "Improving Visitor Care in Heritage Attractions". Em *Tourism Management*, 16 (4), Londres, 1995.

SCHWARZ, Bill. "Patrimônio histórico e cidadania: a experiência inglesa". Em SECRETARIA MUNICIPAL DE CULTURA – Departamento do Patrimônio Histórico. *O direito à memória: patrimônio histórico e cidadania*. São Paulo: DPH/SMC, 1992.

SCOTTISH INTERPRETATION NETWORK. Disponível em http://www.scotinterpnet.org.uk. Acesso em janeiro de 2009.

SEKLES, Flávia. "Escolinha do Mickey". Em *Veja*, São Paulo, 20-7-1994.

_____. "Feito para perturbar". Em *Veja*, São Paulo, 5-5-1993.

SERRANO, Célia (org.). *A educação pelas pedras: ecoturismo e educação ambiental*. Coleção Tours. São Paulo: Chronos, 2000.

_____. et al. (orgs.). *Olhares contemporâneos sobre o turismo*. Coleção Turismo. Campinas: Papirus, 2000.

_____. "Poéticas e políticas das viagens". Em SERRANO, Célia et al. (orgs.). *Olhares contemporâneos sobre o turismo*. Coleção Turismo. Campinas: Papirus, 2000.

_____. & BRUHNS, Heloisa (orgs.). *Viagens à natureza: turismo, cultura e ambiente*. Coleção Turismo. 2ª ed. Campinas: Papirus, 1997.

SERRELL, Beverly. *Exhibit Labels: an Interpretive Approach*. Walnut Creek: AltaMira, 1996.

SERRES, Michel. *Filosofia mestiça*. Rio de Janeiro: Nova Fronteira, 1993.

SHACKLEY, Myra. "Alta tensão no Himalaia". Em *O Correio da Unesco*, 27 (9-10), Rio de Janeiro, set.-out. de 1999.

_____. "Too Much Room at the Inn?". Em *Annals of Tourism Research*, 23 (2), Oxford, 1996.

SHAWGUIDES. *The Guide to Cultural Travel*. Disponível em http://culture.shawguides.com/culture/. Acesso em janeiro de 2009.

SILBERBERG, Ted. "Cultural Tourism and Business Opportunities for Museums and Heritage Sites". Em *Tourism Management*, 16 (5), Londres, 1995.

SILVA, Carlos Eduardo Lins e. "Museu preserva memória da barbárie do século". Em *Folha de S.Paulo*, Ilustrada, São Paulo, 11-3-1994.

SIMÃO, Maria Cristina Rocha. *Preservação do patrimônio cultural em cidades*. Coleção Turismo, Cultura e Lazer, nº 3. Belo Horizonte: Autêntica, 2001.

SIMEIÉ, Vjekoslava S. "Tourism and Historical Monuments and Complexes". Em *Icomos Information*, s/l., 1988.

SIMPSON, B. "Tourism and Tradition: from Healing to Heritage". Em *Annals of Tourism Research*, 20 (1), Oxford, 1993.

SMITH, Matthew et al. *Managing Design Teams*. Londres: Museum & Galleries Commission. Disponível em http://www.museums.gov.uk. Acesso em maio de 2001.

SMITH, R. A. "Tourism, Heritage and Environment". Em *Annals of Tourism Research*, 20 (2), Oxford, 1993.

SMITH, V. *Hosts and Guests*. 2ª ed. Oxford: Blackwell, 1989.

_____. "Visitor Centers: Exploring New Territory". Em *Annals of Tourism Research*, 21 (3), Oxford, 1994.
SMITHSONIAN INSTITUTION. Disponível em http://www.si.edu/revealingthings/. Acesso em junho de 2001.
SMITHSONIAN INSTITUTION. *Exhibition Cultures. The Poetics and Politics of Museum Display*. Washington, D.C.: Smithsonian Institution Press, 1991.
SOUZA, Okky de. "De volta ao Catete". Em *Veja*, São Paulo, 23-10-1991.
STEBBINS, Robert. "Cultural Tourism as Serious Leisure". Em *Annals of Tourism Research*, 23 (4), Oxford, outubro de 1996.
STENZEL, Emilia. "Turismo e Cultura". Em *Notícias do Patrimônio*, nº 13, Brasília, novembro de 1999.
STEVENS, T. R. "Visitors Attractions: their Management and Contribution for Tourism". Em COOPER, C. *Progress in Tourism, Recreation and Hospitality Management*, s/l., 1990.
STEWART, Emma J. et al. "The 'Place' of Interpretation: a New Approach to the Evaluation of Interpretation". Em *Tourism Management*, 19 (3), Londres, 1998.
STRANG, Carl. *Common Sense, Science and Story*. Disponível em http://members.aol.com/Wildlifer/index.htm. Acesso em junho de 2001.
_____. *Deep Interpretation*. Disponível em http://members.aol.com/Wildlifer/index.htm. Acesso em junho de 2001.
_____. *Inner Child, Inner Adult*. Disponível em http://members.aol.com/Wildlifer/index.htm. Acesso em junho de 2001.
_____. *Spirituality and Interpretation 1: Introduction*. Disponível em http://members.aol.com/Wildlifer/index.htm. Acesso em junho de 2001.
_____.*Spirituality and Interpretation 2: Love and Beauty*. Disponível em http://members.aol.com/Wildlifer/index.htm. Acesso em junho de 2001.
_____. *Spirituality and interpretation 3: Spirit and Story*. Disponível em http://members.aol.com/Wildlifer/index.htm. Acesso em junho de 2001.
_____. *The Brain and Affective vs. Cognitive Approaches in Interpretation*. Disponível em http://members.aol.com/Wildlifer/index.htm. Acesso em junho de 2001.
STRIKE, James. *Architecture in Conservation: Managing Development at Historic Sites*. Londres: Routledge, 1994.
SUANO, Marlene. *O que é museu*. Coleção Primeiros Passos. São Paulo: Brasiliense, 1986.
SWIFT, Frazer. *Developing an Interpretation Strategy*. Londres: Museum & Galleries Commission. Disponível em http://www.museums.gov.uk. Acesso em junho de 2001.
THOMAS COOK AND SON. *History*. Press Releases. Disponível em http://www.thomascook.co.uk. Acesso em junho de 2001.
THOMPSON, D. & BITGOOD, S. "The Effects of Sign Length, Letter Size and Proximity on Reading". Em I ANNUAL VISITORS STUDIES CONFERENCE. *Proceedings*. Jacksonville: Jackson State University, 1988.
TILDEN, Freeman. *Interpreting our Heritage*. 3ª ed. Chapel Hill: University of North Carolina Press, 1977.
TIRAPELI, Percival. *Patrimônios da Humanidade no Brasil*. São Paulo: Metalivros, 2000.
TOOKE, Nichola & BAKER, Michael. "Seeing Is Believing: the Effect of Film on Visitor Numbers to Screened Locations". Em *Tourism Management*, 17 (2), Londres, 1996.
TRIGUEIROS, F. dos Santos. *Museu e Educação*. Rio de Janeiro: Irmãos Pongetti Editores, 1958.

TULIK, Olga. "Turismo e repercussões no espaço geográfico". Em *Turismo em Análise*, 1 (2), São Paulo: ECA-USP, novembro de 1990.
"TURISMO e cultura: um casamento por conveniência". Em *O Correio da Unesco*, 27 (9-10), Rio de Janeiro, set.-out. de 1999.
TURNER, Louis & ASH, John. *The Golden Hordes: International Tourism and the Pleasure Periphery*. Londres: Constable, 1975.
UNIVERSIDADE DE SÃO PAULO. Faculdade de Arquitetura e Urbanismo. *Patrimônio cultural*, vol. 1. São Paulo: FAU-USP/Iphan, 1974.
UNIVERSIDADE DE SÃO PAULO – Museu Paulista. *O Museu Paulista da Universidade de São Paulo*. São Paulo: Banco Safra/Melhoramentos, 1984.
URRY, John. *O olhar do turista: lazer e viagens nas sociedades contemporâneas*. São Paulo: Sesc/Studio Nobel, 1996.
UZZELL, David & BALLANTINE, Roy. *Contemporary Issues in Heritage and Environmental Interpretation: Problems and Prospects*. Londres: The Stationery Office, 1998.
VALCÁRCEL, J. M. González de. *Restauración monumental y "puesta en valor" de las ciudades americanas*. Barcelona: Blume, 1977.
VALÉRY, Paul. "O problema dos museus". Em *MAC Revista*, São Paulo, c. 1996.
VAN HARSSEL, Jan. *Tourism: an Exploration*. 2ª ed. Elmsford: National Publishers, 1988.
VAN MENSCH, Peter. *O objeto de estudo da museologia*. Coleção Pretextos Museológicos, nº 1. Rio de Janeiro: UNI-RIO/UGF, 1994.
VARINE-BOHAN, Hügues de. *A experiência internacional: notas de aula de 12.8.1974*. Coleção Patrimônio Cultural. São Paulo: FAU-USP/Iphan, 1974.
VELARDE, Giles. *Designing Exhibitions*. Londres: The Design Council, 1988.
VERGO, Peter (org.). *The New Museology*. Londres: Reaktion, 1989.
VERVERKA, John. *A systems approach to Heritage Interpretation Planning*. Disponível em http://www.heritageinterp.com/library.htm. Acesso em março. de 2001.
_____. *An Introduction to Interpreting Cemeteries and Gravestones*. Disponível em http://www.heritageinterp.com/library.htm. Acesso em março de 2001.
_____. *Creating Interpretive Themes for Heritage Tourism Sites and Attractions*. Disponível em http://www.heritageinterp.com/library.htm. Acesso em março de 2001.
_____. *Heritage Tourism Services and "Edutainment" Planning and Design*. Disponível em http://www.heritageinterp.com/library.htm. Acesso em março de 2001.
_____. *Interpretation as a Management Tool*. Disponível em http://www.heritageinterp.com/library.htm. Acesso em março de 2001.
_____. *Interpretive Communication: the Key to Successful Heritage Tourism Marketing Planning and Program Design*. Disponível em http://www.heritageinterp.com/library.htm. Acesso em março de 2001.
_____. *Interpretive Planning for the Next Millennium: the "Product of the Product" – "Outcome Based Planning" and the "Experience Economy"*. Disponível em http://www.heritageinterp.com/library.htm. Acesso em março de 2001.
_____. *Marketing Basics for Interpretive and Heritage Sites and Attractions: it's All about the Visitors*. Disponível em http://www.heritageinterp.com/library.htm. Acesso em março de 2001.
_____. *Planning Interpretive Walking Tours for Communities and Related Historic Districts*. Disponível em http://www.heritageinterp.com/library.htm. Acesso em março de 2001.
_____. *Planning Truly "Interpretive" Panels*. Disponível em http://www.heritageinterp.com/library.htm. Acesso em março de 2001.

_____. *Where Is the Interpretation in Interpretive Exhibits?* Disponível em http://www.heritageinterp.com/library.htm. Acesso em março de 2001.

_____. *Why Heritage Sites Need Interpretation for their Long Term Survival.* Disponível em http://www.heritageinterp.com/library.htm. Acesso em março de 2001.

_____. *Why your Scenic Byway Can't Succeed without "Real" Interpretation.* Disponível em http://www.heritageinterp.com/library.htm. Acesso em março de 2001.

_____. "¿Que es la interpretación? Filosofía interpretativa: principios y técnicas". Em CROSBY, Arturo (org.). *Interpretación ambiental y turismo rural.* Madri: Centro Europeo de Formación Ambiental y Turística, 1994.

_____. "Comunicaciones interpretativas: la clave del éxito en turismo rural y patrimonial". Em CROSBY, Arturo (org.), *Interpretación ambiental y turismo rural.* Madri: Centro Europeo de Formación Ambiental y Turística, 1994.

_____. "Desarrollo del plan interpretativo: visión de conjunto de la estrategia básica de planificación". Em CROSBY, Arturo (org.). *Interpretación ambiental y turismo rural.* Madri: Centro Europeo de Formación Ambiental y Turística, 1994.

_____. *Interpretative Master Planning.* Tustin: Acorn Naturalists, 1994.

_____. "Objetivos de la interpretación". Em CROSBY, Arturo (org.). *Interpretación ambiental y turismo rural.* Madri: Centro Europeo de Formación Ambiental y Turística, 1994.

VIANA, Mário. "Caminhe pelas ruas de William Shakespeare". Em *O Estado de S. Paulo*, Viagem, São Paulo, 30-1-2001.

_____. "Clássicos da literatura inspiram bons passeios". Em *O Estado de S. Paulo*, Viagem, São Paulo, 30-1-2001.

_____. "Elementar, meu caro turista". Em *O Estado de S.Paulo*, Viagem, São Paulo, 30-1-2001.

_____. "Rochester vive de Dickens". Em *O Estado de S.Paulo*, Viagem, São Paulo, 30-1-2001.

VISITORS STUDIES ASSOCIATION. Disponível em http://museum.cl.msu.edu/vsa. Acesso em junho de 2001.

VON DROSTE, Bernd. "Há 25 anos...". Em *O Correio da Unesco*, 25 (11), Rio de Janeiro, novembro de 1997.

WAITT, Gordon. "Consuming Heritage: Perceived Historical Authenticity". Em *Annals of Tourism Research*, 27 (4), Oxford, outubro de 2000.

WALLE, Alf H. "Habits of Thought and Cultural Tourism". Em *Annals of Tourism Research*, 23 (4), Oxford, 1996.

WALSH, K. *The Representation of the Past: museums and Heritage in the Post-Modern World.* Londres: Routledge, 1992.

WALT DISNEY COMPANY. *Plans Unveiled for "Disney's America" Near Washington, D.C.* Release para a imprensa, 11-11-1993. Disponível em http://www.disney.com. Acesso em junho de 2001.

WALTER, Tony. "From Museum to Morgue? Electronic Guides in Roman Bath". Em *Tourism Management*, 17 (4), Londres, 1996.

WALTL, Christian. "Claude Monet, from a Visitor Services' Perspective". Em *Interpretation*, 4 (3), Londres, novembro de 1999. Disponível em http://www.scotinterpnet.org.uk. Acesso em junho de 2001.

WATERHOUSE, Keith. *Theory and Practice of Travel.* Londres: Hodder & Stoughton, 1989.

WATERSON, Jim. "LAC Applied in the Severn Gorge". Em *Interpretation*, 2 (2), Londres, dezembro de 1996. Disponível em http://www.scotinterpnet.org.uk. Acesso em junho de 2001.

WHEELER, Tony. "A filosofia de um grande guia". *O Correio da Unesco*, 27 (9-10), Rio de Janeiro, set.-out. de 1999.

WIENER, Louise W. "Cultural Resources: an Old Asset: a New Market for Tourism". Em HAWKINS, Donald *et al.* (orgs.). *Tourism Marketing and Management Issues*. Washington, D.C.: George Washington University, 1980.

WITHEY, Lynne. *Grand Tours and Cook's Tours: a History of Leisure Travel, 1750-1915*. Nova York: William Morrow and Company, 1997.

WITTER, Geraldina Porto & LOMÔNACO, José Fernando Bitencourt. *Psicologia da aprendizagem*. Coleção Temas Básicos de Psicologia, nº 9. São Paulo: Pedagógica Universitária, 1984.

WOODS, Barbara *et al.* "A Critical Review of Readability and Comprehensibility Tests". Em *The Journal of Tourism Studies*, 9 (2), Townsville, dezembro de 1998.

_____. "Animals on Display: Principles for Interpreting Captive Wildlife". Em *The Journal of Tourism Studies*, 9 (1), Townsville, maio de 1998.

WORLD TOURISM ORGANIZATION. "Manila Declaration on World Tourism". Em EDGELL, David L. *International Tourism Policy*. VNR Tourism and Commercial Recreation. Nova York: Van Nostrand Reinhold, 1990.

_____. "The Hague Declaration on Tourism". Em EDGELL, David L. *International Tourism Policy*. VNR Tourism and Commercial Recreation. Nova York: Van Nostrand Reinhold, 1990.

_____. "Tourism Bill of Rights and Tourist Code" Em EDGELL, David L. *International Tourism Policy*. VNR Tourism and Commercial Recreation. Nova York: Van Nostrand Reinhold, 1990.

WURMAN, Richard Saul. *Information Anxiety*. Nova York: Doubleday, 1989.

YALE, P. *From Tourist Attractions to Heritage Tourism*. Huntingdon: ELM Publications, 1991.

YÁZIGI, Eduardo. "A personalidade do lugar no planejamento turístico: a busca de uma metodologia". Em CORRÊA, Tupã Gomes (org.). *Turismo & lazer: prospecções da fantasia do ir e vir*. São Paulo: Edicon, 1996.

_____. "Identidade, turismo e paisagem numa opção de respeito ao meio natural". Em *Comunicações e Artes*, 20 (32), São Paulo, set.-dez. de 1997.

_____. "Subsídios sobre o papel da fantasia no planejamento do turismo". Em LAGE, Beatriz & MILONE, Paulo. *Turismo: teoria e prática*. São Paulo: Atlas, 2000.

YOUELL, Alex. A "Thousand Threads: Linking People and Place: the National Trust's Millennium Project". Em *Interpretation*, 2 (1), Londres, agosto de 1996. Disponível em http://www.scotinterpnet.org.uk. Acesso em junho de 2001.

YUKON BERINGIA INTERPRETIVE CENTRE. Disponível em http://www.beringia.com. Acesso em janeiro de 2009.

ZEPPEL, H. & HALL, C. M. "Arts and Heritage Tourism". Em WEILER, B. & HALL, C. M. *Special Interest Tourism*. Londres: Belhaven, 1992.

_____. "Selling Art and History: Cultural Heritage and Tourism". Em *Journal of Tourism Studies*, 2 (1), s/l., 1991.

Este livro foi composto com as fontes Minion e Clarendon, impresso em papel offset 90g/m² no miolo e cartão supremo 250g/m² na capa, nas oficinas gráficas da RR Donnelley, em julho de 2014.